AF152048

Kontaktadresse nach EU-Produktsicherheitsverordnung:
produktsicherheit@fischerverlage.de

Im Sommer 2000 entdeckten Politiker und mit ihnen die Medien plötzlich eine neue Welle von Antisemitismus, Rechtsextremismus und Gewalt gegen Fremde in Deutschland und schlugen Alarm. In dem vorliegenden Band zeigen Wolfgang Benz und seine Mitarbeiterinnen und Mitarbeiter, welche Strukturen der rechtsextremen Gewalt zugrunde liegen, wie stark deren gesellschaftlicher Rückhalt ist und wie das »Zusammenspiel« mit den Medien funktioniert.

Die wesentliche Zielsetzung formuliert der Herausgeber so: »Es kommt darauf an, das gesellschaftliche Umfeld zu mobilisieren und Langzeitstrategien zur Problemlösung zu erörtern, anstatt aufgeregt ›Haltet den Dieb!‹ zu schreien. Mit anderen Worten: Die Täterfixierung, die bei Politikern und in den Medien grassiert, muss überwunden werden.«

Die Analyse der Ursachen und die Beschreibung der Defizite im gesellschaftlichen Raum ist als Ausgangspunkt eines Plädoyers für Demokratiestiftung in den neuen Bundesländern und für Demokratiestabilisierung in der alten BRD der Kern des Bandes. Dazu gehört ein Überblick über den organisierten Rechtsextremismus ebenso wie die Darstellung des Phänomens im Internet und die Analyse der Wechselwirkung zwischen rechtsextremer und gewaltorientierter Szene in den Medien.

Wolfgang Benz, geboren 1941, Historiker und Publizist, war bis 1990 wissenschaftlicher Mitarbeiter am Institut für Zeitgeschichte in München; seitdem ist er Professor und Leiter des Zentrums für Antisemitismusforschung (ZfA) an der TU Berlin; zahlreiche Publikationen über die Zeit des Nationalsozialismus und seit 1980 regelmäßig über Rechtsextremismus und Gewalt gegen Fremde.

Die Viten der Autorinnen und Autoren befinden sich am Ende des Bandes.

Unsere Adresse im Internet: www.fischer-tb.de

Auf dem Weg zum Bürgerkrieg?

Rechtsextremismus und Gewalt gegen Fremde in Deutschland

Mit Beiträgen von
Ute Benz, Wolfgang Benz, Werner Bergmann,
Claudia Curio, Angelika Königseder, Michael Kohlstruck,
Marion Neiss, Bernd Wagner, Juliane Wetzel,
Peter Widmann und Jürgen Zarusky

Herausgegeben von
Wolfgang Benz

Fischer
Taschenbuch
Verlag

Lektorat: Walter H. Pehle

3. Auflage

Originalausgabe
© 2024 S. Fischer Verlag GmbH,
Hedderichstr. 114, 60596 Frankfurt am Main
ISBN 978-3-596-15218-6

Inhalt

Inhalt

Wolfgang Benz
Kulturkampf oder Auftakt zum Bürgerkrieg?
Aktuelle Tendenzen des Rechtsextremismus

Allgemein beklagt wird seit einiger Zeit eine neue Welle von Antisemitismus und Rechtsradikalismus in Deutschland. Im Sommer des Jahres 2000 begannen die Alarmglocken zu läuten, Politiker und Medien wurden rechter Gewalttaten gewahr, als seien sie plötzlich wie eine Naturkatastrophe übers Land gekommen. Maßnahmen wurden gefordert oder in Aussicht gestellt, es hatte den Anschein, eine neue Ära habe begonnen.

Tatsächlich wurde im Sommer 2000 eine Entwicklung diagnostiziert, die längst im Gange, aber bis dato negiert oder kleingeredet worden war. Gewalt gegen Ausländer, die Pogrome in Rostock-Lichtenhagen, die Brandstiftung in Mölln, fremdenfeindlicher Aufruhr in Hoyerswerda waren Alarmsignale nach der Wende, deren soziale Ursachen nicht genug beachtet wurden. Ein Kulturkampf ist seither im Gang, der mit xenophobischer, rassistischer und völkischer Ideologie gegen die Idee der demokratischen und liberalen, pluralistischen und humanen Gesellschaftsordnung geführt wird. Die Fixiertheit auf die Protagonisten, junge Erwachsene und Jugendliche als Skinheads, Schläger, Neonazis, geht aber am Kern des Problems vorbei: Der Aufstand angstvoller Unterprivilegierter ist weniger das Ergebnis manifester ideologischer Überzeugung als Ausdruck eines Generationskonfliktes und einer Kampfansage an eine Gesellschaft, in der sich die Protagonisten ausgegrenzt fühlen, der sie eigene Regeln der Gewaltbereitschaft, des Rechts des Stärkeren und der brachialen Ausgrenzung von zu Fremden stigmatisierten Minderheiten entgegenstellen.

Die sozialen Ursachen und die politischen Erscheinungsbilder der Protestbewegung sind kein Widerspruch, und die Diagnose, die auf den Generationskonflikt, das Wohlstandsgefälle, die Chancenlosigkeit der Protestierenden in der Gesellschaft verweist, will nicht verharmlosen oder beschönigen. Rechtsextremismus, ob zunächst als Kostümfaschismus agiert oder schließlich als manifeste Ideologie gelebt, ist die gängige Form der Artikulation des Unbehagens und der Kampfansage gegen die Mehrheitsgesellschaft. Aber das darf von dieser Gesellschaft nicht hingenommen werden durch die Fixierung auf die Täter. Ohne den historischen und sozialen Kontext der Erwachsenen, der Eliten und der Leitbilder liefernden Honoratioren ist der Radikalismus nicht zu verstehen und nicht aufzulösen.

Mit dieser Feststellung ist die Erinnerung, das kollektive Bewusstsein von belasteter Geschichte im Spiel: Nationalsozialismus als Ideologie und Herrschaft beeinflusst lange nach seinem Untergang noch immer das Leben der Deutschen. Die Debatte über die Entschädigung der Zwangsarbeiter macht das auch den Nachgeborenen klar, für die Begriffe wie Arisierung und Volksgemeinschaft, Konzentrationslager oder Entnazifizierung nur im Geschichtsunterricht vorgekommen sind. Eine zunehmend ritualisierte Erinnerungskultur – zu deren Parametern das »Tagebuch der Anne Frank«, die Holocaust-Denkmale und das Jüdische Museum in Berlin gehören, die Gedenkstätten an den Orten der Verfolgung wie Dachau, Auschwitz oder Buchenwald, der 9. November und der 27. Januar als Gedenktage und schließlich die Woche der Brüderlichkeit – stiftet Sinn durch Stärkung der Resistenzkräfte gegen die Wiederholbarkeit des Zivilisationsbruchs. Aber, so wird geklagt, das Erinnern und das Gedenken an die Opfer werde zunehmend als Last empfunden, die abzuschütteln an der Zeit sei.

Weniger denn je ist die Gedenkkultur derzeit in Gefahr. Zumindest an öffentlicher Darstellung, aufrichtigem guten Willen mangelt es nicht. Bürgersinn organisiert und äußert sich im »Verein gegen das Vergessen«, in christlich-jüdischen Gesellschaften, in Geschichtswerkstätten, bei Gedenkfahrten, in unzähligen Veranstaltungen und auch auf höchster politischer Ebene. Das ist die eine Seite. Unterspült wurden diese Dämme jedoch zum Beispiel durch das Plädoyer Martin Walsers vor wenigen Jahren an prominentem Ort vor illustrem Publikum. Der Schriftsteller plädierte für ein Ende des Diskurses über Nationalsozialismus und den Völkermord an den Juden, wie er mit Ernst und Verantwortungsbewusstsein seit Jahr und Tag in Deutschland geführt wird. Das Verstehenwollen der Katastrophe, ethische Verantwortung und emotionale Betroffenheit als Triebkräfte der Beschäftigung mit dem leidigen Abschnitt deutscher

Geschichte hat Walser als Hantieren mit der »Auschwitzkeule« abgetan, anschließend den Schlussstrich verlangt und dafür auch noch spontan Applaus bekommen. Die Positionen wurden in einer intellektuellen Debatte geklärt, die Ignatz Bubis, den Repräsentanten der Juden in Deutschland, als Resignierenden hinterließ. Die Folgen der Walser-Bubis-Debatte sind atmosphärisch, man spürt sie nur indirekt als Beginn einer Desensibilisierung, die latente Vorbehalte kräftigt, ohne die Tabus der deutschen Gesellschaft nach Hitler zu verletzen, nach denen manifester öffentlicher Antisemitismus im Gegensatz zur politischen Kultur des Landes, im Widerspruch zum allgemeinen Konsens steht.

Die Ächtung öffentlichen judenfeindlichen Redens und Schreibens dauert an, aber die insgeheime Verständigung durch und über Ressentiments gegen die jüdische Minderheit hat zugenommen. Klandestiner Antisemitismus ist nicht messbar, aber spürbar für diejenigen, gegen die er sich richtet. Und im privaten Einvernehmen über rassistische Stereotypen liegt die eigentliche Gefahr. Ein Beispiel soll dies illustrieren: Als Parodie der bürokratischen Prozedur, die Asylsuchende zu absolvieren haben, kursiert ein Fragebogen, der in schlichtestem Humorverständnis fremdenfeindliche und rassistische Vorurteile bedient. Dort heißt es etwa »Woher du wissen, dass Bundesrepublik Schlaraffenland?« Auf die Frage »Woher du haben Pass?« ist die Antwort »von Toten«. Möglich ist dann »von allein gestorben, nachgeholfen, wird noch gestorben« usw. Alle Bilder vom kriminellen, sittlich verwahrlosten und asozialen Ausländer werden bedient, sie können über das Internet abgerufen werden. Von Juden ist nicht die Rede, aber von ihren Stellvertretern.

Die in der Walser-Debatte unterspülten Dämme der Erinnerungskultur haben weitere Risse bekommen durch den Krawall, den die Medieninszenierung des Schlagworts von der »Holocaust-Industrie« auslöste. Die fahrlässige, da nicht bewiesene und nicht beweisbare These von der Ausbeutung und Instrumentalisierung der Juden als Opfer raffgieriger jüdischer Organisationen, vorgetragen als paranoide Anklage gegen eine vermutete Verschwörung, löste Assoziationen aus, die auf Vorurteilen gründen und alte Stereotypen neu beleben. Scheinbar legalisiert dadurch, dass ein Jude und Nachkomme von Holocaust-Opfern die Ressentiments und Vorwürfe artikuliert, die geistiges Kleinbürgertum und deutschnationales Inferioritätsgefühl charakterisieren, das gemeinschaftstiftend fernab der Öffentlichkeit gepflegt wird, kommt ein Erlösungs-Antisemitismus ans Licht, der eine »jüdische Schuld« frohlockend konstatiert und damit eigenen Schuld- und Leidensdruck minimiert.

Einer Meinungsumfrage zufolge stimmen fast zwei Drittel der Deutschen der These Norman Finkelsteins von der »Holocaust-Industrie« zu, nach der jüdische Eliten in den USA das Leid der Juden durch nationalsozialistische Verfolgung für Entschädigungsforderungen und zum Gewinn politischer Macht ausnutzen. Das Nachrichtenmagazin, das die Studie in Auftrag gab, titelte, neue Unsensibilität kongenial demonstrierend, »Deutschland im Holo-Wahn«. Eine Wochenzeitung machte zur gleichen Zeit mit dem Balken »Generation Totschlag« die Titelgeschichte über die rechtsextreme Jugend im Osten auf, und mit einer Karte »nationalbefreiter Zonen« illustrierte sie täterfixiert und sensationsfreudig die Situation. Damit ist der mediale Umgang mit dem schwierigsten gesellschaftlichen Problem des letzten Jahrzehnts generell zu charakterisieren: nur die »Täter« stigmatisierend, das Sensationelle beschwörend, statt nach Ursachen zu forschen, Angst evozierend und gruseligen Schrecken kultivierend.

Das ist natürlich grob vereinfacht, um einen medialen Mechanismus unserer Gesellschaft zu verdeutlichen, in der mit genügendem PR-Aufwand alles zum Ereignis gemacht werden kann. Das hat Wirkungen und Folgen, die wiederum neuen Stoff zur Erregung liefern.

Antisemitismus ist schwer messbar, insbesondere dann, wenn seine öffentliche Manifestation wie in der Bundesrepublik unter Sanktionen steht. Meinungsumfragen zeigen, dass gegenüber anderen Ländern, insbesondere gegenüber Osteuropa, das Problem in Deutschland eher marginal ist. Als sicheres Indiz für Judenfeindschaft gilt die Aggression gegen jüdische Kultstätten und Friedhöfe. Im Jahrzehnt ab 1990 wurden in Deutschland im Jahresdurchschnitt 30 jüdische Friedhöfe geschändet. 1991 waren es 13, in den Jahren 1992 kamen 61, 1993 68 und 1994 ebenfalls 68 Delikte zu Anzeige, die Zahl sank dann wieder auf 33 bis 43 pro Jahr. Im Vergleich zu den 70er Jahren ist die Größenordnung damit nicht nennenswert angestiegen. Aber qualitative Unterschiede sind feststellbar. Die Zerstörungen sind größer geworden, Sprengstoff wurde früher nicht verwendet, und jüdische Friedhöfe dienen den Tätern, die im Schutze der Dunkelheit und einer sehr geringen Aufklärungsquote agieren können, zunehmend auch als Forum für Ausländerhass und rechtsextreme Selbstdarstellung. Neben eindeutig antisemitischen Parolen erscheint xenophobische Propaganda mit Schmierereien wie »ausländerfreie Zone« oder »Ausländer raus« oder auch »Zecken raus«.

Die Situation ist geprägt vom Gegensatz zwischen Alarmrufen in den Medien über das Anwachsen der rechten Szene, über den organisierten oder öffentlich auffälligen Rechtsextremismus einerseits und der tatsächlichen Bedeutung der Szene nach Organisationsgrad, politischem Einfluss und gesellschaftlicher Akzeptanz andererseits. Das geplante Verbot der NPD mit ihren 6000 Mitgliedern hat deshalb eher dekorative als politische Bedeutung, es ist aus Gründen der politischen Ästhetik zweifellos begrüßenswert, aber es ist wenig relevant. Bei einer Bevölkerung von 80 Millionen Menschen beträgt der Anteil der irgendwie und irgendwo organisierten Rechtsradikalen in Deutschland, wenn man ihre Zahl sehr hoch veranschlagt (höher als der Verfassungsschutz dies tut), weniger als 0,1 %. Das wirkliche Problem des gegenwärtigen Rechtsextremismus besteht nicht in den organisierten Ideologen deutschvölkischer, deutschnationaler, neonazistischer oder revisionistischer Observanz, es besteht in den Elementen einer gewaltbereiten subkulturellen Protestbewegung, die sich antidemokratisch, fremdenfeindlich, nationalistisch und rassistisch auf durchaus heterogene Weise artikuliert.

Diese Subkultur, die ihre Schwerpunkte in den neuen Bundesländern hat, agiert Identitäts- und Statuskonflikte gegen die Gesellschaft. Ihre Vertreter provozieren durch militantes Auftreten, exzessiven Alkoholkonsum und demonstrative Gewaltbereitschaft. Die Objekte ihrer Aggression haben Stellvertreterfunktion. Juden als Feindkonstrukte sind Gegenstand unpersönlichen Hasses, der sich in Angriffen auf Friedhöfe äußert, Ausländer werden dagegen als konkrete Feinde wahrgenommen und attackiert.

Die ideologisch wenig gefestigte Subkultur ist die bedrohlichste Erscheinungsform des modernen Rechtsextremismus, wegen ihrer anarchistischen Komponente, die Gewalt als Selbstzweck begreift, wegen der prinzipiellen Demokratiefeindlichkeit, wegen des schwierigen gesellschaftlichen Kontextes. Das Umfeld in den neuen Bundesländern ist dominiert von Unzufriedenheit; demokratische Strukturen sind erst wenig oder noch gar nicht gefestigt. Identitätskrisen und Verlustgefühle der Erwachsenen ermutigen die Protagonisten der rechten Subkultur zur Aggressivität und vermitteln ihnen das Gefühl, als Delegierte der älteren Generation Aufträge auszuführen gegen Objekte des Hasses, die Stellvertreterfunktion haben – z. B. für die als Okkupanten empfundenen Westdeutschen, die aber aufgrund ihrer sozialen Dominanz unangreifbar sind.

Die Unerreichbarkeit der Gewaltausübenden durch Argumente und ihre grundsätzliche Demokratiefeindschaft machen sie zum Problem für die Gesellschaft, die Attraktivität ihres Auftretens innerhalb einer Spaßkultur kommt als weiteres Moment für Nachahmer dazu, die Unansprechbarkeit für ethische Gesichtspunkte wie Menschenwürde, Humanität, gewaltfreie Konfliktlösungen bedeuten Unfähigkeit zum Dialog und eröffnen wenig Perspektiven.

Aufgeregtheit kennzeichnet den Umgang mit dem Problem: Publizität, die auf dramatische Veränderung zum Schlechteren fixiert ist (Anstieg der Gewaltdelikte, der Mitgliederzahlen einer Organisation, rassistischer Vorfälle etc.), macht die Szene und ihre Taten attraktiv, öffentliche Entrüstung von Politikern kann werbewirksam sein, und der Gewöhnungseffekt an die Wellenbewegungen des Extremismus könnte ihn erfolgreicher machen, als er es aus eigener Kraft ist. Der dramatische Anstieg rechter Gewalttaten ist auch eine Folge der Publizität, die Nachahmer animiert. Ein Drittel der Straftaten des Jahres 2000 wurde in den Monaten begangen, in denen die Medien die Alarmglocken läuteten. Auch über die medialen Mechanismen (Schlagzeilen wie »Skinheads werden immer militanter«) muss man nachdenken, wenn die Gefahren des Rechtsextremismus thematisiert werden.

Zu verharmlosen gibt es, das zeigen die Beiträge dieses Bandes im Einzelnen, nichts. Das soll auch der Titel dieses Buches ausdrücken: Gegen die Zivilgesellschaft erhebt sich eine über den ideologischen Anspruch des Rechtsextremismus hinaus zu Gewalt und Zerstörung bereite, grundsätzlich Demokratie-unwillige Minderheit, die durch ihren Aktionismus, durch ihr aggressives Auftreten, durch ihre Resistenz gegen Diskussion und Argumentation gefährlich ist. Gefährlich, weil in ökonomischen und sozialen Krisensituationen solche Demonstrationen vermeintlicher Stärke, die Verleugnung des staatlichen Gewaltmonopols, die Verachtung demokratischer Konfliktbewältigung attraktiv sind. Man kann die Entwicklung als Erscheinungen einer randständigen Subkultur interpretieren. Man darf aber nicht unterschätzen, dass die Bereitschaft zum Bürgerkrieg besteht. Gleichgültigkeit gegenüber der Gefahr vergrößert sie.

Michael Kohlstruck
Strukturen einer Aggression
Gesellschaftlicher Konsens
und kollektive Frustration
in den neuen Bundesländern

Seit der deutschen Vereinigung wird das Problem einer fremdenfeindlichen Jugendgewalt in den neuen Bundesländern mit besonderer Aufmerksamkeit verfolgt.[1] Dazu hat insbesondere beigetragen, dass zu den Opfern dieser Jugendgewalt in einem zuvor nicht bekannten Umfang Ausländer und Angehörige fremder Ethnien gehören. Häufig wird davon ausgegangen, die fremdenfeindlichen Gewalttätigkeiten in den neuen Bundesländern glichen denen in der alten Bundesrepublik und gingen auf die gleichen Ursachen zurück. Dies trifft jedoch nicht zu. Die fremdenfeindliche Gewalt in den neuen Ländern hängt unmittelbar mit dem Erbe der DDR und den Folgen des Vereinigungsprozesses in den letzten zehn Jahren zusammen.

Bereits bei der Beschreibung fallen drei Merkmale der fremdenfeindlichen Gewalt in den neuen Ländern ins Auge, die es rechtfertigen, hier von einem eigenständigen Phänomen zu sprechen.[2] Die fremdenfeindliche Gewalt ist eine öffentliche oder »demonstrative Gewalt«.[3] Sie geschieht in der Regel auf öffentlichen Plätzen und in bekannten »Revieren« einer rechtsextremen Jugendkultur. Die Akteure zeigen damit ihre Macht und machen die unbeteiligten Zeugen solcher Taten zu passiven Mitverursachern. Teilweise erhalten sie auch aktive Unterstützung aus breiteren Kreisen. Der zweite wichtige Befund ist der geringe Ausländeranteil an der Bevölkerung in den neuen Bundesländern, der die Marke von 2,1 % nicht überschreitet.[4] Die fremdenfeindlichen Attacken lassen sich für diejenigen Opfer genauer quantifizieren, die rechtlich als Ausländer gelten. Unter diesen wiederum wurden Asylbewerber bei weitem am häufigsten angegriffen.[5] Gewalttätigkeiten gegenüber Migrantenminderheiten stehen in den letzten Jahren in der Regel nicht in Zusammenhang mit Konflikten, die aus einem konkreten Zusammenleben von Deutschen und Ausländern resultieren. Wichtige Ausnahmen bilden allerdings die frühen pogromartigen Angriffe wie die von Rostock-Lichtenhagen 1992. An derartige Ereignisse hat sich die Vermutung angeschlossen, die Gewalttaten würden von breiten Kreisen der Bevölkerung unterstützt.[6] Schließlich ist die Zahl fremdenfeindlicher Gewalttaten in den neuen Ländern, bezieht man sie auf die Bevölkerungszahlen, höher als im Westen.[7]

Zu den weit verbreiteten Deutungsmustern im Diskurs über Ausmaß, Formen und Ursachen von Jugendgewalt gehört ein unpräziser Gebrauch von Begriffen wie »Rechtsextremismus«, »Fremdenfeindlichkeit« oder »Rassismus«. Diese Begriffe werden einmal dazu verwendet, die Gewalttätigkeiten gegen Ausländer oder andere Minderheiten zu begreifen, indem man sie politisch klassifiziert: Keine Frage, dass die Gewalttaten gegen Minderheiten, die über sichtbare und unaufhebbare Merkmale von ihren Verfolgern identifiziert werden, eindeutig zu der rechten Seite des politischen Spektrums gehören. Zum anderen wird mit der Verwendung der genannten Begriffe über diese Links-rechts-Lokalisierung hinaus häufig eine Erklärung verbunden. Die Gewalttätigkeiten seien als Ausdruck oder als Folge rechtsextremer Orientierung, fremdenfeindlicher Einstellungen oder rassistischer Gesinnung zu erklären. Sie hätten damit ihre primäre Ursache in inhaltlich definierten – oder anders gesagt: politisch »rechten« ideologischen – Motiven von Einzelnen oder Gruppen. Symptomatisch für diese Art von Erklärung ist die zentrale Rolle, die man »rechtem Gedankengut« beimisst. Für das intentionalistische Erklärungsmodell, das Handlungen auf geistige Motive zurückführt, sind es in erster Linie Ideen, Gedanken oder Ideologien, die für das Zustandekommen von Gewalttätigkeiten ursächlich sind.[8]

Im Folgenden soll die Versachlichung der öffentlichen Debatte dadurch gefördert werden, dass der inhaltlich-ideologische Strang der Erklärung fremdenfeindlicher Gewalt eingebettet wird in eine weiter gefasste Ursachenkonstellation. Erst aus dem Zusammenwirken vorhandener Kräfte und dem Fehlen bestimmbarer gegenläufiger Handlungen, so die These, lassen sich konkrete Gewalttätigkeiten wirklich erklären. Der Beitrag verfolgt damit zwei Ziele: Einmal will er verdeutlichen, dass überhaupt nur aus der Konstellation wirkender und nichtwirkender sozialer Kräfte die konkreten Gewalthandlungen, wie soziale Phänomene überhaupt, erklärt werden können. Zum anderen sollen die wichtigsten Ursachen vorgestellt werden, die an diesem Entstehungsprozess beteiligt sind.[9] Erklärungen, die verschiedene, relativ autonome Ursachenkomplexe einbeziehen, implizieren immer auch eine These für das Präventions- und Interventionsproblem: Veränderungen können auch unabhängig voneinander an den verschiedenen verursachenden Kräften ansetzen.

(1) Ausgegangen wird von der Tatsache, dass die Bundesrepublik eine Gesellschaft ist, die von Migration gekennzeichnet war, ist und sein wird. (2) Diese Entwicklung stößt in den neuen Bundesländern auf Vorbehalte gegenüber Ausländern und auf fremdenfeindliche Einstellungen, die stärker sind als im Westen. Nicht zuletzt basiert dies auf der historisch tradierten Leitvorstellung einer homogenen Gemeinschaft und ihren Vorbehalten gegenüber denen, »die nicht hierher gehören«. (3) Solche Ablehnungen können als legitime Haltungen praktiziert werden, da von Seiten der politischen Elite und der meinungsführenden Medien keine überzeugenden Deutungsangebote für ein neues, politisches Selbstverständnis gemacht werden. Überdies werden Rechtsextremismus und Fremdenfeindlichkeit vom politischen System häufig in einer Weise behandelt, die weniger von den sachlichen Problemen als von den Mechanismen der Politik bestimmt wird. (4) Schließlich konnte sich seit der Vereinigung der beiden deutschen Staaten eine rechtsextreme Jugendkultur etablieren, in der sich die Adoleszenzdynamik maskuliner Cliquen mit Ideologiefragmenten des Rechtsextremismus verbindet. Gerade an dem Prozess, in dem sich eine solche Szene bilden und ausbreiten konnte, lässt sich die Bedeutung gegenläufiger Kräfte zeigen. (5) In den Akten fremdenfeindlicher Gewalttätigkeiten durch junge Männer werden die Opfer als konkrete Personen beleidigt, bedroht und tätlich angegriffen. Zugleich haben die Gewalttaten für die Täter eine weiter gehende soziale Bedeutung. Sie sind auch Symbole einer Oppositionshaltung, die recht verschiedenen Motiven entstammen. Eine jugendliche »Action«-Kultur kann sich hier mit ausgesprochen ideologischen Motiven verbinden.

Einwanderungsland

Ob und in welchem Sinne die Bundesrepublik ein »Einwanderungsland« ist, kann hier offen bleiben. Tatsache ist jedenfalls, dass Einwanderung in beträchtlichem Umfang ein Faktum ist, das die BRD seit ihrer Gründung begleitet hat[10] und das heute besonders aktuell ist: Zwischen 1988 und 1993 kamen im Saldo etwa drei Millionen Personen nach Deutschland.

Davon waren zwischen 1988 und 1992 ca. 1,4 Mio. Aussiedler und ca. 1,1 Mio. Asylbewerber.[11] Bis 1996 erhöhte sich die Zahl auf 2,3 Mio. Aussiedler und auf ca. 2 Mio. Asylbewerber.[12] 14 % der in Deutschland lebenden Bevölkerung des Jahres 1999 sind, so der Migrationsforscher Klaus Bade, nicht innerhalb der Grenzen dieses Landes geboren.[13] Zwischen 1985 und 1998 hat sich der Anteil der ausländischen Bevölkerung in Deutschland um 64 % erhöht.[14] Migration wird auch eine Entwicklung der Zukunft sein. Verschiedene Szenarien beziffern einen Bedarf an ökonomisch motivierten Zuwanderern in den kommenden Jahren, der bei 170 000 Personen jährlich ansetzt und bis zu einer erforderlichen Zuwanderung von einer Million Migranten jährlich reicht.[15]

Fremdenfeindliche Haltungen

Folgt man den Ergebnissen der Meinungs- und Einstellungsforschung, so gibt es in den neuen Ländern eine starke Minderheit, die generell Vorbehalte gegen Ausländer hat, die die weitere Aufnahme von Asylbewerbern verweigert oder die dauerhafte Niederlassung von Ausländern ablehnt. Die verschiedenen Untersuchungen weichen in ihren quantitativen Ergebnissen voneinander ab, stimmen aber darin überein, dass fremdenfeindliche Haltungen in den neuen Bundesländern stärker ausgeprägt sind als in den alten.

Forschungen zu rechtsextremistischen Einstellungen haben auch den Anteil der Personen ausgewiesen, die in Umfragen eine ethnisch oder sozioökonomisch motivierte Fremdenfeindlichkeit zum Ausdruck bringen. Im Frühsommer 1998 lag der Prozentsatz von ethnisch fremdenfeindlich Eingestellten in den östlichen Bundesländern bei 20 % und in den westlichen bei 14 %; eine sozioökonomisch motivierte Fremdenfeindlichkeit konnte bei 39 % der Befragten im Osten und bei 23 % im Westen festgestellt werden.[16]

Die Ergebnisse der empirischen Sozialforschung gewinnen an Plastizität, wenn man sie mit Beschreibungen des sozialen Lebens in der DDR verbindet. Die heutigen Vorbehalte gegen Fremde, insbesondere Ausländer, werden dann erkennbar als Erbe einer Gesellschaft, für die die Idee der Gleichheit zentral war.[17] Gleich sollten die Einkommen, das Niveau des materiellen Wohlstandes und die Art sein, wie man sein Leben führte. Abweichungen waren nicht vorgesehen. Wer den sozialen Idealen des Egalitären und Homogenen folgte, konnte der Solidarität und der Aufnahme in die Gemeinschaft sicher sein, wer der Normierung des Lebens nicht folgen konnte oder wollte, wurde zum Außenseiter erklärt. Mit der ganzen Feindseligkeit, zu der Kleinbürger in Glaubensfragen fähig sind, wurde den sozialen und den kulturellen Außenseitern begegnet. Die beiden Extremgruppen und alle Minderheiten zwischen diesen Polen, die einen eigenen, distinktiven Lebensstil sichtbar praktizierten, gehörten nicht wirklich zur sozialen Gemeinschaft, weil sie gegen die Normen der »arbeiterlichen Gesellschaft« (Norbert Elias) verstießen.

Detlef Pollack wies auf die große Bedeutung von informellen sozialen Netzen hin, in denen sich das eigentliche Leben abgespielt habe: Hier wurde die Position des Einzelnen wirklich bestimmt, hier gab es eine soziale Resonanz auf Tüchtigkeit, kommunikative Kompetenzen und die Fähigkeiten, die Mängel der Versorgung zu kompensieren.

Allerdings ging von diesen sozialen Netzen auch ein hoher Konformitätsdruck aus: »Es bildeten sich weniger Habitusformen der Distinktion, der Selbstinszenierung, Selbststilisierung und extravaganten Normübertretung als Verhaltensweisen der unauffälligen Normalität, des angepassten Mittelmaßes und der kleinbürgerlichen Rigidität (...) Allenthalben fehlte das Freche, das Bunte, das Ausgefallene und Exotische. Stattdessen wurde das Maß der Mitte zur Norm gemacht. Die personale Nähe in den Beziehungsnetzen brachte also auch eine gewisse Intoleranz mit sich, eine Intoleranz gegenüber Abweichungen nach oben – Streber, Karrieristen, Funktionäre, Intellektuelle – als auch nach unten gegenüber Asozialen, Bummelanten, Aussteigern, Alternativen, Oppositionellen.«[18]

In diesen und ähnlichen Beschreibungen werden zwei soziale Ordnungsvorstellungen deutlich: Zur Gesellschaft gehören legitimerweise diejenigen, die äußerlich der Mehrheit ähnlich sind und ein durchschnittliches Leben führen. Zum anderen spielt die eigene sichtbare Erwerbstätigkeit in dieser Gesellschaft eine große Rolle: Die DDR war eine arbeiterliche Gesellschaft in dem Sinne, dass »alle arbeiteten oder zu arbeiten meinten und Arbeit jedem einzelnen gehört«; Prototyp der Gesellschaft war der Arbeiter, der nicht als Arbeitskraftbesitzer von einem Privatunternehmer abhängig ist, sondern ein Recht auf Arbeit hat. Die ostdeutschen Arbeiter hielten »das soziale Szepter« in der Hand. »Anschauungen, Meinungen,

Konventionen, Kleidungs- und Konsumgewohnheiten und nicht zuletzt die Alltagssitten richteten sich nach den Normen und Idealen der arbeitenden Klasse.«[19]

Konformität in der Lebensführung und Erwerbstätigkeit und – so muss man hinzufügen – auch eine proletarische Derbheit waren die Voraussetzungen für soziale Akzeptanz. Sie konstituierten die legitime Zugehörigkeit zur Wir-Gruppe. Der Sonderstatus von Ausländern und Angehörigen fremder Ethnien in der DDR ging damit nicht nur auf die offizielle Ausländerpolitik zurück,[20] sondern auch auf das Leitbild einer homogenen arbeitenden Gemeinschaft.

Die offizielle Ausländerpolitik in Verbindung mit dem Normalitätsdruck informeller Netze förderten Mentalitäten, für die soziale und ethnische Homogenität eine hohe Bedeutung hatten. Entsprechend fest und eng waren die Auffassungen, wer »eigentlich nicht hierher gehört« und wer überhaupt »dazugehören« kann und wer berechtigterweise Anspruch auf die wirtschaftlichen und kulturellen Güter der Gesellschaft erheben durfte. Nicht unwesentlich ist es nun, ob man bei der Beschreibung solcher ablehnenden Haltungen den diffusen Charakter dieser Mentalität wahrt oder sie umstandslos als Ideologie identifiziert.[21] Festzuhalten bleibt, dass es sich dabei zunächst nicht um fixierte Normen und begründete Weltanschauungen handelt, sondern um informelle Ablehnungshaltungen. Das schließt eine Politisierung der »Homogenisierungsmentalität« keineswegs aus, in deren Verlauf fremdenfeindliche Haltungen prägnanter, konsistenter und vielleicht auch radikaler werden. Doch wären das Entwicklungen, die nach aller Erfahrung nur die minoritären Kreise beträfen, die sich bewusst für politische Aktivitäten entscheiden. Für eine weiter gehende Intensivierung und ideologische Präzisierung solcher Mentalitäten in der Breite der Bevölkerung scheinen in der Tat keine Belege vorzuliegen.[22]

Für die Frage nach den sozialen Ursachen fremdenfeindlicher Gewalt ist eine weitere Beobachtung wichtig: Die Nichtexistenz einer eigenständigen Sphäre der Öffentlichkeit und die langjährige Erfahrung der Unbeeinflussbarkeit des politischen Prozesses durch den Einzelnen haben einen Habitus des Nichtauffallens gefördert. Es gehörte nicht zu den Üblichkeiten, öffentlich aufzutreten und sich zu exponieren. Der Staat und seine Institutionen hatten das Monopol auf die Gestaltung des öffentlichen Lebens, eine Einmischung war weder vorgesehen noch ratsam.

Dieser Privatismus ist von zeitgenössischen Beobachtern in der DDR beschrieben worden:

»Die Identifikation mit dem Gesellschaftssystem DDR wurzelt (...) überwiegend in den als positiv erlebten materiellen und sozialen Lebensbedingungen und -zusammenhängen im Alltag; sie wird jedoch kaum an seinen politischen und ideologischen Strukturen festgemacht (...). Das akzeptierte, wirkliche Leben scheint sich unterhalb davon oder daneben abzuspielen. Zu den öffentlichen, direkt politischen Formen des Zusammenlebens nimmt man vorwiegend ein Verhältnis der fatalistischen, duldenden oder listigen Hinnahme, der pragmatischen, vorteilsbedachten Ausnutzung, einer gleichgültigen Mitläuferschaft ein. (...) Das Gefühl der Ohnmacht gegenüber den politischen Strukturen und ihrer Fremdheit gegenüber dem einzelnen Leben scheint noch weit verbreitet zu sein, und so überdauern auch die alten Formen des Sicheinrichtens in dieser unverstandenen, uneigentlichen Welt in unterschiedlichen Versionen (...).«[23]

Schließlich spielen für die Gesellschaft in den neuen Ländern die Erfahrungen eine Rolle, die nach der Vereinigung im Verhältnis zu den Westdeutschen und dem neuen Staat gemacht wurden. Detlef Pollack hat die objektiven Gegebenheiten des Systemwechsels und die Art der Kommunikation zwischen Ost- und Westdeutschen als die Erfahrung einer umfassenden Geringschätzung, Missachtung und der realen Benachteiligung beschrieben.[24] Dem setzten die Ostdeutschen Abgrenzungs- und Selbstbehauptungsbemühungen entgegen, um gegen das Achtungsgefälle zwischen West und Ost zu protestieren und eine neue Balance herzustellen.

Deutungsangebote der politischen Mitte

Die diffusen Vorstellungen in der Bevölkerung, »wer nicht hierher gehört« oder »wer nicht dazugehören kann«, können sich, wie alle Mentalitäten, nur langsam wandeln. Sie tun das umso weniger, je schwächer und uneindeutiger die Signale sind, die von den meinungsbildenden Eliten, der Politik und den Pädagogen gesetzt werden. Eine besondere Rolle spielen dabei diejenigen, auf deren Haltung und Wort in den sozialen Nahräumen etwas gegeben wird.[25] Doch sollten Lokalpolitiker, Lehrer und Sozialpädagogen bei ihrem erforderlichen Eintreten für die unbedingte Achtung der Person als Grundlage jeder Austragung von politischen Differenzen von der Politik unterstützt werden.

Unterscheiden lassen sich hier analytisch die Diskurse, die sich auf die Berechtigung des Zuzuges und Aufenthaltes in Deutschland beziehen (»wer darf hier sein«), von den Debatten um die Zugehörigkeit zum Staatssvolk (»wer gehört dazu«). Gerade der zweite Aspekt hängt mit der emotional hoch besetzten Frage nach der legitimen Wir-Gruppe zusammen. Die konzeptionellen Grundentscheidungen können deshalb nicht klar genug formuliert werden. Das Modell der Staatsbürgerschaft, das auf der Höhe der Zeit ist, bindet die Definitionen der Zugehörigkeit zur politischen Gemeinschaft an den Willen der individuellen Person und ihre Fähigkeit, als politisches Subjekt die Regeln des politischen Verbandes zu beherrschen und seine Traditionen zu akzeptieren.[26] Damit werden die Staatsbürgerschaftsmodelle abgelöst, die an ethnisch-kulturelle Merkmale gekoppelt sind. Jürgen Habermas hat die grundsätzliche Erfordernis eines solchen Typs von Staatsbürgerschaft auf den Punkt gebracht: »Die ethische Integration von Gruppen und Subkulturen mit je eigener kollektiver Identität muß (...) von der Ebene der abstrakten, alle Staatsbürger gleichmäßig erfassenden politischen Integration entkoppelt werden.«[27] Die Entkoppelung der kulturellen Lebensformen von der Konstitution einer politischen Kollektividentität verpflichtet die Staatsbürger lediglich auf die Verfassung und abstrahiert von den anderen Wertbezügen ihres Lebens.[28] Wie auch immer dieses Modell im Einzelnen gestaltet ist und welche Übergangszeiten und -regelungen auch immer erforderlich sind – die Vorstellung einer ethnisch-kulturellen Konstitution des Staatsvolkes (Demos) ist ein Modell des 19. und des 20. Jahrhunderts, nicht des 21. Jahrhunderts.

Von diesem Gedanken her sind es weniger die skandalisierten Äußerungen einzelner Politiker und die Assoziationsfolgen einer suggestiven politischen Metaphorik (»Das Boot ist voll«), die hier eine Rolle spielen.[29] Was die »politische Mitte« tut, ist problematisch genug; was sie nicht tut, ist weit gravierender: Es fehlt die breite und offensive Propagierung einer kollektiven Identität, die sich von ethnisch-kulturellen Hypotheken der Vergangenheit emanzipiert hat. Das Selbstverständnis einer kulturell heterogenen Gesellschaft ist bei vielen Deutungsanbietern noch nicht wirklich auf das Modell einer Integration qua politischer Staatsbürgerschaft umgestellt worden.

Den politischen Kräften etwa, die die Losung einer »deutschen Leitkul-tur« auszugeben versucht hatten, ging es neben der Medienpräsenz um eine Idee essenziellen Deutschtums, eine Kultur also, die nicht lediglich in Deutschland ihren Platz hat, sondern ihrem Wesen nach deutsch sei. Vielleicht kann man die windige Worthülle »Leitkultur« inhaltlich kon-kretisieren. Aber wenn es wirklich eine deutsche Leitkultur geben sollte, formuliert sie gerade kein Angebot einer kollektiven politischen Identität, das auch diejenigen einbezieht, die ihrer Herkunft nach keine Deutschen sind.[30] Das aber wäre die Aufgabe einer zukunftsgerichteten Politik: »Wer wirklich Frieden will, soll sich (...) nicht auf Kultur, sondern auf eine Ordnung beziehen, die selbst nicht weiß, daß sie Kultur ist: auf das positive Recht.«[31]

In Zeiten, wo neue Entwicklungen auf alte Interpretationsrahmen stoßen, ist es auch die Aufgabe der Politik, offensiv innovative Deutungen anzu-bieten. Das Fehlen einer solchen Überzeugungsoffensive belässt die al-ten, an die Sichtbarkeit von Ethnien und Kultur gebundenen Vorstellun-gen von kollektiver Identität im Rang legitimer Interpretationen.

Neben einer systematischen Unterbietung des Problemniveaus in Sachen Staatsbürgerschaft und Einwanderung von großen Teilen der politischen Mitte lässt sich von einer Beschränktheit in der Problemwahrnehmung und einer gewissen Betriebsblindheit sowie Selbstbezogenheit des politi-schen Systems bei ihrer Bearbeitung sprechen. Das Sensationsetikett »Rechtsextremismus« verführt zu einer verengten Sichtweise, die sich an ideologischen Dokumenten wie Parteiprogrammen und den mitunter stra-paziösen Selbstdarstellungen rechtsextremer Parteien an publizitätsträch-tigen historischen Orten festmacht. Auch in der kritischen Wahrnehmung und Beobachtung werden dadurch die sozialen Entwicklungen in den neuen Bundesländern vernachlässigt.

Die Selbstbezogenheit der politischen Klasse zeigt sich in den Ansätzen, die Parteien und Organisationen in den Vordergrund stellen. Zu Autoren des sozialen Lebens werden damit Subjekte erklärt, die eindeutig identi-fizierbar sind und deren Agieren sich die etablierten Parteien nach dem Modell ihres eigenen Auftretens erklären können. Ein als politisch iden-tifiziertes Problem muss in dieser eingeschränkten Perspektive auch einen politischen Urheber haben. Dies schränkt die Wahrnehmung der heterogenen Einzelursachen der fremdenfeindlichen Gewalt mit ihrer jeweils eigenständigen Dynamik ein und verkennt die neue Qualität, die ihnen durch das Zusammentreffen mit anderen sozialen Entwicklungen zuwächst.

Das beste Beispiel hierfür ist die Diskussion um das NPD-Verbot, das nicht nur – wie dies ausreichend gewesen wäre – durch die Bundesregierung, sondern auch vom Bundestag und vom Bundesrat beantragt wurde. Abgesehen von grundsätzlichen Erwägungen zu einem Parteienverbot in der liberalen Demokratie stellt sich die Frage, welches Ziel mit einem Verbot erreicht werden soll.[32] Eine Reduzierung von alltäglichen Beleidigungen, Bedrohungen und Gewalttätigkeiten gegen Fremde dürfte davon kaum ausgehen. Zwar gehörten vereinzelt auch Mitglieder und Funktionäre der NPD zu den Gewalttätern, doch wären diese Straftaten auch ohne ein Parteienverbot zu ahnden.

Ein anderes Beispiel: Einen unproduktiven Selbstbezug des politischen Systems stellen die Debatten dar, wie sie von der »politischen Mitte« im Parlament geführt werden. Eine Untersuchung dieser Diskurse im 12. Deutschen Bundestag (1990–1994) hat die Strukturen dieser Thematisierung herausgearbeitet. Rechtsextremismus und fremdenfeindliche Gewalt wurden demnach im Parlament ausführlich und mit hohem Engagement behandelt. »Die Kunst der öffentlichkeitswirksamen parlamentarischen Rede besteht (...) in der Fähigkeit, ein gesellschaftliches Problem (...) auf eine griffige, mediengerechte Formulierung zu bringen, die zudem die eigene Problemlösungskompetenz als überlegen erscheinen läßt, die Verursachung und Schuld eindeutig dem politischen Gegner zuschiebt und das eigene Image, verbunden mit einem positiven Identifikationsangebot, einem möglichst großen Wählerkreis überzeugend darbietet.«[33] Der Deutsche Bundestag gestattet gesellschaftlichen Herausforderungen den Eintritt in die Debatte nur in der Form parlamentarischer Themen. Damit werden die Probleme um alle die Aspekte verkürzt, die nicht auf die Parteien zugeschnitten sind und die deren selbstbezogene Auseinandersetzung unterbrechen würden.

Rechtsextreme Jugendkultur

In den neuen Bundesländern haben sich, in Anknüpfung an Vorläufer in der DDR, seit der Vereinigung besondere Jugendszenen herausgebildet, die von der Forschung dem Typ der maskulinen Jugendkultur zugerechnet werden.[34] Im Zentrum der Aufmerksamkeit stehen die Skinheads.[35] Merkmale dieser Jugendkultur sind eine besonders starke Abgrenzung von anderen Gruppen, ein ausgesprochenes Revierverhalten, die Betonung körperlicher Kraft und Geschicklichkeit und der Drang nach »action« – die Chiffre für alle aufregenden Unternehmungen, die erlebnisintensiv und riskant sind. Die Praktizierung von Gewalt ohne übergeordnetes Ziel ist ein Verhaltenselement dieser Jugendkultur. Sie agiert nach einem bestimmten Verhaltensskript, zu dem neben dem demonstrativen Arbeiterhabitus Gewalttätigkeiten und Minderheitenfeindlichkeit gehören.[36]

Dem Kern rechtsextrem orientierter Skinheads[37] hat sich im Verlauf einer durchaus nicht zwangsläufigen Entwicklung eine rechtsextreme Jugendszene ankristallisiert, zu der heute auch junge Leute gehören, die die Extremvariante der Glatze zugunsten der Signets der bekennenden Kurzhaardeutschen vermeiden. Zu ihren identifikatorischen Insignien und Emblemen gehören Symbole und andere Kennzeichen, die positiv an den historischen Nationalsozialismus, eine religiös besetzte Reichsidee, heidnische Religionen sowie nordische und germanische Mythen anschließen. Ihre Identität errichtet die Szene durch die Bevorzugung von Bier als Leitdroge und von Rechtsrock bzw. den Produkten nationaler Liedermacher als eigener Musik. Schließlich gehören Aggressionen gegen andere Jugendliche und gesellschaftliche Minderheiten zum charakteristischen Merkmal dieser Jugendkultur. Sie reichen von Bedrohungen über Beleidigungen bis zu Körperverletzungen und Tötungen.

Gemeinsam ist der offensiv vertretenen Minderheitenfeindlichkeit und den historischen wie vorgeschichtlichen Referenzobjekten dieser Szene der Provokationswert gegenüber der »guten Gesellschaft« der Bundesrepublik.[38] Es definiert geradezu die symbolische wie materielle Praxis dieser Szene, gegen geltende Gesetze zu verstoßen, Sitte und Anstand zu verletzen, der christlichen Tradition »die Zunge herauszustrecken« und das antinazistische Selbstverständnis der Bundesrepublik zu konterkarieren.[39] Die rechtsextreme Szene vereinigt als eine radikalisierte Gegenkultur alle Merkmale einer oppositionellen Jugendkultur. Sie ist eine symbolische Kampfansage an das normative Selbstverständnis von Staat und Gesellschaft.

Es wäre eine Verkennung der spezifischen Dynamik dieser Szenen, würde man die rechtsextreme Jugendkultur umstandslos als einen politisch motivierten und ideologisch gefestigten Akteur verstehen.[40] Dagegen spricht allein schon das jugendliche Alter der Beteiligten, die mit diesem Alter verbundenen charakteristischen Phasen der sozialen und individuellen Identitätsbildung und nicht zuletzt gerade der demonstrative Gestus, mit dem die anachronistischen Reichs-, Nazi- und Germanen-Vorstellungen von Politik und Gesellschaft beschworen werden. Andererseits ist die Wahrscheinlichkeit nicht zu unterschätzen, dass sich aus einer solchen Jugendkultur der Nachwuchs für Neonazigruppen oder für das Personal der NPD rekrutiert. Doch der Aspekt, auf den es hier bei der Rekonstruktion des Verursachungsfeldes von fremdenfeindlichen Gewalttätigkeiten ankommt, ist ein anderer: Jugendkulturen und ihre Szenen entstehen nicht aus politischen und ideologischen Gründen, es sind alters- und entwicklungsspezifische Gesellungsformen von Jugendlichen, mit denen sie sich von ihren Eltern und der Gesellschaft insgesamt absetzen und auf lebensgeschichtlich neue Weise ihre eigenen Gefühle und Wünsche realisieren und soziale Anerkennung zu erhalten suchen. Ihre Politik führen sie als eine »›Mikropolitik‹ um Identität, Anerkennung und Abgrenzung«.[41]

Die rechtsextreme Jugendkultur hat ihrerseits drei Wurzeln. Bereits in der DDR existierten Gruppen, die sich rechtsextrem orientierten und in ihren ideologischen Selbstdarstellungen dem Nationalsozialismus anschlossen.[42] Die Nachwendezeit war durch ein Schwinden der sozialen Kontrolle und vor allem auch durch einen drastischen Rückgang der Angebote in der Jugendarbeit gekennzeichnet. Damit fehlte weithin das Gegengewicht zur aufkommenden Dominanz eines sich ideologisiert darstellenden Typs des Adoleszenzdurchlaufs.[43] Schließlich haben Eskalationsentwicklungen stattgefunden,[44] die sich an lokalen Konflikten um die Einwanderung von Aussiedlern und Asylbewerbern entzündeten. Zwischen Asylbewerbern, Kommunalverwaltungen und Anwohnern kam es zu Spannungen in der Bewältigung von Unterbringungs- und Versorgungsproblemen. Ein unzureichendes Management dieser Aufgaben in Verbindung mit einer dramatisierenden Medienberichterstattung heizte die Stimmung an. Gewaltbereite Jugendcliquen sahen sich in ihren Angriffen von Anwohnern unterstützt. Die anfängliche organisatorische Schwäche und Unsicherheit im professionellen Selbstverständnis der Polizei ließen das Gewalthandeln als ein erfolgreiches Modell erscheinen. Die überregionale Medienberichterstattung informierte über die Verlagerung von Asylbewerbern. Derartige Aktionen konnten von den maskulinen Szenen als Vorbild verstanden werden.

Ursachen der fremdenfeindlichen Gewalttätigkeiten

Das Zustandekommen fremdenfeindlicher Gewalttätigkeiten kann erklärt werden aus dem Zusammenwirken der genannten Ursachenkomplexe.[45] Festzuhalten ist bei dieser Betrachtung zunächst, dass die einzelnen Faktoren relativ autonome Elemente in einem Kräftefeld sind. Sie sind nicht unmittelbar aufeinander zurückführbar. Dies wird daran deutlich, dass sie eine jeweils eigene Geschichte und Entwicklungsdynamik haben: Die xenophoben Mentalitäten in der Bevölkerung sind ein Teil der Gesellschaftsgeschichte auf dem heutigen Gebiet der fünf neuen Länder und der DDR-Ausländerpolitik, stehen aber auch in einem Zusammenhang mit der Degradierung der DDR und der Zurücksetzung der Bevölkerung in den neuen Ländern nach der und durch die Vereinigung. Die politischen Diskurse spiegeln die Struktur der politischen Mitte und die Eigengesetzlichkeit der parlamentarischen Debatte wider, die fehlende Deutungsoffensive der Eliten hängt mit deren Konservatismus und konzeptionellen Schwächen zusammen, und die Entstehung einer rechtsextremen Jugendkultur ist neben den prinzipiellen Offenheiten in der Entstehung und Verbreitung bestimmter Jugendkulturen auch das Ergebnis einer nachholenden DDR-Opposition und von frühen »Erfolgsfällen« Anfang der 90er Jahre.

Eine Erklärung, die die genannten Kräfte einbezieht, kann sich zunächst abstrakt vergewissern, wie Gewalttätigkeiten generell zustande kommen können.[46] Wer physisch gewalttätig ist, hat die hohe Hürde des Gewaltverbotes, wie sie in Gesellschaften westlichen Typs heute herrscht, überwunden. Das Spektrum der Möglichkeiten einer Überschreitung der Gewaltschwelle erstreckt sich zwischen zwei entgegengesetzten Möglichkeiten. Idealtypisch konstruiert stehen am einen Pol die Einschleifung gewalttätigen Handelns über die Zugehörigkeit zu einer bestimmten Gruppen- oder Milieukultur und am anderen die Motivierung durch eine Ideologie.[47] Kurz: Die Beweggründe für gewalttätiges Handeln liegen zwischen »Praxis« und »Idee«.

Betrachtet man unter dieser Fragestellung die Täter bzw. Tatverdächtigen

in Fällen fremdenfeindlicher Gewaltakte, so spricht zunächst viel für die
Hypothese, dass hier habitualisierte Verhaltensweisen einer maskulinen
Jugendkultur zum Ausdruck kommen. Die Ergebnisse der Forschungen
Anfang der 90er Jahre wurden immer wieder bestätigt: Zwischen 80 und
90 % der Täter sind jünger als 25 Jahre, zu weit über 90 % handelt es sich
dabei um junge Männer. Ca. 80 % der Taten sind Gruppenaktivitäten, und
zwei Drittel der Straftäter waren alkoholisiert. Die Täter haben zum ganz
überwiegenden Teil ein niedriges formales Bildungsniveau.[48]
Gegen die Dominanz ideologisch-politischer Motive im engeren Sinne
spricht noch ein weiteres Faktum: Zu einem Teil der Tatverdächtigen von
Delikten, die von den Landeskriminalämtern als »fremdenfeindlich« oder
»rechtsextremistisch« klassifiziert werden, liegen Vorerkenntnisse vor.
Diese Tatverdächtigen sind der Polizei also im Zusammenhang mit früheren Straftaten bekannt. Bemerkenswert ist nun der Umstand, dass ein
Großteil der Tatverdächtigen zu einem früheren Zeitpunkt nicht wegen
»politischer« Delikte aufgefallen ist, sondern im Kontext allgemeiner
Kriminalität. Der breite Überschneidungsbereich zwischen politischer
und allgemeiner Kriminalität lässt den Schluss zu, dass es sich hierbei
nicht primär um ideologisch überzeugte Täter handelt, die aus einem
rationalen Kalkül heraus aktiv werden, sondern um Akteure mit einem
diffusen kriminellen Aktionsfeld. Es ist dann kein bloßer Zufall, dass
Ausländer und andere Fremde zu Opfern werden, aber es ist auch nicht
die lineare Folge eines definierten politischen Willens, der sich zielgenau
verwirklicht.
Wenn die Gewalttätigkeiten nicht oder nur zu einem geringen Teil kausal
über eine ideologische Motivation der Täter befriedigend zu erklären
sind, kann eine Erklärung über die Praxis der Gewalttätigkeiten und ihre
möglichen Bedeutungen erfolgen. Wissenschaftstheoretisch heißt das,
von einem kausalen Erklärungsmodell Abstand zu nehmen und eine Erklärung über den Sinn der Handlungen zu suchen. Welchen Sinn können
die Täter mit ihren Taten verbinden? Und: Welche Bedeutung können die
fremdenfeindlichen Angriffe als solche haben?[49] In welchem Kontext
also stehen die Opfer, und in welchen Sinnzusammenhängen können die
Täter agieren?
Opfer wie Täter sind konkrete Personen, werden aber in den Gewalttaten
auch zu Repräsentanten von Gruppen. Wie kommt es zu dieser Verdoppelung?

Das extreme Übergewicht einer sozialen Gruppe führt zu einem besonderen Status der zahlenmäßig stark unterlegenen Gruppe; Rosabeth Moss Kanter hat anhand der »token women« (der Vorzeige- oder Alibifrauen in einer Organisation) gezeigt, dass drei besondere Wahrnehmungen dieser Minderheit ins Spiel kommen: »Tokens« sind dadurch charakterisiert, dass sie primär als Repräsentanten ihrer sozialen Gruppe und nicht als Individuen betrachtet werden, sie sind eher Stellvertreter oder Symbole als wirkliche Personen. [50] Dies führt erstens dazu, dass sie eine höhere Sichtbarkeit haben und ihnen eine gesteigerte Aufmerksamkeit zuteil wird. Sie sind, gestaltpsychologisch gesprochen, die Figuren, die sich vor dem Hintergrund abheben. Die zweite Besonderheit der Wahrnehmung ist der Kontrast. Erst die Präsenz von Personen mit anderen Merkmalen vergegenwärtigt dem dominanten Teil der Gruppe ihre Gemeinsamkeiten und damit auch die Unterschiede zu den Tokens. Je kleiner der Anteil der Minderheit ist, umso leichter fällt es der Mehrheit, Ausmaß und Bedeutung der Unterschiede zu betonen und ihre Gemeinsamkeiten in Abgrenzung zu der Minderheit zu konstruieren. Das führt zu dem Paradox, dass Tokens einerseits in einem eminenten Maß sichtbar sind, andererseits aber gerade nicht als individuelle Personen wahrgenommen werden, sondern als bloße Repräsentanten oder »Exemplare ihrer Art«. Sie werden damit auf die Vorstellungen festgelegt, die in der Mehrheit über die Minderheit herrschen.

Dass der einzelne sichtbar Fremde als politisches Symbol wahrgenommen wird, scheint die Situation in der DDR ebenso zu charakterisieren, wie es die heutige Lage kennzeichnet. Ausländer galten in der DDR als Repräsentanten ihres Landes. Ihre stark reglementierte und restriktiv gehandhabte Präsenz in der DDR verdankten sie dem politischen Programm von Antifaschismus, Internationalismus und internationaler Solidarität. Als Kinder der offiziellen Politik standen sie natürlich unter dem besonderen Schutz des Staates. Beobachter sprechen insofern von einer »Offizialisierung« in der Wahrnehmung der DDR-Bevölkerung. [51] Ganz ähnlich verdankt sich die Präsenz von Asylbewerbern in den neuen Bundesländern dem Beitritt der DDR zur BRD. Die Minderheitenfreundlichkeit westlicher Medien und der Regierungsverlautbarungen machen auch heute die Ausländer zu Symbolen.

Auch auf der Seite der Täter findet sich die Verdoppelung in konkrete Personen und Repräsentanten von Gruppen. [52] Das hängt nicht nur damit zusammen, dass eine Vielzahl der Gewaltdelikte aus Gruppen heraus begangen wird, sondern dass die Täter als Vertreter von »Wir-Gruppen« handeln. Analytisch lassen sich die folgenden Gruppenidentifikationen bzw. Kollektivrepräsentanzen unterscheiden:

1. In einem ganz trivialen Sinn, der allerdings dem Alter der Akteure und der jugendkulturellen Dynamik angemessen ist, werden »Fremde« als »Feinde« verstanden. Einschüchterungen und gewalttätige Angriffe bedeuten in diesem Kontext die Herstellung eines Machtgefälles und das Ausleben von Machtgefühlen bis hin zu einer absoluten Aktionsmacht gegenüber den Opfern.
2. Vor dem Hintergrund der sozialen Homogenisierungstendenzen können die Täter als Vertreter einer gesellschaftlichen Mitte auftreten, die abweichende Lebensführungen und fremde Kulturen ablehnt. Sie vertreten und exekutieren damit das »Maß der Normalität«, das wenig Abweichungen im Aussehen und in der Lebensführung aushält und duldet.
3. Zu einer solchen faktischen Nivellierung des sozialen Lebens kann bei bestimmten gesellschaftlichen Gruppen die Vorstellung legitimer Ausgrenzung von »Fremden« auch auf anderem Wege zustande kommen. Gestützt auf Lokalstudien aus Mecklenburg-Vorpommern und dem Land Brandenburg hat Andreas Willisch gezeigt, welche Folgen der Niedergang der Industrie und der industrialisierten Landwirtschaft in den ländlichen Räumen der neuen Bundesländer haben kann. Bei faktischen Arbeitslosenraten, die an manchen Orten bis zu 50 % betrugen, wurde die Arbeitsgesellschaft »nirgends so gründlich zerstört (...) wie im ländlichen Raum der DDR jenseits der Großstädte«[53].
Fremdenfeindliche Gewalt durch junge Männer ist eine Möglichkeit, den Niedergang der Erwerbsarbeit als Sozialisationskern und Zentrum von Berufs- und Lebensplanung zu beantworten. Dort, wo die Erwerbsarbeit langfristig zu verschwinden scheint, entsteht, so die zweite wichtige These von Willisch, ein neues Verhältnis zwischen Staat und Individuum. Als Empfänger von Sozialleistungen können sich die deutschen Staatsbürger auf der gleichen Stufe sehen wie Asylbewerber oder andere geduldete Flüchtlinge, die staatlicherseits alimentiert werden. Angriffe auf Fremde verdeutlichen die in der in-group geltenden Kriterien der Empfangsberechtigung von Transferzahlungen. Die Ge-

walttätigkeiten gegen Personen, die in den Augen der Täter und ihrer Milieus zu Unrecht Sozialleistungen erhalten, können in dieser Weise auch als Protest gegen ökonomisch relevante Anrechtskriterien verstanden werden. Als Organe ihrer ethnischen Wir-Gruppe können sie sich bei den Aggressionen gegen vermeintlich illegitime Anspruchsberechtigte als Vertreter eines ursprünglicheren Rechts verstehen. In der konkreten Person des Fremden wird dann das abstrakte Prinzip der Anerkennungs- und Zuteilungskriterien geschlagen, die nicht mehr nur ethnisch oder national definiert sind.[54] Wie die meisten Menschen glauben sie, »daß der Sozialstaat nationaler Prägung zuerst ihre Ansprüche befriedigen muß, ehe er das Geld anderweitig verteilt«[55].

Das Gefühl, dass die falschen Leute aus öffentlichen Mitteln unterstützt werden, verbindet die gewalttätigen Jugendlichen mit einem Teil der Erwachsenenwelt. Damit kann bei den Tätern ein Selbstbild unterstützt werden, das sie als Vollstrecker eines imaginären »Volkswillens« zeigt. Richtig bleibt daran, dass es ein breites gesellschaftliches Einverständnis in der Geltung einer fundamentalen Gerechtigkeitsnorm gibt: »Das Gefühl der Verletzung erwächst aus einem Widerspruch: der Konfrontation der Gerechtigkeitsregel des Asylrechts mit einem Arbeitsethos, das als elementarer Gerechtigkeitsmaßstab in der Erfahrungswelt der Arbeiterklasse verwurzelt ist.«[56]

4. Akzentuiert man die Anwesenheit von ethnisch und rechtlich Fremden in den neuen Ländern in der Weise, wie bereits die Präsenz von Vertragsarbeitern in der DDR verstanden worden ist, nämlich als offizialisierte Akte, so sind die gewalttätigen Angriffe auf Fremde auch Attacken auf das neue politische System, das heißt die Institutionen und die politische Kultur des Westens. Die Ernüchterung über die ökonomischen und die sozialen Folgen der Vereinigung, insbesondere die Erfahrung, einer »Gesellschaft ohne Ehre« (Heinz Bude) anzugehören, kann sich gegen die Anwesenheit von Fremden als Folge dieser neuen Ordnung wenden.

5. Eine Folge des Beitritts der DDR zur Bundesrepublik ist der Niedergang der dort herrschenden »arbeiterlichen Kultur«, in der der körperlich arbeitende Mann die soziale Leitfigur war. Als »wirkliche« Arbeit galt erst die Arbeit, die die Mühsal körperlicher Anstrengung und Entbehrungen erforderte. Erst die Verausgabung von Muskelkraft, erst der Geruch von Schweiß machte für diese Welt die wirkliche Arbeit aus.

Industriearbeiter, Bauern und Handwerker prägten faktisch soziale Leitbilder – auch wenn der hart arbeitende männliche Ernährer aufgrund der Arbeitsgarantie für jedermann tatsächlich nicht der real dominierende Typ im Erwerbsleben war. In der impliziten Werteordnung der arbeiterlichen Gesellschaft spielten damit maskuline Verhaltensweisen eine wichtige Rolle.[57] Das Ende der arbeiterlichen Gesellschaft bedeutet nicht nur für viele die Erfahrung eines historisch neuen Typs von Arbeitslosigkeit, nämlich der Umbruchsarbeitslosigkeit, es bedeutet auch die Entwertung eines Leitbildes. In dieser Hinsicht lassen sich die Entwicklungen, die zum Aufkommen der Skinheads in England geführt haben, mit denen in der DDR parallelisieren: In der Praxis dieser Szenen wird »der Arbeiter« zu einem Habitusideal stilisiert, das umso stärker demonstriert wird, je geringer sein tatsächliches ökonomisches und gesellschaftliches Gewicht wird. Körperliche Gewalttätigkeiten haben in dieser Hinsicht auch die Bedeutung der Selbstbehauptung von Milieus und Fertigkeiten, die in ihrem gesellschaftlichen Gewicht drastisch reduziert worden sind.[58]

Dies ist eine Situation, die in ihrem Erfahrungsgehalt dem Niedergang der britischen Arbeiterklasse in den 60er Jahren nicht unähnlich ist. Damals hatte sich, so jedenfalls die bekannten Interpretationen des Centre for Contemporary Cultural Studies (CCCS), die Jugendkultur der Skinheads als eine ostentative, wenn auch »magische« Neubelebung der Arbeiterkultur gebildet.[59] Insofern sind fremdenfeindliche Gewalttaten auch ein Medium, die Existenz einer Gegenkultur zu demonstrieren, deren zentrales Merkmal die Ablehnung und Verachtung der Werte der liberalen, akademisch gebildeten Mittelschichtskultur ist. Die Praxis der Gewalt repräsentiert diese Gegenkultur, in der alle Merkmale der ursprünglichen Stammkultur in karikaturhafter Überspitzung vorhanden sind: rohe und starke Körperlichkeit, Mut, Verachtung von Kopfarbeit und Wissen, maskuliner Sexismus und Rassismus. Man kann das, bezieht man diese Antwort auf die Herausforderung durch ökonomische Veränderungen, als soziokulturelle Selbstbehauptung von Modernisierungsverlierern bezeichnen.[60] Eintragen lässt sich in die Praxis fremdenfeindlicher Gewalttaten auch die Verteidigung von hegemonialen Männlichkeitskonzepten, die in den letzten Jahren einem kulturellen Verschleiß und direkter Kritik unterworfen waren. In diesem sozialen Kontext wären »männliche Gewaltakte als kollektive Reaktionen, Verteidigungs- und Abwehrkämpfe gegen die materielle und ideelle Erosion ihres jahrhundertelang tradierten Geschlechterstatus« zu verstehen.[61]

6. Schließlich kann die fremdenfeindliche Gewaltpraxis auch in einem ideologischen Kontext erfolgen. Rainer Erb hat in diesem Zusammenhang von Akteuren gesprochen, die sich in einer subkulturell-ästhetischen Metamorphose von jungen Männern zu »Soldaten ohne Auftrag« verwandeln.[62] Ihre Gewalttätigkeiten bedeuten in diesem Kontext den Einsatz für eine Sache, die inhaltlich variieren kann, aber immer hochidealistisch aufgeladen ist, einen heroischen Einsatz fordert und mit Größe und Macht zu tun hat. Die vermeintliche Gefährdung der Nation durch Zuwanderung, Vermischungen, finanzielle Ausbeutung, ein »beschädigtes« Geschichts- und Volksbewusstsein rechtfertigt einen maximalen Einsatz und die Wahl extremer Mittel. Dieser Bedeutungskontext der Gewalttätigkeiten wird von den ideologischen Versatzstücken des organisierten Rechtsextremismus, der neonazistischen »Kameradschaften« und schließlich der rechtsextremen Medien gebildet.

Die Ausdifferenzierung von Kontexten, innerhalb derer fremdenfeindliche Gewalttätigkeiten eine Bedeutung haben können, ist in mehrfacher Hinsicht für eine Erklärung relevant: Einmal wird deutlich, dass die Praxis von fremdenfeindlichen Gewalttätigkeiten selbst ein Medium ist, über das in der rechtsextremen Jugendkultur eine soziale Integration erfolgt. Die gemeinsame Teilnahme an solchen Aktionen schafft einen Zusammenhalt nach innen und Abgrenzungen bzw. Feinddefinitionen nach außen. Diese Klammerfunktion haben die Gewalttätigkeiten, da sie in verschiedenen Sinnkontexten stehen können. Die skizzierten sechs Zusammenhänge sind dabei nicht exklusiv zu denken: Ein und dieselbe Tat kann durchaus mehrere Bedeutungen haben, eine andere Tat steht möglicherweise nur in einem einzigen Bedeutungskonnex. Ein eindeutiger Sinn dieser Taten lässt sich auf der Ebene einer allgemeinen Einschätzung nicht angeben. Gerade die Überlagerung von jugendkulturellen, allgemein kriminellen und politisch-ideologischen Dynamiken ist eines der Kennzeichen der fremdenfeindlichen Gewalt in den letzten zehn Jahren. Die Mehrdeutigkeit der einzelnen Tat gewinnt und hält jugendliche Akteure in der rechtsextremen Kultur, ohne dass sie alle von gemeinsamen Motiven geleitet sein müssen und ohne dass sie ihre Motive klar benennen oder gar begründen können müssten. Der gemeinsame Nenner, auf den sich die Impulse einer rechtsextremen Jugendkultur und die ideologischen Motive überzeugter Rechtsextremisten bringen lassen, ist der einer Gegenbewegung und eines symbolischen Angriffs auf die bestehende Gesellschaft und ihre politische Ordnung.

Die Bedeutungsüberlagerungen in den Gewalttätigkeiten sind auch ein Schlüssel zur Erklärung der verbalen und der bisweilen auch materiellen Unterstützung der Gewalttäter durch die Bevölkerung. Zuvor muss allerdings betont werden, dass die häufig beobachtete Indifferenz von Zeugen durchaus nicht als Zustimmung interpretiert werden muss. Neben der Tradition eines Privatismus, der sich generell von öffentlichen Angelegenheiten fern hält, ist auch die Angst vor eigenen Verletzungen ein plausibles Motiv, Opfern fremdenfeindlicher Gewalt nicht direkt zu Hilfe zu kommen. Versteht man die Angriffe speziell auf Ausländer auch als Angriffe auf die von Westdeutschland importierte politische Kultur und im Kontext der Missachtungserfahrungen, wird ihre symbolische Seite sichtbar, die sich für den Protest gegen das West-Ost-Gefälle oder gegen die »Besserwessis« instrumentalisieren lässt. Indirekt, so mag sich mancher denken, können wir darauf aufmerksam machen, »dass hier etwas nicht stimmt«, indem wir die politische Elite durch eklatante Verstöße gegen ihr Selbstverständnis provozieren. – Die Verhärtung der Herzen und das fehlende Mitleid mit den Opfern, die sich mit einem solchen Kalkül verbinden, sind allerdings bestürzend.

Resümee

Die fremdenfeindlichen Gewalttaten in den neuen Bundesländern müssen anders beschrieben und erklärt werden als die Gewaltdelikte in den alten Ländern. Ihr demonstrativer Charakter, der geringe Bevölkerungsanteil von Ausländern in den neuen Ländern und der überproportionale Anteil an der Gesamtzahl fremdenfeindlicher Gewalttaten rechtfertigen es ebenso wie die Existenz einer offensiven rechtsextremen Jugendkultur, hier von einem eigenständigen Phänomen zu sprechen. Die Abneigung gegen Fremde und die Ablehnung von Migranten wird einmal durch die offizielle Ausländerpolitik der DDR, stärker aber noch durch die impliziten gesellschaftlichen Gleichheitsnormen einer Arbeitergesellschaft erklärt.

Es wäre jedoch unzureichend, Ausländerfeindlichkeit allein als Erbe der Vergangenheit zu verstehen. Die breite Ablehnung von Migranten und die Betonung des Nationalen bei einer Minderheit müssen auch in den Zusammenhang der Ost-West-Kommunikation nach der politischen Vereinigung der beiden deutschen Staaten gestellt werden. Das Ende der sozialen Sicherheit, die Explosion der Arbeitslosigkeit und die Gefühle einer kollektiven Missachtung durch den Westen haben dazu geführt, dass für die Beanspruchung von Solidarität auch die »nationale Karte« wieder ausgespielt wurde. Gegen den Westen wehrt sich der Osten, »der Süden« zu bleiben.

Jedoch sind auch diese Entwicklungen – für sich genommen – keine hinreichenden Erklärungen für fremdenfeindliche Gewalttätigkeiten: Ohne die Existenz einer rechtsextremen Jugendkultur, zu deren Verhaltensskript ein aggressives Männerbild, die Beanspruchung von bestimmten öffentlichen Territorien und eine ausgeprägte Minderheitenfeindlichkeit gehört, kämen die Angriffe auf Ausländer und andere als »fremd« empfundene Gruppen nicht zustande.

Gezeigt hat sich außerdem, dass monokausale Erklärungen unzulänglich sind. Die Frage nach dem Zustandekommen von Gewalttätigkeiten lässt sich nicht in einer Kausalerklärung auf ideologische Überzeugungen der einzelnen Täter zurückführen. Erforderlich ist hier die Einbeziehung der Kategorie des sozialen Sinns, den eine Handlung haben kann. Diese Perspektive lässt sichtbar werden, dass die Gewalttätigkeiten in mehreren Sinnkontexten stehen können. Das Spektrum ihrer möglichen Bedeutungen reicht vom trivialen Machtgebaren jugendlicher Cliquen über die Beanspruchung einer nationalen ökonomischen Solidarität bis hin zu stellvertretenden Attacken gegen die »Wessis« und ihre politische Kultur oder den Aktivitäten von ideologisch motivierten »Soldaten ohne Auftrag«.

Anmerkungen

1 Der Beitrag geht davon aus, dass unter dem Sammelbegriff »Rechtsextremismus« klassische und neue Phänomene subsumiert werden. Dies macht es erforderlich, jeweils genau die Aspekte des Rechtsextremismus anzugeben, über die gesprochen wird. Vgl. Jürgen R. Winkler, Rechtsextremismus. Gegenstand – Erklärungsansätze – Grundprobleme, in: Wilfried Schubarth/Richard Stöss (Hrsg.), Rechtsextremismus in der Bundesrepublik Deutschland. Eine Bilanz, Bonn 2000, S. 38–68, ins-

bes. S. 49 f. Vgl. speziell zu fremdenfeindlichen Gewalttaten Roland Eckert/Helmut Willems/Stefanie Würtz, Erklärungsmuster fremdenfeindlicher Gewalt im empirischen Test, in: Jürgen W. Falter/Hans-Gerd Jaschke/Jürgen R. Winkler (Hrsg.), Rechtsextremismus. Ergebnisse und Perspektiven der Forschung, Opladen 1996, S. 152–167, insbes. S. 163–166; Ruud Koopmans, Rechtsextremismus und Fremdenfeindlichkeit als einwanderungs- und ausländerpolitisches Problem, in: Andrea Grimm (Hrsg.), Rechtsextremismus. Bestandsaufnahme, gesellschaftliche und politische Folgerungen, Loccum 2000, S. 9–27. Vgl. ders., Schlüsselbefunde der wissenschaftlichen Forschung zum Rechtsextremismus in Deutschland in den letzten zehn Jahren, http://www.wz-berlin.de/akt/re.de.htm (22. 02. 2001, 14:31). – Häufig wird auch von »rassistischen« Gewaltdelikten gesprochen (vgl. Burkhard Schröder, Nazis sind Pop, Berlin 2000, S. 17–27). In dieser Zuspitzung schlägt sich die Erfahrung nieder, dass erst über Skandalbegriffe eine angemessene öffentliche Beachtung dieser Delikte zu erreichen ist. Sachlich ist der Rassismusbegriff als Generalnenner nicht gerechtfertigt: Zu Opfern von brutaler Gewalt Jugendlicher und junger Erwachsener werden auch deutsche Minderheiten, Spätaussiedler, Angehörige gegnerischer Jugendcliquen oder westdeutsche Urlauber in den neuen Bundesländern. Der Terminus »Fremdenfeindlichkeit« hat demgegenüber den Vorzug, die soziale Konstruktion des Fremden zu betonen: »Fremdheit ist keine Eigenschaft (. . .) sondern die Definition einer Beziehung.« (Alois Hahn, Die soziale Konstruktion des Fremden, in: Wolfgang M. Sprondel (Hrsg.), Die Objektivität der Ordnungen und ihre kommunikative Konstruktion. Festschrift Thomas Luckmann, Frankfurt a. M. 1994, S. 140–163.

2 Angesichts der weithin praktizierten Vermischung von ätiologischen, moralischen und politischen Kategorien im Umgang mit Phänomenen, die als Rechtsextremismus klassifiziert werden, soll der Hinweis nicht unterbleiben, dass die Beschäftigung mit fremdenfeindlichen Gewalttaten in den neuen Ländern keine Aussage zur Situation in den alten Bundesländern impliziert.

3 Der demonstrative Charakter von Handlungen hat eine eigenen Qualität, die separiert vom materialen Inhalt soziales Gewicht hat. Vgl. etwa die Kategorie des »demonstrativen Konsums bzw. Müßiggangs«, die die Funktion eines besonderen Prestigegewinns hat (Thorstein Veblen, Theorie der feinen Leute. Eine ökonomische Untersuchung der Institutionen [1899], Frankfurt a. M. 1986, insbes. S. 79–107).

4 Angaben des Statistischen Bundesamtes (Stand: 31. 12. 1998), zitiert nach: Rechtsextremistische Gewalttaten und Ausländeranteil in den Bundesländern 1999, in: Das Parlament 50 (2000), Nr. 39, 22. 9. 2000, S. V.

5 Zwischen 1990 und 1995 betrug die Gewalthäufigkeit pro eine Million Personen gegenüber Asylbewerbern 152, gegenüber Nicht-EU-Ausländern 51, gegenüber EU-Ausländern 6 und gegenüber Aussiedlern 5. Vgl. Ruud Koopmans: Deutschland und seine Einwanderer: ein gespaltenes Verhältnis, in: Max Kaase/Günther Schmid (Hrsg.), Eine lernende Demokratie. 50 Jahre Bundesrepublik, Berlin 1999, S. 165–199, S. 193 f.

6 Vgl. Gunnar Heinsohn, Rostocks Gewalt und ihre Erhellung durch die Bystander-Forschung, in: Leviathan 21 (1993), H. 1, S. 5–12.

7 Als Indikator kann die Zahl der rechtsextremistischen Gewalttaten genutzt werden, zu denen neben den fremdenfeindlich motivierten auch die antisemitischen Gewalttaten und die Gewalttaten gegen den politischen Gegner und sonstige Gewalttaten

gerechnet werden (vgl. zum Folgenden die Verfassungsschutzberichte der Jahre 1995–2000). Im Jahre 2000 richteten sich knapp zwei Drittel aller rechtsextremistischen Gewalttaten gegen Fremde, im Jahre 1999 waren dies 60%. Bezogen auf die Einwohnerzahl in den Bundesländern ereigneten sich in den letzten Jahren in den neuen Bundesländern mehr rechtsextremistische Gewalttaten als in den alten Ländern. Im Jahre 2000 hat sich dies erstmals etwas verändert: Nach Thüringen (3,74), Brandenburg (2,93) und Mecklenburg-Vorpommern (2,72) folgen Hamburg und Sachsen-Anhalt mit der gleichen Quote (2,47 rechtsextremistische Gewalttaten je 100 000 Einwohner). Für Sachsen werden 1,38 Gewalttaten/100 000 Einwohner genannt und für Niedersachsen 1,64. Dann folgen die anderen westlichen Bundesländer von Schleswig-Holstein (1,27) bis Bayern (0,50). Die Angaben des Bundesamtes für Verfassungsschutz stützen sich auf das Bundeskriminalamt (BKA). Aus den Diskussionen um die Vereinheitlichung des polizeilichen Meldewesens lässt sich schließen, dass die Erfassung von Straftaten nicht bundeseinheitlich erfolgt. Die genannten Zahlen zeigen aber Tendenzen an.

8 Vgl. die grundsätzliche Kritik an diesem Modell bei Arno Plack, zuletzt: Gibt es geistige Ursachen roher Gewalt? in: Psychologie heute 2000, H. 11, S. 42–47.

9 Vgl. Jens Alber, Zur Erklärung von Ausländerfeindlichkeit in Deutschland, in: Hansgert Peisert/Wolfgang Zapf (Hrsg.), Gesellschaft, Demokratie und Lebenschancen. Festschrift für Ralf Dahrendorf. Stuttgart 1994, S. 331–351. Alber identifiziert vier Schlüsselvariablen, nämlich das Ausmaß der Einwanderung nach Deutschland, den wirtschaftlichen Kontext der Zuwanderung, die Mobilisierung des Nationalbewusstseins und die Position von Ausländern im deutschen Sozialstaat.

10 Vgl. Koopmans, Deutschland (Anm. 5), insbes. die quantitativen Zusammenstellungen der S. 165 f.

11 Vgl. Volker Ronge, Ost-West-Wanderung nach Deutschland, in: Aus Politik und Zeitgeschichte (APuZ) 1993, H. 7, S. 16–28, S. 19 f.

12 Koopmans, Deutschland (Anm. 5), S. 190.

13 Zitiert nach Daniel Deckers, Im Schatten der Mauer. Deutschland ist schon lange ein Einwanderungsland. Zuwanderung und die Angst davor, in: Frankfurter Allgemeine Zeitung (FAZ), 4. 12. 2000.

14 Gustav Lebhart/Rainer Münz, Einstellungen zu Ausländern und zum Thema Migration in Deutschland und Österreich (2000), Quelle: http://bnr.wegewerk.com/index2.php (12. 3. 2001, 15:06). Der im europäischen Vergleich relativ hohe Anteil von Ausländern an der Wohnbevölkerung in der Bundesrepublik hängt unmittelbar mit der vergleichsweise geringen Einbürgerungsrate zusammen. Nach Liechtenstein, Luxemburg, der Schweiz und Belgien rangiert die Bundesrepublik mit 9% auf dem fünften Platz. Während sie zwischen der Mitte der 80er und der Mitte der 90er Jahre in Schweden weit über 50 % betrug und sich in den Niederlanden auf nahezu 45 % belief, betrug sie in Deutschland lediglich 5 % (Vgl. Klaus J. Bade, Der Ausnahmezustand ist beendet. Jetzt macht die Normalität Angst: Europas Völker finden zu alter Beweglichkeit zurück, der Ansturm der »Dritten Welt« ist noch Phantasie, in: FAZ, 27. 12. 2000).

15 Vgl. Deckers, Im Schatten (Anm. 13): 170 000; Deutsches Institut für Wirtschaftsforschung (DIW): 250 000; »The Economist«: 478 000 (Katharina Koufen, Rechnen gegen Rassismus, in: die tageszeitung (taz), 19./20. 8. 2000, S. 10); Klaus Bach-

mann, Der Verzicht auf Einwanderer aus Mitteleuropa kann für die Union teuer werden. Polen lehnt die von Kanzler Gerhard Schröder geforderten Übergangsfristen für den Zuzug von Arbeitnehmern ab, in: Frankfurter Rundschau (FR), 6. 1. 2001: 600 000; Heinz Fassmann/Rainer Münz (Hrsg.), Ost-West-Wanderungen in Europa, Wien 2000: 1 Million.

16 Richard Stöss/Oskar Niedermayer, Rechtsextremismus, politische Unzufriedeneit und das Wählerpotential rechtsextremer Parteien in der Bundesrepublik im Frühsommer 1998 (Arbeitspapiere des Otto-Stammer-Zentrums Nr. 1). Berlin: Freie Universität 1998, S. 11; Jürgen W. Falter/Kai Arzheimer, Rechtsextremismus unter Jugendlichen in Deutschland 1998 im Vergleich zum Jahre 1994. Gutachten im Auftrag des Bundesministers für Familie, Senioren, Frauen und Jugend, Mainz 1998, S. 8–10; Gustav Lebhart/Rainer Münz, Einstellungen zu Ausländern und zum Thema Migration in Deutschland und Österreich (2000), Quelle: http://bnr. wegewerk.com/index2.php (12. 3. 2001, 15:06). Diese Angaben basieren auf der Allgemeinen Bevölkerungsumfrage (Allbus) 1996. Vgl. zu den Befunden im Einzelnen den Beitrag von Werner Bergmann in diesem Band.

17 Vgl. zum Folgenden Wolfgang Engler, Die Ostdeutschen. Kunde von einem verlorenen Land (1999), Berlin 2000, S. 173–208, 299–301.

18 Detlef Pollack, Zwischen alten Verhaltensdispositionen und neuen Anforderungsprofilen. Bemerkungen zu den mentalitätsspezifischen Voraussetzungen des Operierens von Interessenverbänden und Organisationen in den neuen Bundesländern, in: Volker Eichener u. a. (Hrsg.), Organisierte Interessen in Ostdeutschland. Marburg 1992, S. 489–508, S. 500.

19 Engler, Die Ostdeutschen (Anm. 17), S. 200. Vgl. Berthold Vogel, Ohne Arbeit in den Kapitalismus. Der Verlust der Erwerbsarbeit im Umbruch der ostdeutschen Gesellschaft, Hamburg 1999, S. 22–38.

20 Vgl. zu diesem Aspekt: Patrice G. Poutrus/Jan C. Behrends/Dennis Kuck, Historische Ursachen der Fremdenfeindlichkeit in den neuen Bundesländern, in: APuZ 2000, H. 39, S. 15–21. Vgl. überdies die Literaturzusammenstellung zu diesem Thema unter: www.zzf-pdm.de/papers/thesl.html (13. 3. 2001, 21:39) und zusätzliche Quellen zur restriktiven Ausländerpolitik der DDR in: Dien Hong – Gemeinsam unter einem Dach e. V. (Hrsg.), Berufliche und soziale Integration ehemaliger DDR-Vertragsarbeiterinnen in Rostock. Ein Modellprojekt im Auftrag des Bundesministeriums für Arbeit und Sozialordnung (Juni 1994 – Dezember 1997) (2. Aufl.), Rostock 1998. Weitere Dokumente (Gesetze, Verordnungen und bilaterale Abkommen) sind abgedruckt in: Eva-Maria Elsner/Lothar Elsner, Ausländerpolitik und Ausländerfeindschaft in der DDR (1949–1990), Leipzig 1994, S. 53–89.

21 Vgl. Theodor Geiger, Die soziale Schichtung des deutschen Volkes. Soziographischer Versuch auf statistischer Grundlage (1932), hrsg. von Bernhard Schäfers, Stuttgart 1987, S. 77–81: »Mentalität ist (…) geistig-seelische Haltung, Ideologie aber geistiger Gehalt. Mentalität ist Geistesverfassung – Ideologie ist Reflexion, ist Selbstauslegung. Mentalität ist ›früher‹, ist erster Ordnung – Ideologie ist ›später‹ oder zweiter Ordnung. Mentalität ist formlos-fließend – Ideologie aber fest-geformt. Mentalität ist Lebensrichtung – Ideologie ist Überzeugungsinhalt. (…) Mentalität ist eine Haut – Ideologie ein Gewand.« (S. 78)

22 Die Rede von »völkischen Stimmungen« in den neuen Bundesländern erhebt selbst erst die negativen Einstellungen zu einer positiven Haltung, die sie überdies eher

assoziativ mit der Geschichte der völkischen Bewegung zu verbinden scheint (vgl. etwa Bernd Wagner, Rechtsextremismus und völkische Orientierung. Zur gegenwärtigen Lage in den neuen Bundesländern, in: Jahrbuch für Antisemitismusforschung 9 [2000], S. 22–34, S. 24).

23 Diese Einschätzung stammt von einem DDR-Historiker, der den Auftrag hatte, das Team des BRD-Historikers Lutz Niethammer bei seinen Forschungen 1987 in der DDR zu begleiten. Der »Betreuerbericht« ist abgedruckt in: Lutz Niethammer/Alexander von Plato/Dorothee Wierling, Die volkseigene Erfahrung. Eine Archäologie des Lebens in der Industrieprovinz der DDR. 30 biographische Eröffnungen, Berlin 1991, S. 616–635, S. 630, 633.

24 Vgl. Detlef Pollack, Das Bedürfnis nach sozialer Anerkennung. Der Wandel der Akzeptanz von Demokratie und Marktwirtschaft in Ostdeutschland, in: APuZ 1997, H. 13, S. 3–14, S. 13; ders./Gert Pickel, Die ostdeutsche Identität – Erbe des DDR-Sozialismus oder Produkt der Wiedervereinigung? Die Einstellungen der Ostdeutschen zu sozialer Ungleichheit und Demokratie, in: APuZ 1998, H. 41/42, S. 9–23.

25 Vgl. Michael Kohlstruck, Politische Bildung und Rechtsextremismus, in: Stefan Danner/Nina Dulabaum/Peter Rieker/Christian von Wolffersdorff (Hrsg.), Rechtsextreme Jugend: eine Erschütterung der Gesellschaft? Dokumentation des Fachkongresses »Rechtsextreme Jugend – eine Erschütterung der Gesellschaft?« (8. bis 10. März 2000 in Leipzig), Leipzig 2001, S. 88–101.

26 Vgl. Bernd Giesen, Kollektive Identität und Exklusion, in: Dieter Bögenhold u. a. (Hrsg.), Soziale Welt und soziologische Praxis. Soziologie als Beruf und Programm. Festschrift für Heinz Hartmann, Göttingen 1995, S. 341–352.

27 Jürgen Habermas, Anerkennungskämpfe im demokratischen Rechtsstaat, in: Charles Taylor, Multikulturalismus und die Politik der Anerkennung (1993), Frankfurt a. M. 1997, S. 147–196, S. 177 f.

28 Vgl. Dieter Oberndörfer, Vom Nationalstaat zur offenen Republik. Zu den Voraussetzungen der politischen Integration von Einwanderung (1992), in: Martina Fischer (Hrsg.), Migration und Multikultur, Frankfurt a. M. 1998, S. 156–170.

29 Vgl. Jürgen Voges, Die Asylkampagne als Modellfall, in: Ursel Sieber u. a., Deutsche Demokraten. Wie rechtsradikal sind CDU & CSU? Göttingen 1994, S. 49–64; Gerd Bohlen, »Das Boot ist voll«. Überlegungen zu einer Metapher der politischen Rede, in: Klaus Fritzsche/Gerhard Freiling (Hrsg.), Konflikte um Ordnung und Freiheit. Sozialwissenschaftliche Beiträge, Pfungstadt 1995, S. 255–270; Fraktion Bündnis 90/Die Grünen im Abgeordnetenhaus von Berlin (Hrsg.), Zur Übernahme rechtsradikaler Argumente durch Berliner Politiker, Berlin 1999.

30 Vgl. Eike Hennig, Helau oder Alaaf? Was ist die Leitkultur? Ausländerpolitik, Hegemonie und die kampagnenfähige CDU, in: Vorgänge 2000, H. 4, S. 18–32.

31 Gerd Roellecke, Leitkultur sei das Gesetz. Deutschland verstößt permanent gegen seine Verfassung, in: FAZ, 14. 11. 2000.

32 Vgl. Hartmut Jäckel, Verbote gehören verboten. Verfassungstreue ist keine Bürgerpflicht, in: FAZ, 1. 11. 2000, S. 67; Robert Leicht, Verbieten? Unsinn! Die NPD ist kein Fall für das Bundesverfassungsgericht, in: Die Zeit, 26. 10. 2000, S. 1.

33 Heinz Lynen von Berg, Politische Mitte und Rechtsextremismus. Diskurse zu fremdenfeindlicher Gewalt im 12. Deutschen Bundestag (1990–1994), Opladen 2000, S. 294.

34 Vgl. Dieter Baacke/Wilfried Ferchhoff, Jugend und Kultur, in: Heinz-Hermann

Krüger (Hrsg.), Handbuch der Jugendforschung (2. Aufl.), Opladen 1993, S. 403–445. Unterschieden wird zwischen Religiös-Spirituellen, Kritisch-Engagierten, Manieristisch-Postalternativen, Körper- und Actionorientierten und Institutionell-Integrierten.

35 Vgl. zu den Skins als Jugendkultur zuletzt: Roland Eckert/Christa Reis/Thomas A.Wetzstein,»Ich will halt anders sein wie die anderen«. Abgrenzung, Gewalt und Kreativität bei Gruppen Jugendlicher, Opladen 2000, insbes. S. 48–51, 289–310. Zur Bedeutung der rechtsextrem orientierten Skins: Christian Menhorn, Die Rolle der Skinheads im rechtsextremistischen Lager, in: Extremismus & Demokratie 12 (2000), S. 253–267.

36 Jugendkulturen reproduzieren sich selbst:»Die Sozialisation sorgt für den Fortbestand, sowohl der kulturellen Muster der Gruppe als auch des daraus folgenden, individuellen psychosozialen ›Handikaps‹, das ein ›Ausbrechen‹ der Mitglieder aus der Subkultur verhindert oder erschwert (...). Die Mitglieder sind zugleich Träger wie Akteure der Subkultur. Bei subkulturell überformtem Verhalten handelt es sich aber um Handlungsmuster, die weitgehend unabhängig von den Handelnden existieren. (...) Die Akteure können ausgewechselt werden, die Regelhaftigkeit des (subkulturellen) Handelns – im Sinne von Handlungsmuster – bleibt als Bestandteil der Subkultur erhalten.« Laszlo A. Vaskovics, Subkulturen – ein überholtes analytisches Konzept? in: Max Haller/Hans-Joachim Hoffmann-Nowotny/Wolfgang Zapf (Hrsg.), Kultur und Gesellschaft, Frankfurt a. M. 1989, S. 587–599, S. 591.

37 Klaus Farin hat in seinen Arbeiten vielfach darauf aufmerksam gemacht, dass Skinheads nicht per se rechtsextrem orientiert sind. Vgl. dazu auch: Gabriele Rohmann, Spaßkultur im Widerspruch. Skinheads in Berlin, Bad Tölz 1999.

38 Vgl. Katharina Rutschky, Wir sind enttäuscht – die Jugend denkt rechts. Die gute Gesellschaft, ihre Feinde und Freunde, in: Berliner Zeitung Nr. 208, 6. 9. 2000, S. 15.

39 Ein Beispiel für das Funktionieren dieser Provokation ist der Beitrag von Matthias von Hellfeld, Rechte Symbole und ihre Suggestivkraft in Deutschland nach 1945, in: Peter Ulrich Hein/Hartmut Reese (Hrsg.), Kultur und Gesellschaft der Bundesrepublik Deutschland. Eine Festschrift zum 65. Geburtstag von Arno Klönne, Frankfurt a. M. 1996, S. 377–387.

40 »Jugendkultur muß Elemente von Rebellion und Abgrenzung gegenüber der Welt der Anständigen sichtbar machen. Der Zwang, in diesen Szenen ›Kulturen von politischem Widerstand‹ erkennen zu wollen, ist eine nicht heilbare Leidenschaft von Jugendforschern. Sie läßt sich auch in Interpretationen der Skinheadszene beobachten.« Joachim Kersten, Die Gewalt der Falschen. Opfermentalität und Aggressionsbereitschaft, in: Klaus Farin (Hrsg.), Die Skins. Mythos und Realität, Berlin 1997, S. 96–117, S. 102.

41 Eckert u. a.,»Ich will halt anders sein« (Anm. 35), S. 15.

42 Vgl. zur Entstehung einer rechtsextremen Jugendszene: Rainer Erb, Gruppengewalt und Rechtsextremismus in den neuen Bundesländern, in: Jahrbuch für Antisemitismusforschung 3 (1994), S. 142–164; Eckert, Erklärungsmuster (Anm. 1), S. 164.

43 In Eisenhüttenstadt (Land Brandenburg) bestanden nach der Wende von ehemals zwölf Jugendclubs der Kommune noch zwei, von ehemals 23 Sportgemeinschaften verblieben ganze vier (Fred Klinger, Soziale Konflikte und offene Gewalt. Die Herausforderungen des Transformationsprozesses in den neuen Bundesländern, in: Deutschland-Archiv 26 (1993), H. 2, S. 147–161). Für die mehr als 57 000 Kinder

und Jugendlichen in Potsdam standen lediglich fünf Jugendclubs zur Verfügung. (Angaben des Potsdamer Jugendamtes, zitiert nach »Der Tagesspiegel«, 14. 9. 1992). Ähnlich war die Lage im Kreis Oranienburg: Von den ehemals 36 Jugendclubs im Jahre 1988 existierten 1991 noch zwölf. In 34 Städten und Gemeinden des Kreises Oranienburg fehlte damit die Möglichkeit, Jugendeinrichtungen am Ort aufzusuchen. (Dietmar Sturzbecher/Peter Dietrich, Die Situation von Jugendlichen in Brandenburg, hrsg. von der Brandenburgischen Landeszentrale für politische Bildung, Potsdam 1992, S. 68–72). Es gibt keinen Grund für die Annahme, dass sich die Situation in anderen Orten des Landes Brandenburg oder der neuen Länder insgesamt anders dargestellt hätte. Thomas Klatetzki (Intergruppenverhalten als Grundlage sozialpädagogischen Handelns gegen Rassismus und Gewalt, in: Roland Merten/Hans-Uwe Otto [Hrsg.], Rechtsradikale Gewalt im vereinigten Deutschland, Bonn 1993, S. 356–364, S. 361) berichtet über einen Neubaustadtteil in Mecklenburg-Vorpommern, in dem der Anteil von Kindern und Jugendlichen 48 % der Bevölkerung beträgt. Für diese fast 6000 Personen standen Anfang der 90er Jahre eine Kindertagesstätte und ein Jugendclub zur Verfügung.

44 Vgl. Eckert, Erklärungsmuster (Anm. 1), S. 164.

45 Neben den hier dargestellten Hauptursachen können sekundäre Faktoren angeführt werden, die für die Zunahme oder den Rückgang von Gewalttätigkeiten in bestimmten Zeiträumen verantwortlich sind. Dazu gehört insbesondere die Berichterstattung in den Medien. Vgl. Ralph Weiß, Rechtsextremismus und vierte Gewalt, in: Soziale Welt 45 (1994), H. 4, S. 480–504; Wilfried Schubarth, Jugendprobleme in den Medien. Zur öffentlichen Thematisierung von Jugend am Beispiel des Diskurses zur ›Jugendgewalt‹, in: APuZ 1998, H. 31, S. 29–36; Thomas Ohlemacher, Fremdenfeindlichkeit und Rechtsextremismus. Mediale Berichterstattung, Bevölkerungsmeinung und deren Wechselwirkung mit fremdenfeindlichen Gewalttaten, 1991–1997, in: Soziale Welt 49 (1998), S. 319–332.

46 Vgl. Michael Kohlstruck, Spiele und Terror. Fremdenfeindliche Gewalttätigkeiten und maskuline Jugendkulturen, in: Peter Widmann/Rainer Erb/Wolfgang Benz (Hrsg.), Wege aus der Gewalt. Strategien gegen Rechtsextremismus und Jugendgewalt in Berlin und Brandenburg, Berlin 1999, S. 223–257, S. 225–227.

47 Dabei greifen sie entweder auf die Argumentationsfigur der Wiederherstellung eines »guten, alten Rechts« zurück, oder sie bewegen sich innerhalb eines utopischen Weltverständnisses und gehorchen damit einem »extrem gesinnungsreligiösen Muster gesellschaftlicher Orientierung«. Vgl. Wolfgang J. Mommsen, Nichtlegale Gewalt und Terrorismus in den westlichen Industriegesellschaften. Eine historische Analyse, in: ders./Gerhard Hirschfeld (Hrsg.), Sozialprotest, Gewalt, Terror. Gewaltanwendung durch politische und gesellschaftliche Randgruppen im 19. und 20. Jahrhundert, Stuttgart 1982, S. 441–463, S. 448 f.

48 Vgl. Helmut Willems/Stefanie Würtz/Roland Eckert, Analyse fremdenfeindlicher Straftäter. Forschungsprojekt, hrsg. vom Bundesminister des Innern, Bonn 1994, und weitere Nachweise in: Kohlstruck, Spiele (Anm. 46), S. 227–235.

49 »Sinn« wird hier als die soziale Bedeutung von Handlungen verstanden und nicht in einem normativen oder transzendenten Kontext verwendet. Die Verfahren einer strukturalen Hermeneutik hat Ulrich Oevermann entwickelt. Vgl. Ulrich Oevermann, Zur soziologischen Erklärung und öffentlichen Interpretation von Phänomenen der Gewalt und des Rechtsextremismus bei Jugendlichen. Zugleich eine

Analyse des kulturnationalen Syndroms, in: Hans-Dieter König (Hrsg.), Sozialpsychologie des Rechtsextremismus, Frankfurt a. M. 1998, S. 83–125. Zur »Objektiven Hermeneutik« insgesamt: Detlef Garz/Klaus Kraimer (Hrsg.), Die Welt als Text. Theorie, Kritik und Praxis der objektiven Hermeneutik. Frankfurt a. M. 1994.

50　Vgl. Rosabeth M. Kanter, Men and women of the Corporation, New York 1977, S. 6, 206–242, 281–284.

51　Patrice G. Poutrus/Jan C. Behrends/Dennis Kuck, Historische Ursachen der Fremdenfeindlichkeit in den neuen Bundesländern, in: APuZ 2000, H. 39, S. 15–21, S. 21.

52　Vgl. dazu Klatetzki, Intergruppenverhalten (Anm. 43), der seine Beobachtungen mit Henri Tajfels Theorie der Intergruppenkonflikte interpretiert. Henri Tajfel, Gruppenkonflikt und Vorurteil. Entstehung und Funktion sozialer Stereotypen (1981), Bern 1982.

53　Andreas Willisch, Drogen am Eichberg oder Feuer im Ausländerheim. Die Ghettoisierung ländlicher Räume, in: Mittelweg 36 8 (1999), H. 6, S. 73–87, S. 77.

54　In Anlehnung an Max Weber formuliert Ulrich Bielefeld:»Eine Ethnie ist eine sich selbst bezeichnende Gruppe, die sich unterscheiden will, sich dazu auf Herkunft und Geschichte beruft und ein Heimatland besitzt, sei es vergangen, gegenwärtig oder zukünftig, und Solidarität verlangt.« Zitiert nach Willisch, Drogen (Anm. 53), S. 84.

55　Willisch, Drogen (Anm. 53), S. 84.

56　Armin Steil, Fremde im eigenen Land. Ein deutscher Konflikt in ethnologischer Perspektive, in: Holger Lengfeld (Hrsg.), Entfesselte Feindbilder. Über Ursachen und Erscheinungsformen von Fremdenfeindlichkeit, Berlin 1996, S. 145–177, S. 156 f. Von Empörungen über die Verletzung von Gerechtigkeitsnormen berichten auch andere Forschungsprojekte. Vgl. etwa: Michael Bommes/Albert Scherr, Rechtsextremismus: Ein Angebot für ganz gewöhnliche Jugendliche, in: Jürgen Mansel (Hrsg.), Reaktionen Jugendlicher auf gesellschaftliche Bedrohungen. Untersuchungen zu ökologischen Krisen, internationalen Konflikten und politischen Umbrüchen als Stressoren, Weinheim 1992, S. 210–227.

57　Vgl. Wolfgang Engler, Die zivilisatorische Lücke. Versuche über den Staatssozialismus, Frankfurt a. M. 1992, S. 62–87.

58　Vgl. Max Kaase, Deutschland als Informations- und Wissensgesellschaft. Konzepte, Probleme, Perspektiven, in: ders./Günther Schmid (Hrsg.), Eine lernende Demokratie. 50 Jahre Bundesrepublik Deutschland, Berlin 1999, S. 529–559.

59　Vgl. Albert Scherr, Befunde der Rechtsextremismusforschung: Gründe und Ursachen der Attraktivität rechtsextremer Orientierungen für Jugendliche, in: Frieder Dünkel/Bernd Geng (Hrsg.), Rechtsextremismus und Fremdenfeindlichkeit. Bestandsaufnahme, Interventionsstrategien, Mönchengladbach 1999, S. 69–88.

60　Vgl. Scherr, Befunde (Anm. 59), S. 81.

61　Hans-Volkmar Findeisen/Joachim Kersten, Der Kick und die Ehre. Vom Sinn jugendlicher Gewalt, München 1999, S. 35.

62　Rainer Erb, Soldaten ohne Auftrag, in: die tageszeitung (taz), 17. 11. 1998.

Werner Bergmann
Wie viele Deutsche sind rechtsextrem,
fremdenfeindlich und antisemitisch?
Ergebnisse der empirischen Forschung
von 1990 bis 2000

In der öffentlichen und politischen Diskussion wird zweierlei kaum beachtet: 1) Rechtsextremismus ist ein Sammelbegriff für ein weit gefasstes ideologisches Einstellungssyndrom, das verschiedene, wenn auch miteinander in enger Beziehung stehende Dimensionen besitzt (Autoritarismus, Nationalismus, Fremdenfeindlichkeit einschließlich Antisemitismus, antidemokratische und antipluralistische sowie pronazistische Haltungen). Der Sammelbegriff verdeckt die ganz unterschiedlichen Entwicklungstendenzen in den verschiedenen Einstellungs- und Verhaltensdimensionen. Rechtsextremismus im klassischen Sinne neonazistischer, antisemitischer, antidemokratischer und revanchistischer Bestrebungen, wie wir sie aus der Geschichte der Bundesrepublik seit langem kennen, ist heute eher eine marginale Erscheinung und stößt in der Bevölkerung ganz überwiegend auf Ablehnung.

Ganz anders sieht es für die Dimension der Fremdenfeindlichkeit aus, die heute auch zum rechtsextremen Einstellungsmuster gezählt wird (siehe Tab. 2, S. 45).[1] Hier erleben wir eine starke Zunahme fremdenfeindlicher Gewaltaktionen, wobei die Akteure keineswegs mehrheitlich über eine verfestigte rechtsextreme Ideologie oder gar Organisationszugehörigkeit verfügen. Fremdenfeindliche Einstellungen sind in der Bevölkerung weit verbreitet. 2) Man muss unterscheiden zwischen Einstellungen (latenter Rechtsextremismus) und Verhalten (manifester Rechtsextremismus), zu dem die Wahl oder die Mitgliedschaft in rechtsextremen Parteien sowie Gewalt und Protestverhalten gehören.[2] Da beide Ebenen oft vermengt werden, wird in der Öffentlichkeit umstandslos von einer Zunahme rechtsextremer Straftaten, Wahlerfolgen oder Mitgliederzahlen auf einen Einstellungswandel innerhalb der Gesamtbevölkerung oder der Jugend geschlossen. Dieser Zusammenhang ist jedoch keineswegs zwingend, denn die rechtsextreme Mobilisierung kann sich auf bestimmte Bevölkerungsgruppen beschränken, sie kann den Protest einer Minderheit gegen die Haltung der Mehrheitsbevölkerung ausdrücken, sie kann eine Reaktion auf massenmediale und politische Diskussion[3] oder unabhängig von der Einstellungsentwicklung in der Gesamtbevölkerung sein. Auch die Verhaltensindikatoren (Straftaten, Wahlverhalten oder Mitgliedschaft in rechtsextremen Parteien) zeigen häufig keinen Zusammenhang oder gar gegenläufige Tendenzen. So hat der organisierte Rechtsextremismus seinen Schwerpunkt im Westen, während die Zahl der Gewalttaten in den neuen Bundesländern – gemessen an der Bevölkerungszahl – am höchsten ist. Im europäischen Vergleich ist in Deutschland die Zahl rechtsextremer Straftaten sehr hoch, hingegen sind die Wahlerfolge rechtsextremer Parteien hier geringer als etwa in Belgien, Frankreich oder Italien.

Im Folgenden soll die quantitative Verbreitung der Dimensionen des rechtsextremen Einstellungsmusters in der Gesamtgesellschaft und in verschiedenen Untergruppen (Ost- und Westdeutsche, Altersgruppen, Bildungsschichten usw.) über das letzte Jahrzehnt hin untersucht werden.

Ausmaß und Verbreitung rechtsextremer Einstellungen

Bevor wir uns einzelnen Dimensionen gesondert zuwenden, soll an erster Stelle die Verbreitung des rechtsextremen Einstellungsmusters behandelt werden, die in den 90er Jahren zwar in ihrem Gesamtumfang unverändert geblieben, jedoch in Ost- und Westdeutschland gegenläufig ist. Noch 1994 hatte die Messung ein deutliches West-Ost-Gefälle offenbart: Im Westen war das Einstellungspotenzial doppelt so groß wie im Osten Deutschlands. Bei mindestens sieben Zustimmungen auf einer zehnstufigen Skala wurden für die Westdeutschen 8 % (1998: 6 %), für die Ostdeutschen 4 % (1998: 5 %) ermittelt, bei mindestens sechs Zustimmungen ergaben sich im Westen 13 % und im Osten 8 %. Bis 1998 stieg der Anteil in den neuen Bundesländern von 8 % auf 12 % an, während er in den alten von 13 % auf 10 % zurückging, sodass nach den Studien Jürgen W. Falters der Anteil unter Ost- und Westdeutschen »in etwa gleich hoch« wäre.[4] Auf der Basis einer Skala, die ähnliche Dimensionen und zum Teil dieselben Fragen wie die Falter-Skala enthält, haben Richard Stöss und Oskar Niedermayer 1998 mit 17 % eine größere Häufigkeit des rechtsextremen Weltbildes bei Ostdeutschen gegenüber 12 % bei Westdeutschen

festgestellt.[5] Panelstudien, mit denen Veränderungen auf der Individualebene gemessen werden können, da in ihnen *dieselben* Personen nochmals befragt wurden, kommen zu dem gleichen Befund: In den neuen
Bundesländern haben von 1994 bis 1998 mit 16% deutlich mehr Personen rechtsextreme Positionen auf der Skala *neu übernommen* als aufgegeben (8%), während sich unter Westdeutschen Einstellungsübernahme
und -aufgabe mit jeweils 13% die Waage hielten. Mit drei Vierteln aller
Befragten überwog insgesamt die Einstellungskonstanz.[6]
Es sind die in den neuen Bundesländern weiter verbreiteten autoritären
und fremdenfeindlichen Einstellungen, die für diese Ost-West-Differenz
verantwortlich sind (siehe Tab. 2, S. 45). Nachfolgestudien aus dem Jahr
2000 deuten nach den Ergebnissen Falters auf einen leichten Rückgang
rechtsextremer Einstellungen im Vergleich zu 1998 hin, während Stöss
und Niedermayer (allerdings nur bezogen auf Berlin und Brandenburg)
eine schwache Fortsetzung der in Ost und West gegenläufigen Trends gefunden haben.[7]
Wie sieht es mit der demographischen Verteilung dieses Einstellungsmusters aus? Dominieren im manifesten Rechtsextremismus (bei Wahlen und
Straftaten) ganz eindeutig die Männer, so ist das Einstellungspotenzial bei
Frauen und Männern gleich groß. Der manifeste Rechtsextremismus erscheint als ein Jugendproblem, die Altersverteilung auf der Einstellungs-
ebene ergibt ein ganz anderes Bild, wobei sich allerdings die neuen und die
alten Bundesländer unterscheiden: (siehe Tab. 1, S. 44).
In den alten Bundesländern erkennen wir einen kontinuierlichen Anstieg
von einem sehr geringen Einstellungspotenzial bei den 14--17-Jährigen
bis zur weiten Verbreitung bei den über 75-Jährigen, wobei sich ein deutlicher Einschnitt bei den Mittvierzigern erkennen lässt.[8] Dies ergibt eine
Drei-Generationen-Folge: Die Jahrgänge vor 1933, die also noch eine gewisse NS-Prägung aufweisen, sind häufiger rechtsextrem eingestellt als
die Generation zwischen 1934–1954, diese wiederum häufiger als die
jüngeren Jahrgänge ab 1955, die in einem seit den 60er Jahren weniger
autoritär geprägten Klima der Bundesrepublik aufgewachsen sind.[9] Der
Unterschied zu den neuen Ländern zeigt sich denn auch genau bei diesen
jüngeren Kohorten, während rechtsextreme Einstellungen in den beiden
älteren Generationen der Ost- und Westdeutschen nahezu gleich weit
verbreitet sind – trotz der 40 Jahre in zwei konträren Gesellschaftssyste-
men. Der höhere Anteil des rechtsextremen Einstellungspotenzials im

Tabelle 1: Das rechtsextreme
Einstellungspotenzial nach Altersgruppen

Alter	BRD	West	Ost
14–17	8	5	17
18–24	8	6	15
25–34	10	8	20
35–44	9	7	15
45–54	14	14	14
55–64	15	15	17
65–74	21	20	25
75+	22	23	16
Gesamt	**13**	**12**	**17**

Bevölkerung ab 14 Jahre (N=3764)
Quelle: Forsa 1998

Osten geht also vorrangig auf die 14-–44-Jährigen zurück, die sich ganz deutlich von ihren westlichen Altersgenossen unterscheiden. In den neuen Ländern sind rechte Einstellungen gleichmäßiger über alle Altersgruppen verteilt. Dies dürfte an den älteren, noch in die NS-Zeit zurückreichenden, weniger stark als in Westdeutschland veränderten mentalen Prägungen liegen, an den historischen Bedingungen des Umgangs und der Wahrnehmung von Fremden in der ehemaligen DDR, an der autoritäreren, am nationalen Kollektiv orientierten Erziehung, die mit einer ausgeprägten Intoleranz gegen Inhomogenität einherging.[10] Hinzu kommt das Fehlen jahrzehntelangen Zusammenlebens mit Ausländern.[11]

Alle Studien bestätigen eine starke Bildungs- und Schichtabhängigkeit der Nähe zu rechtsextremem Denken. Das größte rechte Einstellungspotenzial ist unter Hauptschülern, Arbeitern und Landwirten anzutreffen, gefolgt von Nichterwerbspersonen (hier dürfte der Alterseffekt ausschlaggebend sein), während Angestellte und Beamte seltener rechtsextrem eingestellt sind. Einen Sonderfall bilden die Arbeitslosen, die im Osten mit 22 % über dem Durchschnitt von 17 %, im Westen mit 7 % unter dem westlichen Durchschnitt von 12 % liegen.[12] Da unter Ostdeutschen auch die Fremdenfeindlichkeit häufiger ist als unter Westdeutschen, dürfte hier das ökonomische Konkurrenzmotiv ausschlaggebend sein, das im Westen für diese Gruppe keine Rolle zu spielen scheint.[13] Generell gilt jedoch in Ost- wie in Westdeutschland, dass die Zu- bzw. Abnahme rechtsextremer Positionen zwischen 1994 und 1998 sowohl auf der Aggregat- wie auf der Individualebene einen klaren Zusammenhang zeigt mit Einschätzung der eigenen wie der allgemeinen Wirtschaftslage als besser oder schlechter, mit dem Abnehmen oder Ansteigen von Politikverdrossenheit und mit eigenen politischen Handlungschancen.[14]

Um diesen Zusammenhängen konkreter nachgehen zu können, schauen wir uns im Folgenden die einzelnen Dimensionen des rechtsextremen Einstellungsmusters genauer an, die sich 1998 wie folgt ausprägten:

Tabelle 2: Rechtsextremes Einstellungspotenzial und seine Bestandteile in West- und Ostdeutschland 1998 (in %)

	BRD	West	Ost
Autoritarismus	11	10	16
Nationalismus	13	13	13
Ethnisch motivierte Fremdenfeindlichkeit	15	14	20
Sozioökonomisch motivierte Fremdenfeindlichkeit	26	23	39
Pronazistische Einstellungen	6	6	5
Antisemitismus	6	6	5
Rechtsextremismuspotenzial	**13**	**12**	**17**

Bevölkerung ab 14 Jahre (N=3764)
Quelle: Forsa 1998

Fremdenfeindlichkeit

Bereits die ersten Umfragen nach der Wende 1990 haben für die ostdeutsche Bevölkerung eine weiter verbreitete Fremdenfeindlichkeit diagnostiziert als für die westdeutsche, während antisemitische und pronazistische Einstellungen seltener waren, was auf den Einfluss des antifaschistischen Selbstverständnisses der DDR zurückgehen dürfte. Da sich ost- und westdeutsche Bevölkerung anscheinend weder im Niveau des Nationalismus, Antisemitismus und Pronazismus unterscheiden – bei den beiden letzteren lässt sich in den vergangenen Jahren ein Gleichziehen der ost- mit der westdeutschen Bevölkerung erkennen –, kommt der Fremdenfeindlichkeit neben dem Autoritarismus zur Erklärung der *weiteren* Verbreitung rechtsextremer Einstellungen in den neuen Ländern das größte Gewicht zu. Dies gilt besonders für das Motiv der ökonomischen Konkurrenz, das in der Bevölkerung der neuen Bundesländer vorherrschend ist: 48 % der Erwachsenen und 50 % der Jugendlichen stimmten 1998 der Forderung zu: »Bei der Einstellung von Arbeitskräften sollten Deutsche grundsätzlich bevorzugt werden«, eine Forderung, die unter Westdeutschen mit 28 % (21 % der Jugendlichen) weniger Anklang fand.[15] Für die zentrale Stellung des Konkurrenzmotivs gegenüber einer allgemeinen Xenophobie spricht, dass Ostdeutsche sowohl für EU- wie für Nicht-EU-Bürger zu 38 % bzw. 49 % für einen Zuzugsstopp plädieren, während sie dies gegenüber Asylbewerbern deutlich seltener tun (21 %). Die Werte für die Westdeutschen liegen für Arbeitsmigranten mit 12 % und 32 % deutlich niedriger, sie unterscheiden sich aber hinsichtlich der Asylsuchenden nicht.[16] Forderungen an Ausländer, sie sollten ihren Lebensstil besser anpassen, sich politisch nicht betätigen, wurden 1996 von den Ostdeutschen kaum häufiger erhoben als von den Westdeutschen (61 % zu 58 % bzw. 37 % zu 35 %), doch der Forderung, Ausländer bei knapper Arbeit heimzuschicken, stimmten 40 % der Ost- und nur 24 % der Westdeutschen zu.[17]

Das Ausmaß fremdenfeindlicher Einstellungen steht in enger Beziehung zu einer Reihe demographischer Merkmale. Während das Geschlecht keine Rolle spielt, korrelieren Berufsprestige, Bildung, Urbanisierung und Ausländeranteil negativ mit Fremdenfeindlichkeit, d. h., je höher ihre Ausprägung, desto geringer die Xenophobie. Das Alter korreliert hingegen positiv mit Fremdenfeindlichkeit: Mit zunehmendem Alter tritt sie häufiger auf. Jürgen R. Winkler hat auf der Basis der Daten aus der »Allgemeinen Bevölkerungsumfrage der Sozialwissenschaften« (Allbus) von 1996 zwei »Extremtypen« konstruiert: Die negativste Haltung gegenüber ethnischen Gruppen weisen ältere ostdeutsche Landbewohner mit einer geringen formalen Bildung auf, zumal sie einen Beruf mit geringem Sozialprestige ausüben und kaum Kontakt zu Ausländern haben. Die positivste Haltung haben jüngere westdeutsche Stadtbewohner mit hoher formaler Bildung, hohem Berufsprestige und einem hohen Ausländeranteil in ihrer Stadt.[18] Diese demographischen Merkmale wirken jedoch – abgesehen von der formalen Bildung, die offenbar über größeres Wissen, Reflexionsfähigkeit und über intensiveres Normlernen direkt vorurteilsreduzierend wirkt – nur indirekt, vermittelt über andere Faktoren. Diese lassen sich zwei Theoriekomplexen entnehmen:

(1) *Ungleichgewichtstheorien* führen Fremdenfeindlichkeit auf eine relative Benachteiligung in der Konkurrenz um knappe Güter zurück: die pessimistische Einschätzung der eigenen wie kollektiven wirtschaftlichen Situation heute und in der Zukunft, das Gefühl, keinen gerechten Anteil zu bekommen, Mangel an kultureller Geborgenheit (Erfahrung von Vereinzelung, Auflösung sozialer Milieus) und normativer Orientierung (Anomie), Politikverdrossenheit usw.

(2) *Persönlichkeitstheorien* nehmen an, dass bestimmte, früh in der Erziehung erworbene und damit tief verankerte Persönlichkeitsstrukturen zu Fremdenfeindlichkeit disponieren. Autoritarismus, Dogmatismus, materialistische Wertorientierungen führen zu Intoleranz, rigidem Denken und rechtsautoritären Wert- und Überzeugungssystemen. Da so strukturierte Persönlichkeiten als wenig selbstbewusst gelten, kann man der Theorie der sozialen Identität zufolge annehmen, dass sich gerade solche Personen stark über eine positiv bewertete Eigengruppe definieren (also ethnozentrisch sind) und Fremdgruppen entsprechend negativ gegenüberstehen. In der Untersuchung von Winkler haben sowohl relative Benachteiligungen als auch persönliche Dispositionen nachweisbare Effekte auf Fremdenfeindlichkeit, wobei Letztere eine größere Erklärungsleistung erbringen.[19]

Zusammen mit den genannten demographischen Variablen hat Winkler ein Modell zur Erklärung fremdenfeindlicher Einstellungen vorgeschlagen, in dem fünf Determinanten die fremdenfeindliche Einstellung der deutschen Bevölkerung bestimmen: Bildung, individuelle relative Benachteiligung, das politisch-ideologische Überzeugungssystem sowie Kontakte mit Ausländern und die Wahrnehmung der Andersartigkeit von Fremdgruppen.

Die soziodemographischen Merkmale wirken indirekt über diese Determinanten. Höhere Bildung wirkt über kognitive Mobilisierung einerseits direkt reduzierend auf die fremdenfeindliche Orientierung ein, andererseits auch indirekt, indem sie sozioökonomische Benachteiligung reduziert und weniger zur Übernahme dogmatischer Überzeugungssysteme disponiert. Ähnliches gilt für das Berufsprestige. Das Alter wirkt indirekt, indem die jüngeren Altersgruppen seltener rechtsautoritäre Überzeugungen haben und häufiger in Kontakt zu Ausländern kommen als ältere Personen. Interessanterweise tritt dieser Alterseffekt nur bei Westdeutschen auf. Dies ist darauf zurückzuführen, dass offenbar die demokratische Erziehung in einer pluralistischen Gesellschaft in den jüngeren Generationen den Erwerb rechtsautoritärer Überzeugungssysteme eher blockiert hat, während die bis in die 50er Jahre hinein sozialisierten älteren Menschen in beiden deutschen Staaten diese Überzeugungen gleich häufig erworben haben.[20]

Mit einem solchen Erklärungsmodell können sowohl die Gründe für die Konstanz fremdenfeindlicher Einstellungen (über stabile Überzeugungssysteme) als auch für situative Schwankungen je nach der Einschätzung der eigenen oder der kollektiven Benachteiligung plausibel gemacht werden. Was ein solches Modell nicht erklärt, ist die Tatsache, dass nicht alle ethnischen Minderheiten in gleichem Maße abgelehnt werden, sondern dass wir eine Art »kulturrassistische Hierarchie« beobachten können. Eine Studie des Emnid-Instituts zeigte 1989 anhand einer Sympathie-Antipathie-Skala, dass die Antipathie gegen Asylbewerber aus Afrika am stärksten war, gefolgt von Asylbewerbern aus Asien und Osteuropa, türkischen Gastarbeitern, deutschstämmigen Aussiedlern bis hin zu den am sympathischsten eingestuften Übersiedlern aus der DDR.[21] Hier spielen sowohl historische Wertungen, etwa die Abwertung des »Negers« als eines Wilden in der Tradition des Kolonialismus, und erwartete bzw. erlebte kulturelle Differenzen eine Rolle. Dies spiegeln auch die Fragen zur sozialen Distanz, die 1996 zu der in Tabelle 3 aufgeführten Hierarchie geführt haben: (S. 49).

Offenbar spielt für das Maß sozialer Distanz die Einschätzung des Lebensstils eine zentrale Rolle. Nur etwas über 20 % der Westdeutschen sahen 1996 starke Unterschiede in Bezug auf Juden und Italiener, während 42 % Lebensstildifferenzen zu Aussiedlern, 57 % zu Türken und sogar 83 % zu Asylbewerbern angaben.[23] Der Anteil bei den Ostdeutschen lag jeweils etwas höher, obwohl die meisten von ihnen nicht über persönlichen Erfahrungen mit den genannten Gruppen verfügten.

Tabelle 3: Soziale Distanz[22]

Gruppe	Starke Exklusionsneigung Westdeutsche	Ostdeutsche
Italiener	6,9 %	12,4 %
Juden	11,2 %	13,4 %
Aussiedler	11,2 %	13,5 %
Türken	32,7 %	35,4 %
Asylbewerber	41,9 %	44,2 %

Quelle: Allbus 1996

Welche Aussagen lassen sich über die Entwicklung fremdenfeindlicher Einstellungen über die letzten beiden Jahrzehnte machen? Wir wissen, dass sich die Zahl fremdenfeindlicher und rechtsextremer Straftaten seit Beginn der 90er Jahre stark erhöht und auf hohem Niveau eingepegelt hat, während der Stimmenanteil rechtsextremer Parteien Schwankungen unterliegt. Können wir gleichzeitig einen Anstieg fremdenfeindlicher Einstellungen feststellen?

Leider bietet die Umfrageforschung hier nur wenige Daten für eine Langzeitanalyse. Zwischen 1980 und 1982 hatte ein Stimmungswandel gegenüber den »Gastarbeitern« stattgefunden, der den Anteil der Befürworter einer Rückkehr der Gastarbeiter bzw. eines Teils von ihnen in ihre Heimatländer von einem Drittel auf eine Zweidrittelmehrheit anwachsen ließ. Die Ursache lag darin, dass diese Gruppe zum Sündenbock für die Wirtschaftskrise und die Arbeitslosigkeit gemacht wurde und dass die Politik mit einer Erschwerung des Familiennachzuges, Versprechen einer Verringerung der Ausländerzahl und Rückkehrprämien die Unerwünschtheit der Gastarbeiter unterstrich.[24] Über diese periodenbezogenen Daten hinaus gibt es nur eine seit 1980 regelmäßig wiederholte Fragebatterie, in der vor allem Restriktionen für die im Lande lebenden Ausländer formuliert sind.[25] Die Antworten zeigen von 1980 bis 1994 eine stetige Abnahme der Intoleranz.[26] Dieser positive Trend ist 1996 erstmals unterbrochen worden und hat zu einer erneuten Zunahme ethnozentrischer Einstellungen geführt, die allerdings in den alten Bundesländern »bei weitem nicht das Niveau der frühen 80er Jahre« erreichten.[27] Auch die von 1990 bis 1996 wiederholte Allbus-Frage nach Zuzugsbeschränkungen für verschiedene Immigrantengruppen bestätigt eine Zunahme restriktiver Einstellungen. Die Wiederholung der Frage »Die Bundesrepublik ist durch die vielen Ausländer in einem gefährlichen Maß überfremdet« deutet für den Zeitraum von 1994 bis 1998 für Ost- wie Westdeutsche auf eine weitere Zunahme der Ablehnung hin, die 2000 allerdings wieder unter den Wert von 1994 abgesunken ist.[28]

Den genannten Restriktions- und Ausschließungsforderungen der Allbus-Fragen stimmt heute noch ungefähr ein Drittel der westdeutschen Bevölkerung zu, während der Anteil 1980 noch bei ca. der Hälfte gelegen hatte (unter Ostdeutschen gab es zwischen 1994 und 1996 einen deutlichen Anstieg auf ca. 40 %, der im Jahr 2000 allerdings fast wieder auf das Niveau von 1994 zurückging). Betrachtet man hingegen die Antwortverteilung auf Fragen, in denen negative Konsequenzen der Einwanderung thematisiert werden (Belastung des sozialen Netzes, Arbeitsplatzkonkurrenz, Kriminalität, Wohnungsmarktprobleme), dann sind zwei große Meinungslager zu erkennen: Jeweils ca. 40 % empfinden diese Belastungen oder bestreiten sie, die restlichen 20 % stehen zwischen den Lagern. Richard Alba und Michelle Johnson ziehen aus diesen Befunden – mit Verweis auf ähnliche Entwicklungen in den USA – den Schluss, dass die geringere Zustimmung zu kruderen Formen der Behandlung von Ausländern (nach Hause schicken) möglicherweise nur ein Wandel in der Natur der fremdenfeindlichen Einstellung ist und nicht notwendig einen Rückgang von Vorurteilen bedeuten muss, die sich nun in der negativen Einschätzung der Anwesenheit von Ausländern ausdrücken.[29] So koexistieren heute bei einem Teil der Bevölkerung zwei scheinbar unvereinbare Einstellungstendenzen: Einerseits befürchten fast drei Viertel der Befragten eine Zunahme der Ausländerfeindlichkeit, doch zugleich haben gut 40 % Angst davor, dass »noch mehr Ausländer zu uns kommen«.[30] Dabei wird der Anteil der in Deutschland lebenden Ausländer an der Gesamtbevölkerung dramatisch überschätzt (25 % glauben, er läge zwischen 21 % und 45 %).

Im europäischen Vergleich ausländerfeindlicher Haltungen gehört die Bundesrepublik zur Spitzengruppe zusammen mit Belgien, Dänemark, Griechenland und Frankreich.[31]

Antisemitismus

Im Unterschied zur Fremdenfeindlichkeit gehört Antisemitismus zum Kernbestand des klassischen Rechtsextremismus und ist eng mit einer positiven Haltung zum Nationalsozialismus verbunden. Für die Verbreitung antisemitischer Einstellungen in der Bevölkerung haben wir für die alte Bundesrepublik Daten seit 1946, sodass wir den Einstellungswandel quantitativ relativ genau nachvollziehen können, während wir für die Ostdeutschen erst ab 1990 über entsprechende Informationen verfügen. Auf die letzten 50 Jahre bezogen, weist die einzige über diesen Zeitraum identisch wiederholte Frage auf einen deutlichen Rückgang in der Ablehnung der Präsenz von Juden in Deutschland hin. Die Hälfte der Befragten hatte 1998 auch den Eindruck, die Einstellung zu Juden sei in den letzten Jahren positiver geworden (15 % negativer, 31 % gleich geblieben), unter den 14--24-Jährigen waren es sogar zwei Drittel.[32] Ebenso viele gaben an, unter ihren Bekannten oder Berufskollegen sei niemand negativ gegenüber Juden eingestellt.

Tabelle 4: »Würden Sie sagen, es wäre besser (ist für Deutschland besser), keine Juden im Land zu haben?«[33] (in %)

	1952	1956	1958	1963	1965	1983	1987	1998 West	Ost
besser	37	26	22	18	19	9	13	8	10
nein	19	24	38	40	34	43	67	86	82
unentschieden/ egal	44	50	40	42	47	48	20	6	8

Waren fremdenfeindliche Einstellungen bereits 1990 in den neuen Bundesländern deutlich weiter verbreitet, so galt dies für Antisemitismus nicht. Umfragen in den neuen Bundesländern kamen 1990/91 zu dem Ergebnis, dass antisemitische Einstellungen nur von einer Minderheit von 4 bis 6 % geteilt wurden, was ungefähr einem Drittel des westdeutschen Anteils entsprach.[34] In allen Dimensionen – antijüdischen Stereotypen, in der Haltung zur Wiedergutmachung, der Erinnerung an den Holocaust usw. – gaben Ostdeutsche seltener negative Antworten, nur in der Einstellung zu Israel fand sich keine Ost-West-Differenz. Auch Umfragen der Jahre 1994 und 1996 ermittelten eine geringere Verbreitung antisemitischer Einstellungen unter Ostdeutschen.[35] Dies galt allerdings nur für das antijüdische Vorurteil, wenn es mit der NS-Vergangenheit verknüpft war, aber nicht für die soziale Distanz zu Juden als ethnische Minderheit.

Misst man die Einstellung zu Juden mittels einer Skala aus traditionellen antisemitischen Stereotypen (jüdische Macht, Dominanz), dem Vorwurf, die Juden instrumentalisierten den Holocaust zum Zwecke der finanziellen Ausbeutung der Deutschen, und der Weigerung, die Juden als Verfolgungsopfer (Mitschuld) anzuerkennen, dann zeigt sich, dass die Ostdeutschen 1996 hier deutlich seltener zustimmten (11,3 % zu 21,3 %).[36] Fragte man hingegen nach der sozialen Distanz zu Juden, dann stellte man bei einem etwas größeren Anteil der Ostdeutschen diese Distanz fest (siehe Tab. 3, S. 49). Dies kann man als – einseitige – Wirksamkeit der antifaschistischen Verurteilung der Judenverfolgung im Nationalsozialismus interpretieren, die sich nicht in gleichem Maße auf die Akzeptanz der Juden als heute in Deutschland lebende Minderheit auswirkt. Zudem wird die Unkenntnis vieler Ostdeutscher über jüdische Kultur und Religion dazu führen, Juden primär als »Fremde« und »Ausländer« zu kategorisieren.

Die jüngste Antisemitismus-Studie des Forsa-Instituts belegt eine Angleichung antisemitischer Einstellungen zwischen den Ost- und Westdeutschen: Jeweils 20 % wurden als antisemitisch eingestuft.[37] Die Antwortverteilungen auf die Fragen zur Einstellung zu Juden in den jüngsten Rechtsextremismusstudien bestätigen diese Entwicklung.[38] Der Vergleich der Antwortverteilungen auf drei Fragen der Forsa-Studie von 1998 und der bereits erwähnten Allgemeinen Bevölkerungsumfrage der Sozialwissenschaften (Allbus) von 1996, aus denen wir die Antisemitismus-Skala entwickelt haben, ergibt, dass die Angleichung zwischen Ost und West einer gegenläufigen Entwicklung entspringt (siehe Tab. 5).

Für einen negativen Meinungstrend unter Ostdeutschen sprechen auch die Ergebnisse spezieller Jugendstudien sowie die deutlichen Stimmengewinne rechtsextremer Parteien seit 1998, nachdem sie Anfang der 90er Jahre bei Wahlen in den neuen Ländern sehr schlecht abgeschnitten hatten. Das weist auf ein Verblassen antifaschistischer Überzeugungen hin. Die 1994, 1998 und 2000 wiederholte Frage »Auch heute noch ist der Einfluss von Juden zu groß« deutet für 2000 ebenfalls darauf hin, dass eine Abnahme antisemitischer Einstellungen im Westen zusammentrifft

Tabelle 5: Einstellung zu Juden: 1996 und 1998 im Vergleich

Frage	Jahr	West	Ost
»Juden haben auf der Welt zu viel Einfluss.«	1996	28	15
	1998	22	19
»Viele Juden versuchen, aus der Vergangenheit des Nationalsozialismus heute ihren Vorteil zu ziehen und die Deutschen dafür zahlen zu lassen.«	1996	48	35
	1998	42	39
»Durch ihr Verhalten sind die Juden an ihren Verfolgungen nicht ganz unschuldig.«	1996	17	13
	1998	17	18

Quelle: Allbus 1996, Forsa 1998

mit einer anhaltenden Zunahme im Osten, sodass deren Verbreitung dort inzwischen gleich, wenn nicht höher ist als in Westdeutschland.[39] Diese Veränderung könnte darauf zurückzuführen sein, dass die Ostdeutschen nun ebenfalls in den öffentlichen Diskurs über Juden und ihre Verfolgung im Nationalsozialismus eingetreten sind, sodass sowohl das Thema größere persönliche Bedeutung gewinnt, als auch Motive zur Ausbildung eines »sekundären Antisemitismus« entstehen.

Die soziodemographische Analyse der Forsa-Studie offenbart auch für antisemitische Einstellungen einen Zusammenhang mit Schulbildung und Alter: Bei den Bildungsschichten war die Differenz zwischen hohen Bildungsabschlüssen (Abitur, Studium) und mittleren relativ klein (12 % zu 17 %), dagegen war der Abstand zu Hauptschulabsolventen (30 %) klar markiert. Erwiesen sich 1998 unter den 14- – 24-Jährigen 10 % als antisemitisch, so stieg der Anteil bei den 35- – 49-Jährigen nur leicht auf 12 % an, während der Abstand zu den 50- – 64-Jährigen (28 %) und zu den über 65-Jährigen (38 %) sehr deutlich ausfiel. Diese geringe Verbreitung antisemitischer Einstellungen unter den 14- – 24-Jährigen Ostdeutschen, die wir in ähnlicher Größenordnung bereits in der Ende 1991 durchgeführten Emnid-Umfrage für die 16- – 24-Jährigen und in der Allbus-Studie von 1996 für die 18- – 29-Jährigen ermittelt haben (Ostdeutsche: 6 %, Westdeutsche: 12 %)[40], widerspricht allerdings eklatant den Befunden vergleichender Jugendstudien und den Ergebnissen von Stöss und Niedermayer, und zwar in doppelter Hinsicht.[41] Angesichts des dort erhobenen Ausma-

ßes an antijüdischen Einstellungen in den Altersgruppen der 14-–19-Jäh-
rigen bzw. 14-–35-Jährigen Ostdeutschen erstaunt der in den repräsentativen Bevölkerungsumfragen ermittelte niedrige Wert für die Altersgruppe der 18-–29-Jährigen. Diese Diskrepanz ist letztlich nicht plausibel
zu erklären.[42] Der zweite Widerspruch bezieht sich auf den Ost-West-Ver-
gleich: Während die repräsentativen Antisemitismus-Studien auch für die
jüngste Kohorte der Ostdeutschen eine nur halb so große Verbreitung feststellen wie unter Westdeutschen, kehrt sich das Verhältnis in den Jugendstudien und in der Stöss-Niedermayer-Studie völlig um.[43]

In der vergleichenden Jugendstudie von 1996, die Schüler der 8.–13.
Klassen sowie Berufsschüler in Brandenburg und Nordrhein-Westfalen
befragte, wurden 28,8 % der Brandenburger und nur 11 % der Nordrhein-
Westfalen auf einer Antisemitismus-Skala »hoch/eher hoch« eingestuft.
Die Nachfolgestudie für Brandenburg von 1999 bestätigte mit 29,5 % das
Ergebnis von 1996, wobei hier das »Gegenmilieu« der kaum antisemitische Vorurteile zeigenden Jugendlichen mit einem Drittel wesentlich
niedriger liegt als in Nordrhein-Westfalen mit fast zwei Dritteln.[44] Im Unterschied zu den Erwachsenen lassen sich bei den Jugendlichen ge-
schlechtsspezifische Unterschiede erkennen: Die Jungen sind deutlich
häufiger antisemitisch eingestellt als Mädchen. Für den Anstieg im Osten
hat man einerseits Periodeneffekte verantwortlich gemacht, wofür die seit
1990 zu beobachtende negative Einstellungsentwicklung bei ostdeutschen Jugendlichen spricht.[45] Diese sind mit einem gesellschaftlichen
Umbruch in allen Lebensbereichen konfrontiert, der in Familie, Schule,
Arbeitsplatz und Freizeit ihre gesamte Lebenswelt verändert und viele
verunsichert hat.
Gegenüber dieser »Modernisierungsthese« hat in den letzten Jahren eine
Interpretation an Raum gewonnen, die auf die Wirkungen des autoritären
Erziehungsstils und des hohen Konformitätsdrucks in der DDR als Ursa-
chen für eine geringe Toleranz gegenüber Fremden und abweichenden
Gruppen verweist, sodass die Gründe zum Teil im mentalen Erbe der
DDR liegen.[46] Inzwischen hat sich eine rechte Jugendszene in den neuen
Ländern etabliert, die wiederum als sozialisierendes Milieu für die nach-
wachsenden Jugendlichen vor Ort wirkt, ohne dort auf gefestigte demo-
kratische Gegenkräfte zu stoßen. In diesen rechten Milieus wird über
Musik, Schriften und über mündliche Tradierung auch antisemitisches

Gedankengut vermittelt, obwohl es im Vergleich mit der Ausländerfeindlichkeit eine geringere Rolle spielen dürfte.

Was die Erklärung der Ursachen des heutigen Antisemitismus angeht, so ergeben multifaktorielle Analysen, in denen der relative Einfluss aller wichtigen Größen (Alter, Bildung, relative Benachteiligung, Autoritarismus, ideologische Orientierung usw.) berücksichtigt wird, kein sehr klares Bild. Die größte Erklärungskraft besitzen Faktoren, die eher auf der Ebene von Ideologie und Wertorientierungen liegen (rechte politische Orientierung, konservative Wertorientierungen, vor allem Nationalstolz und autoritäre Folgebereitschaft) und die in Verbindung mit Generationseffekten auf die Bedeutung nationalsozialistischer Erziehung und die Tradierung von Vorurteilen hinweisen.[47] Die Erfahrung oder Befürchtung einer ökonomischen Krise hat nur schwachen Einfluss auf die Einstellung zu Juden. Eine gewisse Rolle spielt bei den Westdeutschen die Haltung zur Demokratie. Werden liberale Werte abgelehnt und ist man mit dem Funktionieren der Demokratie unzufrieden (Politik- oder Systemverdrossenheit), so korreliert dies positiv mit einer Ablehnung von Juden. Es handelt sich also nicht um eine demokratische Oppositionshaltung, sondern um prinzipielle Vorbehalte gegen die demokratische Regierungsform (sodass diese Haltung wieder in den Bereich der Ideologie gehört). Für die Ostdeutschen besteht dieser Zusammenhang nicht. Die weiter als im Westen verbreitete Systemverdrossenheit wirkt sich nicht spezifisch in Richtung einer rechtsextremen Orientierung oder Protestwahl aus, wohl deshalb, weil mit der PDS für die Ostdeutschen eine alternative Protestpartei existiert.[48]

Großes Gewicht besitzt bei den Ostdeutschen der Faktor Nationalstolz: Da sie sich sehr häufig als Bürger zweiter Klasse fühlen, bietet eine Überbewertung der Eigengruppe verbunden mit der Abwertung der »nichtzugehörigen« Ausländer hier eine gewisse Kompensation. Situative Einflüsse, wie Probleme des Arbeitsmarktes, mobilisieren vor allem fremdenfeindliche Einstellungen. Die Haltung zu Juden wird von Verteilungskonflikten direkt wenig berührt. Allerdings gibt es einen indirekten Zusammenhang. Krisen begünstigen, wie die Erfolgsphasen des Rechtsextremismus in der Bundesrepublik zeigen, Rechtsparteien, die primär das Ressentiment gegen Ausländer benutzen, aber sekundär in ihrem ideologischen Programm auch antisemitische, geschichtsrevisionistische Aussagen verbreiten.[49]

Antisemitische Überzeugungen sind eng verbunden mit pronazistischen sowie nationalistischen, da der Mord an den europäischen Juden die größte Hürde für ein positives Selbst- und Geschichtsbewusstsein sowie eine nationalistische Politik bildet und man ihm mit Strategien des Verschweigens, Relativierens und Leugnens seine Bedeutung zu nehmen sucht.[50] Der Bevölkerungsanteil mit pronazistischen Auffassungen, die den Nationalsozialismus verharmlosen oder gar rechtfertigen, ist kleiner als das rechtsextreme Einstellungspotenzial insgesamt (siehe Tab. 2).[51] Die Falter-Studien zeigen anders als die Stöss-Niedermayer-Studie, dass die Ostdeutschen pronazistischen Statements, wie »Ohne die Judenverfolgung würde man Hitler heute als großen Staatsmann ansehen« und »Der Nationalsozialismus hatte auch seine guten Seiten« mit knapp 10 % seltener zustimmen als die Westdeutschen mit 10–15 %.[52] Doch auch hier existieren unter den 16-–25-Jährigen entweder keine Einstellungsdifferenzen oder solche zuungunsten der ostdeutschen.[53]

Fazit

Im Jahr 2000 machten sich 70 % der Deutschen Sorgen über den zunehmenden Rechtsextremismus, und Umfragen belegen eine deutliche soziale Distanzierung von Rechtsextremisten in ihrem Umfeld.[54] »Aktionen gegen Ausländer« stoßen, auch wenn sie gewalttätig verlaufen, aber immerhin bei ungefähr einem Zehntel der Bevölkerung auf Verständnis. Noch größer ist jedoch als Resonanzboden der Teil der Bevölkerung, der ein rechtsextremes Einstellungsmuster besitzt. Von diesem akzeptiert ein Drittel rechte Gewalt mehr oder weniger stark, insbesondere die Altersgruppe der 18-–34-Jährigen.[55] Dennoch haben sich weder unter Erwachsenen noch unter Jugendlichen rechtsextreme Einstellungen in den letzten Jahren weiter verbreitet, auch teilen Letztere diese nicht häufiger, im Gegenteil, vor allem in den alten Bundesländern steigt der Anteil rechtsextrem eingestellter Personen mit dem Alter an.

Die erhöhte Zahl rechtsextremer Straftaten und die Wahlerfolge rechtsextremer Parteien bei Landtagswahlen der letzten Jahre gehen also nicht auf eine Zunahme des latenten Rechtsextremismus zurück, sondern das vorhandene Einstellungspotenzial lässt sich aufgrund hoher Politikverdrossenheit, Themenkonjunkturen (NPD-Verbot, Zwangsarbeiterentschädigung) und der Vorbild- und Medienwirkung von Anschlägen für ein entsprechendes Wahl- oder Gewaltverhalten leichter mobilisieren. Gewöhnlich neigen Personen mit einem rechtsextremen Weltbild keineswegs zur Wahl rechtsextremer Parteien (nur 6 %), sie bevorzugen die Volksparteien oder sind unentschlossen. Umgekehrt schätzen Stöss und Niedermayer, dass von dem Zehntel der Bevölkerung, das zum Wählerpotenzial rechter Parteien gehört, nur ein Drittel auch rechtsextrem eingestellt ist, während der überwiegende Teil diese Parteien eher aus System- und Politikverdrossenheit wählt.

Anmerkungen

1 Dazu Ruud Koopmans, Schlüsselbefunde der wissenschaftlichen Forschung zum Rechtsextremismus in Deutschland in den letzten zehn Jahren, www.wz-berlin.de/akt/re.de.htm, S. 1 f. Er kritisiert, dass die diskutierten Lösungsangebote (Parteiverbote, schärfere Gesetze) auf den klassischen politischen Rechtsextremismus zugeschnitten sind und damit das wirkliche Problem »Fremdenfeindlichkeit« verfehlen.

2 Zu diesen Dimensionen des Rechtsextremismus: Richard Stöss/Oskar Niedermayer, Rechtsextremismus, politische Unzufriedenheit und das Wählerpotential rechtsextremer Parteien in der Bundesrepublik, im Frühsommer 1998, Arbeitspapiere des Otto-Stammer-Zentrums Nr. 1, Freie Universität Berlin 1998, S. 4. Die Skala »Rechtsextremismus« von Jürgen W. Falter umfasst ebenfalls: Antisemitismus, Fremdenfeindlichkeit, übersteigerter Nationalismus, antipluralistische und antidemokratische Einstellung sowie eine Verklärung der NS-Zeit (Wer wählt rechts? Die Wähler und Anhänger rechtsextremistischer Parteien im vereinigten Deutschland, München 1994, S. 138). 1998 und 2000 sind mit diesem Instrument erneut Befragungen durchgeführt worden: Jürgen W. Falter, Rechtsextremismus in Deutschland: Die Entwicklung des Einstellungspotenzials 1994 bis 2000, in: Perspektive, Landeszentrale für politische Bildung in Rheinland- Pfalz, Dezember 2000.

3 Diese Effekte ließen sich im Sommer 2000 studieren, als sich in Reaktion auf die durch den Bombenanschlag in Düsseldorf entfachte Debatte um rechte Gewalt die Zahl fremdenfeindlicher Straf- und Gewalttaten von Juli auf August fast verdreifachte (von 135 auf 403), während im September die Zahl wieder auf ca. 250 absank (Die Zeit, 15. 2. 2001). Zu den Medienwirkungen auf die Gewaltwelle der frühen 90er Jahre: Hans-Bernd Brosius/Frank Esser, Eskalation durch Berichterstattung? Massenmedien und fremdenfeindliche Gewalt, Opladen 1995.

4 Vgl. Falter, Rechtsextremismus (Anm. 2), 2000, S. 13.

5 Stöss/Niedermayer, Rechtsextremismus (Anm. 2), S. 8.

6 Falter, Rechtsextremismus (Anm. 2), 2000, S. 13.

7 Ebd., S. 27. Allerdings wurden 2000 nur acht der zehn Items der Rechtsextremismus-Skala erhoben, S. 12; Richard Stöss/Oskar Niedermayer, »Rechtsextreme Einstel-

lungen in der Region Berlin-Brandenburg«, 2000; sie verwenden dort ebenfalls eine gegenüber 1998 verkürzte Skala.

8 Stöss/Niedermayer haben 2000 diese Altersverteilung für die Berliner bestätigt. Die der Brandenburger unterscheidet sich von der Studie des Jahres 1998 insofern, als hier die jüngeren Jahrgänge (bis 44 Jahre) zwar häufiger rechtsextreme Einstellungen aufweisen als die gleichaltrigen Berliner, aber die Differenz zu den älteren Brandenburgern (ab 55 Jahre) hier ausgeprägter ist als 1998 (siehe Tab. 3).

9 Die Studien Falters zeigen für 1994 einen kontinuierlichen Anstieg rechtsextremer Einstellungen mit steigendem Alter. 1998 ist das Bild diffuser geworden, in jedem Fall weist die jüngste Kohorte (18–24 Jahre) die geringsten Werte (0 %) auf, die älteste (über 60 Jahre) die höchsten mit 12 % (Falter, Rechtsextremismus [Anm. 2] 2000, S. 20).

10 Dies zeigt sich darin, dass in den neuen Ländern neben den Ausländern auch Obdachlose, Homosexuelle, Punks und andere Gruppen, die sich in irgendeiner Form abweichend verhalten, häufiger Opfer von Gewalt werden.

11 Zur Erforschung der historischen Ursachen für die ehemalige DDR neuerdings Jan C. Behrends/Dennis Kuck/Patrice G. Poutrus, Historische Ursachen der Fremdenfeindlichkeit in den Neuen Bundesländern, Arbeitspapier vom 8.12. 2000.

12 Stöss/Niedermayer, Rechtsextremismus (Anm. 2), S. 14, Tab. 5.

13 In der Falter-Studie von 1998 weisen von sozialem Abstieg Betroffene im Osten deutlich häufiger eine rechtsextreme Orientierung auf, während dies im Westen nicht gilt, hier ist der Anteil sogar geringer als bei den Aufsteigern (Falter, Rechtsextremismus [Anm. 2], S. 21).

14 Falter, Wer wählt rechts? (Anm. 2), Tab. 3a und 3b; Stöss/Niedermayer, Einstellungen (Anm. 7), Tab. 6 und 7.

15 Jürgen W. Falter/Kai Arzheimer, Rechtsextremismus unter Jugendlichen in Deutschland 1998 im Vergleich zum Jahre 1994. Gutachten im Auftrag des Bundesministeriums für Familie, Senioren, Frauen und Jugend, Mainz 1998. Abb. 4–7.

16 Allbus 1996: Den Vorwürfen, Ausländer nähmen Arbeitsplätze weg bzw. sie belasteten das soziale Netz, stimmen Ostdeutsche mit 55 % bzw. 53 % deutlich häufiger zu als Westdeutsche mit 30 % bzw. 36 %.

17 Zur genauen Formulierung dieser Allbus-Fragen: Anm. 25. Zum Vergleich: Österreicher lagen in ihrer ablehnenden Haltung 1996 weit über den Ostdeutschen: Lebensstil anpassen: 77 %, keine politische Betätigung: 42 %, heimschicken: 44 %: Gustav Lebhart/Rainer Münz, Einstellungen zu Ausländern und zum Thema Migration in Deutschland und Österreich, in: Journal für Konflikt- und Gewaltforschung 2, 2000, S. 147–162, Tab. 3.

18 Jürgen R. Winkler, Formen und Determinanten fremdenfeindlicher Einstellungen in der Bundesrepublik Deutschland, in: Jan van Deth/Hans Rattinger/Edeltraud Roller (Hrsg.), Die Republik auf dem Weg zur Normalität? Wahlverhalten und politische Einstellungen nach acht Jahren Einheit, Opladen 2000, S. 359–382, S. 367.

19 Während die relative Deprivation 12 % der Varianz fremdenfeindlicher Vorurteile aufklärt, sind es 28 % bei den Persönlichkeitsfaktoren. Vgl. Winkler, Formen (Anm. 18), S. 372 ff. Stephan Ganter und Hartmut Esser geben aber zu bedenken, dass hohe Korrelationen zwischen Nationalismus, Dogmatismus, Materialismus und Fremdenfeindlichkeit nicht überraschen, da sie alle Bestandteil desselben Einstellungsmusters sind, sodass Korrelation hier nicht Kausalität heißen kann, denn

man muss sich fragen, weshalb etwa weniger schulisch und beruflich gebildete Angehörige unterer Schichten häufiger dogmatisch und ethnozentrisch sind (Ursachen und Formen der Fremdenfeindlichkeit in der Bundesrepublik Deutschland, Forschungsinstitut der Friedrich-Ebert-Stiftung [Hrsg.], Bonn 1998, S. 66 ff.).

20 Jürgen R. Winkler, Ausländerfeindlichkeit im vereinigten Deutschland, in: Jürgen Falter/Oscar W. Gabriel/Hans Rattinger (Hrsg.), Wirklich *ein* Volk? Die politischen Orientierungen von Ost- und Westdeutschen im Vergleich, Opladen 2000, S. 435–476, hier S. 468.

21 Emnid, Zeitgeschichte, Bielefeld 1989, Tab. 37.

22 Die Distanz wurde über die Items: Akzeptanz als Nachbarn, Einheirat eines Mitglieds dieser Gruppe und rechtliche Gleichbehandlung für die jeweilige Minderheit gemessen. Vgl. Werner Bergmann/Rainer Erb, Antisemitismus in der Bundesrepublik Deutschland 1996, in: Richard Alba/Peter Schmidt/Martina Wasmer (Hrsg.), Deutsche und Ausländer: Freunde, Fremde oder Feinde? Empirische Befunde und theoretische Erklärungen, Opladen 2000, S. 401–438, hier S. 424.

23 Wenn gegenüber Aussiedlern dennoch nur ein kleiner Teil der Bevölkerung soziale Distanz äußert, so ist dies vermutlich auf deren Bonus als »ethnische Deutsche« zurückzuführen. Die vermutete Differenz im Lebensstil allein erklärt eine feindselige und distanzierte Haltung nicht.

24 Klaus F. Geiger, Einstellungen zur multikulturellen Gesellschaft – Ergebnisse von Repräsentativbefragungen in der Bundesrepublik, in: Migration 9 (1991).

25 Fragen: »Die in Deutschland lebenden Gastarbeiter/Ausländer (ab 1994) sollten ihren Lebensstil ein bisschen besser an die Deutschen anpassen.« »Wenn Arbeitsplätze knapp werden, sollte man die in Deutschland lebenden Ausländer wieder in ihre Heimat schicken.« »Man sollte den in Deutschland lebenden Ausländern jede politische Betätigung untersagen.« »Die in Deutschland lebenden Ausländer sollten sich ihre Ehepartner unter ihren eigenen Landsleuten suchen.« Allbus 1980–2000.

26 Auch andere, weniger dichte Datenreihen (Eurobarometer, IPOS, Emnid) zeigen von 1980 bis zumindest 1991 eine deutliche Abnahme fremdenfeindlicher Haltungen in der westdeutschen Bevölkerung; vgl. Ganter/Esser, Ursachen (Anm. 19), S. 35.

27 Michael Terwey, Ethnozentrismus in Deutschland: Seine weltanschaulichen Konnotationen im sozialen Kontext, in: Alba/Schmidt/Wasmer (Hrsg.), Deutsche (Anm. 22), S. 295–351, S. 300. Die jüngsten Daten des Allbus 2000 zeigen insbesondere bei den Ostdeutschen eine Trendwende hin zu einem Rückgang diskriminierender Einstellungen.

28 Die zweite Frage zur sozialen Distanz: »Ausländer sollten nur ihre Landsleute heiraten« zeigt hingegen von 1994 bis 2000 durchgängig eine abnehmende Tendenz (Falter, Rechtsextremismus [Anm. 2]).

29 Richard Alba/Michelle Johnson, Zur Messung aktueller Einstellungsmuster gegenüber Ausländern in Deutschland, in: Alba/Schmidt/Wasmer, (Hrsg), Deutsche (Anm. 22), S. 227–253, hier S. 234, 237.

30 Friedrich-Ebert-Stiftung, Die gesellschaftliche Akzeptanz von Rechtsextremismus und Gewalt. Ergebnisse einer Repräsentativbefragung – Kurzfassung, Bonn 2000, S. 6. Während unter Westdeutschen die jüngeren Altersgruppen bis 39 Jahre seltener diese Angst bekunden (25–30 %) als die über 40-Jährigen (43–52 %), äußern sie

in Ostdeutschland bereits 40 % der 14-–19-Jährigen und sogar 50 % der 20-–29-Jährigen.

31 Eurobarometer Mai 2000. Fragen:»Finden Sie persönlich die Anwesenheit von Menschen anderer Nationalität in ihrem täglichen Leben störend?« und »Und finden Sie die Anwesenheit von Menschen anderer Religionszugehörigkeit störend?« Eurobarometer von 1994 und 1998 ergaben ein ähnliches Bild.

32 Forsa, Studie zum Antisemitismus in Deutschland, 1998, Tab. 2 und 3.

33 Institut für Demoskopie, Deutsche und Juden – vier Jahrzehnte danach, Allensbach 1986, Tab. 13; und Jahrbuch der öffentlichen Meinung, Bd. II, Allensbach 1957, S. 126; Forsa 1998, Tab. 12.

34 David A. Jodice, United Germany and Jewish Concerns. Attitudes Toward Jews, Israel, and the Holocaust, New York 1991; Reinhard Wittenberg/Bernhard Prosch/Martin Abraham, »Antisemitismus in der ehemaligen DDR«, in: Tribüne 30, (1991), H. 118, S. 102–120; Emnid-Institut, Antisemitismus in Deutschland, Bielefeld 1992.

35 Jennifer Golub, Current German Attitudes Toward Jews and Other Minorities, New York 1994; Bergmann/Erb, Antisemitismus (Anm. 22).

36 Zur Skalenkonstruktion vgl. Bergmann/Erb, Antisemitismus (Anm. 22), S. 404.

37 Forsa 1998, Tab. 6. Für sechs Statements wurden für schwache, mittlere und starke Zustimmung jeweils 1, 2 oder 3 Punkte vergeben, was eine Skala von 0–18 Punkten ergab. Ab 6 Punkte wurde ein Befragter als latent antisemitisch eingestuft. Eine Erhebung von 1999 entdeckte auch keine Ost-West-Differenzen mehr: Oliver Decker/Elmar Brähler, Antisemitische und autoritäre Einstellungen im vereinten Deutschland – Ergebnisse einer Repräsentativbefragung, in: psychosozial 23 (2000) H. 2, S. 31–45.

38 Falter und Arzheimer fanden keine signifikanten Ost-West-Unterschiede: die westdeutschen Erwachsenen lagen allerdings immer einige Prozentpunkte über den ostdeutschen, 1998, S. 10 f.; vgl. auch Tab. 2 zur Stöss/Niedermayer-Studie, Rechtsextremismus (Anm. 2), 1998, ebenso Stöss/Niedermayer, Einstellungen (Anm. 7), 2000, Tab. 1.

39 Falter, Rechtsextremismus (Anm. 2), 2000, S. 12; der gleiche Trend zeigt sich bei der Frage zur sozialen Distanz »Juden passen nicht zu uns«.

40 Werner Bergmann/Rainer Erb, Anti-Semitism in Germany. The Post-Nazi Epoch since 1945, New Brunswick, NJ, 1997, S. 307, Bergmann/Erb, Antisemitismus (Anm. 22).

41 Rudolf Welskopf/Ronald Freytag/Dietmar Sturzbecher, Antisemitismus unter Jugendlichen in Ost und West, in: Jahrbuch für Antisemitismusforschung 9 (2000), S. 35–70.

42 Sie könnte auf Einflüsse der jeweils benutzten Methode oder auf die Verwendung unterschiedlicher Indikatoren für Antisemitismus zurückgehen. Die Schüler wurden schriftlich im Klassenverband befragt, beim Allbus handelt es sich um mündliche und schriftliche Interviews. Die in den Studien verwendeten Items sprechen eher für ihre Vergleichbarkeit. Insbesondere für die gegenläufigen Ost-West-Ergebnisse spielt die Frage der Indikatoren nicht die entscheidende Rolle.

43 Die Studie von Falter und Arzheimer 1998 (Anm. 15) bestätigt dies nur zum Teil: Die Antwortverteilung auf die Vorgabe »Die Juden haben einfach etwas Besonderes und Eigentümliches an sich und passen nicht so recht zu uns« zeigt keine Ost-

West- bzw. Altersdifferenzen (zwischen 9–12 % Zustimmung), während sich bei der Vorgabe »Auch heute noch ist der Einfluss der Juden zu groß« die westdeutschen Jugendlichen (14- – 24-Jährige) mit 4 % sowohl von den Erwachsenen (11 %) als auch von den ostdeutschen Jugendlichen (9 %) unterscheiden, weniger hingegen von den ostdeutschen Erwachsenen (7 %).

44 Ronald Freytag, Antisemitismus, in: Dietmar Sturzbecher (Hrsg.), Jugend in Ostdeutschland: Lebenssituationen und Delinquenz, Opladen 2001, S. 132.

45 Dieser Effekt war bereits 1992 bei den jüngeren Jahrgängen erkennbar: 1992 stimmten 14 % der 14- – 18-Jährigen dem Slogan »Die Juden sind Deutschlands Unglück« zu, dagegen nur 1 % der 20- – 25-Jährigen. Vgl. Peter Förster/Walter Friedrich/Harry Müller/Wilfried Schubarth, Jugend Ost: Zwischen Hoffnung und Gewalt, Opladen 1993, S. 114–116.

46 Siehe Anm. 11. Zum Autoritarismus siehe: Christel Hopf/Marlene Silzer/Jörg M. Wernich, Ethnozentrismus und Sozialisation in der DDR. Überlegungen und Hypothesen zu den Bedingungen der Ausländerfeindlichkeit von Jugendlichen in den neuen Bundesländern, in: Peter E. Kalb u. a. (Hrsg.), Rechtsextremistische Jugendliche – was tun?, Weinheim und Basel 1999, S. 80–121.

47 Frederick D. Weil, Ethnic Intolerance, Extremism, and Democratic Attitudes in Germany since Unification, in: Hermann Kurthen/Werner Bergmann/Rainer Erb (Hrsg.), Antisemitism and Xenophobia in Germany after Unification, New York 1997, S. 110–142.

48 Stöss/Niedermayer, Rechtsextremismus (Anm. 2), S. 25.

49 Die »Republikaner« traten als Antiimmigrationspartei an, und als sie ihre Wahlchancen 1994 wieder sinken sahen, suchte ihr Vorsitzender mit antijüdischen Bemerkungen Wähler zu gewinnen.

50 Hinsichtlich der Leugnung des Holocaust gibt es allerdings große Unterschiede im rechten Lager. Während sie für den Neonazismus zum ideologischen Kernbestand zählt, glaubten 1994 nur 8 % der Republikaner-Anhänger, »dass an der These, es sei nur Propaganda der Siegermächte, dass die Nazis Millionen von Menschen umgebracht haben, etwas dran« sei, weitere 6 % antworteten »weiß nicht« (Forsa, Die Deutschen und der Nationalsozialismus. Kenntnisse, Einschätzungen, Urteile, 1994, S. 14).

51 In den Antworten auf das Statement: »Die Verbrechen des Nationalsozialismus sind in der Geschichtsschreibung weit übertrieben worden« gab es keine signifikanten Ost-West-Unterschiede, noch unterschieden sich die 14- – 25-Jährigen von den Erwachsenen, auch wenn die ostdeutschen Jugendlichen den höchsten Prozentsatz (17 % gegenüber 13–14 % in den anderen Gruppen) aufwiesen (Falter/Arzheimer, Rechtsextremismus [Anm. 15], S. 11).

52 Falter, Rechtsextremismus 2000 (Anm. 2), S. 12. In der Nachfolgestudie »Rechtsextreme Einstellungen in der Region Berlin-Brandenburg« im Mai/Juni 2000 fanden Stöss und Niedermayer bei der Frage »Hitler großer Staatsmann« nur eine geringe Ost-West-Differenz: 6 % in West-Berlin zu 8 % in Brandenburg.

53 Hier hat sich die Zustimmung in Ost und West zu der Frage »Der Nationalsozialismus hatte auch seine guten Seiten« von 1994 bis 1998 nicht nur verdoppelt, sondern die jungen Ostdeutschen stimmten doppelt so häufig zu (West: 1994: 7 %, 1998: 14 %, Ost: 1994: 15 %, 1998: 28 %, vgl. Falter und Arzheimer, Rechtsextremismus (Anm. 15).

54 81 % der West- und 79 % der Ostdeutschen wollten Personen, die sich zu rechtsextremistischen Anschauungen bekennen, nicht als Nachbarn haben. Allensbacher
Monatsbericht von Renate Köcher: Die Ausländerfeindlichkeit in Deutschland ist
gering, Frankfurter Allgemeine Zeitung, 18. 8. 1993.
55 Stöss/Niedermayer, Einstellungen (Anm. 7), 2000, Tab. 8 und 9.

Jürgen Zarusky
Die Leugnung des Völkermords
»Revisionismus« als ideologische Strategie

Das Wissen um den Holocaust

Von Anfang an ging die nationalsozialistische Vernichtungspolitik gegen die Juden mit Lügen und Täuschungen einher. Für den Massenmord wurden Tarnbezeichnungen wie »Evakuierung nach Osten« oder »Sonderbehandlung« eingeführt, das Vernichtungslager Sobibor beispielsweise wurde als »Durchgangslager« bezeichnet. Um die Ermordung der Deportierten in den Gaskammern zu erleichtern, wurden diese als Duschen getarnt, den Opfern wurde nach der Reinigung eine Mahlzeit versprochen oder manchmal auch Handtuch und Seife zugewiesen. Über die Durchführung des Massenmordes sollte von den Beteiligten strengstes Stillschweigen gewahrt werden. Die Toten aus den anfangs angelegten Massengräbern wurden schon bald wieder exhumiert und auf großen Scheiterhaufen oder Rosten aus Eisenbahnschienen verbrannt, weil sich die Erde über den aufgeblähten Leichen gehoben hatte, Verwesungsgeruch sich ausbreitete und Sickerstoffe das Grundwasser gefährdeten, vor allem aber auch, »weil künftige Generationen diese Dinge vielleicht nicht verstehen könnten«, wie es ein Beamter des Reichsinnenministeriums feinsinnig formulierte.[1] Und schließlich wurde die Mehrzahl der Vernichtungslager völlig beseitigt – an der Stelle des Lagers Treblinka etwa wurde ein Gutshof errichtet.[2]

Trotz dieser Geheimhaltungsversuche drang eine Vielzahl von Gerüchten und Informationen über die Massenvernichtung durch. Neben Andeutungen hinter vorgehaltener Hand gab es auch klare und eindeutige Stellungnahmen, so die Anklage der »Weißen Rose«, die in ihrem zweiten Flugblatt vom Sommer 1942 auf die Tatsache verwies, »dass seit der Eroberung Polens *dreihunderttausend* Juden in diesem Land auf bestialische Weise ermordet worden sind. Hier sehen wir das fürchterlichste

Verbrechen an der Würde des Menschen, ein Verbrechen, dem sich kein Ähnliches in der ganzen Menschheitsgeschichte an die Seite stellen kann.«[3] Mitte 1943 sprach der Württembergische Landesbischof Theophil Wurm in einem Brief an Hitler ganz offen davon, »die dem deutschen Zugriff unterliegenden Nichtarier« seien »in größtem Umfange beseitigt worden«, und diese viel besprochenen Ereignisse stellten eine schwere Gewissenslast für viele dar.[4]

Das fragmentarische, aber von bösen Ahnungen begleitete Wissen vieler Zeitgenossen um den Holocaust[5] wurde nach dem Zusammenbruch des NS-Regimes zu einer unausweichlichen Gewissheit. Die ersten Berichte der überlebenden Opfer trugen dazu bei, vor allem aber auch die Aussagen einer Reihe von Tätern. So berichtete etwa Otto Ohlendorf, ehemals Leiter der Einsatzgruppe D, als Zeuge im Nürnberger Prozess gegen die Hauptkriegsverbrecher ungerührt über die Erschießung von mehr als 90 000 Juden in der südlichen Ukraine und auf der Krim.[6] Und Rudolf Höß, der Kommandant von Auschwitz, der von Kurt Kauffmann, dem Anwalt Ernst Kaltenbrunners, ehedem Chef des Reichssicherheitshauptamtes, als – wohlgemerkt! – Entlastungszeuge aufgerufen wurde, berichtete über die massenweise Vergasung von Juden in diesem Lager.[7]

Das Wissen über den Holocaust oder die Shoah, wie die inzwischen gebräuchlichen Bezeichnungen für die systematische Ermordung der im nationalsozialistischen Machtbereich befindlichen Juden lauten, wurde seither immer differenzierter und umfangreicher. Gerichtsprozesse, wissenschaftliche Forschungen und Erinnerungsberichte brachten immer mehr Details und Tiefenschärfe.

Ziemlich frühzeitig erschienen aber auch Publizisten auf der Szenerie, die versuchten, die Verbrechen des Nationalsozialismus gegen die Menschheit erst zu verharmlosen und schließlich völlig zu leugnen. Die Vertreter dieser Tendenz haben sich die Selbstbezeichnung »Revisionisten« zugelegt und treten mit sensationsheischendem Enthüllungsgestus und Wissenschaftlichkeitsanspruch zugleich auf.

Die Entwicklung der Holocaust-Leugnung

Die Leugnung des Holocaust war von Anfang an ein internationales Phänomen. Das wahrscheinlich früheste Zeugnis dieser Tendenz sind die Schriften des französischen Neofaschisten Maurice Bardèche.[8] In seinem 1948 erschienenen Buch »Nuremberg ou La Terre Promise«[9] behauptete er, die Angeklagten des Hauptkriegsverbrecherprozesses hätten keine Kenntnis vom Massenmord an den Juden in den Vernichtungslagern gehabt. »Es ist in der Tat sehr wohl möglich, dass Himmler eine ganz persönliche Politik durchführte, die er insgeheim in die Tat umsetzte und für die nur er persönlich die Verantwortung trug«,[10] spekulierte Bardèche, der damit unausgesprochen auch Adolf Hitler und den Nationalsozialismus von der Verantwortung für die Shoah freisprach. Bardèche ging es mit seinem von Antisemitismus und Rassismus durchtränkten Machwerk letztlich um eine Rehabilitation nationalsozialistisch-faschistischen Gedankenguts, indem er dessen letzte Konsequenz, die kaltblütige Ermordung unschuldiger Männer, Frauen und Kinder leugnete.

Ins gleiche Horn stieß der ehemalige Kommunist und Sozialist Paul Rassinier, der als Angehöriger der Résistance in Buchenwald und Dora inhaftiert gewesen war. Dieses Schicksal schien ihn zur Kronzeugenschaft zu prädestinieren. 1950 trat er mit dem ersten einer Reihe von Büchern hervor, in denen er die Verantwortung für die verheerenden Zustände in den Lagern vor allem den Funktionshäftlingen und ausdrücklich nicht der SS zur Last legte und die Existenz einer gezielten Vernichtungspolitik gegen Juden abstritt.[11] Allerdings enthielt seine Schilderung eine ganze Reihe von Unstimmigkeiten; beispielsweise behauptete er, im Lager dem KPD-Vorsitzenden Ernst Thälmann begegnet zu sein, der jedoch nie in Buchenwald gefangen gewesen war, sondern dorthin erst am 18. August 1944 verbracht und noch am selben Tag ermordet worden war.[12]

Rassinier hatte seine Behauptungen zunächst noch vorwiegend als Zweifel formuliert, radikalisierte sich jedoch zunehmend: Im Vorwort zur vierten Auflage der »Lüge des Odysseus« stellte er bereits die These auf, Zeugenaussagen über die systematische Vernichtung in Gaskammern seien von ehemaligen Funktionshäftlingen, die durch Unterschlagung und Brutalität den Tod von 82 Prozent der KZ-Häftlinge verursacht hätten, zur Ablenkung von der eigenen Schuld in die Welt gesetzt worden.[13] In späteren Werken erklärte Rassinier unter anderem die Juden der Welt zu Verursachern des Zweiten Weltkriegs.[14] Rassinier war, wie Lothar Baier gezeigt hat, von einem verqueren Pazifismus getrieben, der keine moralischen Unterschiede zwischen den Krieg führenden Parteien des Zweiten Weltkriegs gelten lassen wollte. Die Gaskammern,»waren das letzte Hindernis auf dem Weg zur historischen Anklagebank, auf die der Pazifist Rassinier sämtliche Krieg führenden Parteien und nicht nur die deutsche bringen wollte – deshalb mussten sie beseitigt werden«.[15] Diese Mischung aus politischem Zweckdenken und moralischem Relativismus ist alles andere als untypisch für Holocaust-Leugner. Bei Rassinier führte sie zu einer Karriere als antisemitischer Propagandist, der sich immer wieder gerichtlich mit Mithäftlingen auseinander zu setzen hatte, die ihn wegen seiner Diffamierungen belangten. Rassinier starb 1967.

Wenige Jahre später betrat ein »würdiger« Nachfolger die Szene. Der Literaturdozent Robert Faurisson veröffentlichte seit Mitte der 70er Jahre Artikel, in denen er behauptete, Gaskammern zur Vernichtung von Juden hätten nie existiert – so 1978 in der von dem bereits erwähnten Maurice Bardèche herausgegebenen Zeitschrift »Défense de l'Occident«. Faurisson verstand es, sich in Szene zu setzen. Er konnte 1978 erreichen, dass »Le Monde« seine Thesen veröffentlichte – allerdings begleitet von einer Gegendarstellung in derselben Ausgabe. Die heftigen Proteste, die er damit auslöste – er wurde sogar von Demonstranten aus der Universität Lyon 2 vertrieben und beantragte seine Versetzung an eine Fernuniversität –, führten dazu, dass sich verschiedene Linksintellektuelle mit ihm solidarisierten. Der berühmte amerikanische Linguist Noam Chomsky, Aktivist der libertären Linken und jüdischer Herkunft, verfasste sogar ein Vorwort für Faurissons Buch »Mémoire en Défense«[16]. Chomsky tadelte darin nicht nur, dass Faurissons Meinungsfreiheit eingeschränkt worden sei, sondern sprach ihn auch, ohne eingehendere Auseinandersetzung mit seinen Thesen, vom Vorwurf des Antisemitismus frei.

Der Soziologe und Kambodscha-Spezialist Serge Thion gab zusammen mit anderen linksorientierten Wissenschaftlern 1980 den Band »Verité historique ou verité politique?« (Historische oder politische Wahrheit) heraus, in dem eine Reihe von Artikeln und Interviews Faurissons publiziert wurden.[17] Der im Titel aufgeworfenen Frage stellte sich Thion indes ebenso wenig wie Chomsky. Beide plädierten für einen offenen Diskurs, ohne dessen Voraussetzungen zu hinterfragen, vor allem die Frage der Wissenschaftlichkeit von Faurissons publizistischen Hervorbringungen, an der zu zweifeln aller Anlass besteht – angefangen bei seinen mangelhaften oder gar nicht vorhandenen Deutschkenntnissen bis hin zu seinen dubiosen Zeugen, wie etwa dem deutschen Rechtsradikalen Thies Christophersen.[18] Thion integrierte sich im Weiteren voll in das Lager der Revisionisten, das 1996 einen weiteren Aufmerksamkeitserfolg für sich verzeichnen konnte, als der ehemalige Hausphilosoph der Kommunistischen Partei Frankreichs, Roger Garaudy, für seine den Holocaust leugnenden Thesen Unterstützung von dem äußerst populären Armenpriester Abbé Pierre erhielt.[19]

Auch in den USA konnte sich die Holocaust-Leugnung in einer Gemengelage von Antisemitismus und einem deutschfreundlichen Isolationismus etablieren. In den 50er Jahren verbreiteten dort antisemitische Kreise in Pamphleten ohne irgendwelche Belege die Behauptung, die angeblich ermordeten europäischen Juden seien als Einwanderer in die USA gekommen. Ein weiteres »Argument« lautete, es könne keine fünf bis sechs Millionen Opfer des Holocaust gegeben haben, da in Deutschland stets weniger als 600 000 Juden gelebt hätten.[20] Es ist natürlich ein äußerst plumper Trick, die Eroberung weiter Teile Osteuropas mit ihrer nach Millionen zählenden jüdischen Bevölkerung unter den Tisch fallen zu lassen, er ist aber insofern aufschlussreich, als er die – inzwischen allerdings weitaus elaboriertere – Propagandatechnik der Holocaust-Leugner illustriert: Durch bewusste Entstellungen werden scheinbare Widersprüche in den Darstellungen der seriösen Historiographie produziert.

Eine Schlüsselfigur der Holocaust-Leugner war Harry Elmer Barnes, ein isolationistisch eingestellter Historiker, der bereits die Beteiligung der USA am Ersten Weltkrieg für einen Fehler gehalten und eine deutsche Kriegsschuld unter anderem auf einer heftig bejubelten Vortragstournee durch Deutschland 1926 bestritten hatte. Auch am Zweiten Weltkrieg trug Deutschland nach Barnes' Auffassung keine Schuld. Diese These vertrat auch David L. Hoggan in seinem Buch »Der erzwungene Krieg«, das 1961 im Tübinger Grabert-Verlag erschien. Seine offenbar unter dem starken Einfluss von Barnes entstandene These, das Dritte Reich sei von Polen und England gleichsam in den Krieg gezwungen worden, wurde von der Fachkritik indes unisono zurückgewiesen und seine Darstellung als tendenziöses und von Fälschungen durchzogenes Machwerk entlarvt.[21] In Hoggans Buch gab es auch Passagen, die die nationalsozialistische Judenverfolgung verharmlosten.[22] Unter dem Einfluss von Faurisson, von dessen Schriften er einige ins Englische übersetzte, wurde Harry Barnes schließlich zum offenen Holocaust-Leugner, der 1968 mit der Behauptung an die Öffentlichkeit trat, israelische Politiker würden sich durch »nichtexistente, mysteriöse, eingebildete Leichen [...] Milliarden von D-Mark erschleichen«.[23] Da lag es nahe, dass ein weiterer Holocaust-Leugner, der Dozent für Elektrotechnik und Computerwissenschaft an der Northwestern University von Evanston/Illinois, Arthur R. Butz, von »dem Jahrhundertbetrug« sprach. Sein 1976 erschienenes Buch »The Hoax of the Twentieth Century« wurde bereits ein Jahr später auch in deutscher Sprache publiziert.[24]

Obwohl diese »Entwicklungshilfe«, wie das Engagement rechtsradikaler Verlage zeigt, sehr willkommen war, mangelte es in Deutschland selbst nicht an Produzenten NS-apologetischer Literatur. Ähnlich wie ihre US-Kollegen hatten sie sich zunächst auf den Versuch konzentriert, das Hitler-Regime von der Verantwortung für die Auslösung des Zweiten Weltkriegs rein zu waschen. Doch die Behauptungen von der Friedensliebe oder Normalität des NS-Regimes konnten angesichts des Massenmorde an den europäischen Juden nie sehr viel an Glaubwürdigkeit gewinnen. Eine Auseinandersetzung mit dem Holocaust war daher unvermeidbar.[25] Sie setzte in den 70er Jahren ein. Es erschien eine ganze Reihe von Publikationen, in denen die Faktizität des Holocaust bestritten wurde, so 1970 das »Hexeneinmaleins der Lüge« von einem gewissen Emil Aretz und 1973 »Die Auschwitzlüge«, ein »Erlebnisbericht« des rechtsradikalen Aktivisten Thies Christophersen, der 1944 als landwirtschaftlicher SS-Sonderführer im KZ Auschwitz eingesetzt gewesen war und daraus eine universale Kompetenz bezüglich der Geschichte des Lagers ableitete. Ausländische Holocaust-Leugner verstärkten die Tendenz. 1979 schließlich gab der Grabert-Verlag in Tübingen das Buch »Der Auschwitz-Mythos« des Hamburger Finanzrichters Wilhelm Stäglich heraus.

Stützte sich Thies Christophersens Auschwitz-Idyll noch ganz auf die von ihm beanspruchte Autorität des Augenzeugen, so wurde in späteren Publikationen mehr Wert auf den Anschein der Wissenschaftlichkeit gelegt. Subtiler als die Aufrechnung der Zahl der jüdischen Bürger Deutschlands mit der der Holocaust-Opfer waren die neuen Methoden allemal, aber immer noch brachial genug. So »analysierte« Wilhelm Stäglich das von ihm zur Fälschung erklärte Protokoll der Wannsee-Konferenz mit einer höchst eigenwilligen Methode. Alle Sätze, die trotz der benutzten verschlüsselten Sprache ziemlich eindeutig auf die Vernichtungsabsichten hinwiesen, erklärte er schlichtweg für sinnwidrig und daher fälschungsverdächtig. Zum Beweis seiner Vermutungen bediente sich Stäglich der für sein Vorhaben besonders geeigneten Zirkelschlussmethode: »Im übrigen lässt sich auch hier wieder die Probe aufs Exempel machen, in dem man die fragwürdigen Sätze aus der Niederschrift streicht.«[26] Dann, so Stäglich, offenbare sich der eigentliche Zusammenhang. Solchermaßen frisiert, zeugt das Protokoll schließlich nur noch von den fürsorglichen Bestrebungen des NS-Regimes, den Juden neuen Lebensraum im Osten zu verschaffen.

Ein jüngeres »Standardwerk« ist das 1993 erschienene Buch »Der Holocaust-Schwindel« des Schweizers Jürgen Graf, das sich im Wesentlichen auf die Produktion der bereits genannten Holocaust-Leugner stützt und mit einem Vorwort von Robert Faurisson versehen ist.[27] Anfang des Jahres 2001 sah sich die Schweizer Regierung gezwungen, sich in einer offiziellen Demarche an den Libanon von Graf zu distanzieren, der für März/April eine internationale Zusammenkunft von Holocaust-Leugnern in Beirut plante.[28] Graf, der sich der Vollstreckung eines Urteils zu 15 Monaten Haft wegen seiner antisemitischen Propaganda durch Flucht in den Iran entzogen hatte, stieß mit seinem Vorhaben auch auf den Protest von 14 prominenten arabischen Intellektuellen, darunter namhafte Mitglieder der PLO. Diese verurteilten sein antisemitisches Unterfangen und den Versuch, die palästinensische Sache mit Holocaust leugnender Propaganda zu vermengen.[29]

Dieser Vorfall verweist darauf, dass die »Revisionisten« bestrebt sind, ihr internationales Netz auszubauen, das sich auf Aktivisten, Verlage, Homepages und das Institute for Historical Review in Kalifornien stützt. Die Entwicklungsachsen der Kooperation orientieren sich dabei ziemlich eindeutig am Bündnissystem und Sympathisantengeflecht der faschistisch-autoritären Mächte der Weltkriegszeit. Dass auch Gegner des Staates Israel im Nahen Osten für die Behauptungen der Holocaust-Leugner anfällig sind, ist nicht weiter erstaunlich.[30]

Einflüsse und Aufwertungen

Auch wenn die »revisionistische« Geschichtspropaganda wohl im Wesentlichen nur den engeren Kreis der Gläubigen und Leichtgläubigen erreicht, gelang es den Holocaust-Leugnern doch immer wieder, die Isolation des »lunatic fringe« zu durchbrechen.

Im Jahre 1978 hatte der renommierte Frühneuzeithistoriker Hellmut Diwald in seinem Versuch einer Gesamtdarstellung der »Geschichte der Deutschen« die These vertreten, »eins der grauenhaftesten Geschehnisse der Moderne« sei »durch bewusste Irreführungen, Täuschungen, Übertreibungen für den Zweck der totalen Disqualifizierung eines Volkes« ausgebeutet worden. Diwald behauptete, bei den im KZ Dachau installierten Gaskammern handele es sich um Attrappen, zu deren Bau das amerikanische Militär nach der Kapitulation inhaftierte SS-Angehörige gezwungen hätte. In Auschwitz-Birkenau habe es so hohe Sterblichkeitsziffern gegeben, weil dort die nicht arbeitsfähigen Häftlinge konzentriert worden seien. Himmler habe sich bemüht, die Todesrate zu senken. Unter dem Topos der »Endlösung« sei zunächst die Auswanderung oder die Evakuierung der Juden in den Osten zu verstehen gewesen. »Was sich in den folgenden Jahren tatsächlich abgespielt hat, ist in den zentralen Fragen immer noch ungeklärt«, schrieb Diwald.[31]

Auch wenn sich seine Behauptungen leicht widerlegen ließen – so liegen etwa über den Bau der Gaskammern im KZ Dachau, die allerdings nie zu dem geplanten Einsatz kamen, zeitgenössische Baupläne aus den 40er Jahren sowie Zeugenaussagen vor,[32] und was sich in Auschwitz-Birkenau abgespielt hatte, wussten auch Nichthistoriker spätestens seit dem großen Frankfurter Auschwitz-Prozess (1963–1965) genauer als der Erlanger Ordinarius Diwald –, auch wenn seine Behauptungen also jeglicher Basis entbehrten und er seiner vor allem auf seine Studien zur frühen Neuzeit gegründeten wissenschaftlichen Reputation einen kaum wieder gutzumachenden Schaden zugefügt hatte, wurde Diwald von den marginalisierten Holocaust-Leugnern als Bundesgenosse gefeiert, der einen Brückenkopf im Lager der akademischen Historiographie bildete.

In einer 1994 erschienenen Gedenkschrift für Diwald fanden Kollegen und Freunde, aber auch rechtskonservative und einschlägig bekannte rechtsradikale Autoren einträchtig zusammen.[33] Kritiker von Diwalds Geschichtsklitterungen werden in diesem Band persönlich herabgewürdigt,[34] während Wilhelm Stäglich für die quellenkritischen »Meisterleistungen« seines »Auschwitz-Mythos« überschwängliches Lob erntete.[35] Auch Wigbert Grabert, Verleger sowohl von Stäglichs Machwerk als auch der Gedenkschrift für Diwald, steuerte zu letzterer einen Beitrag bei, in der er die produktive Zusammenarbeit mit Diwald pries.[36]

1996 kam es in München zu einem Skandal, als die Presse über Äußerungen des Dozenten des Geschwister-Scholl-Instituts für Politische Wissenschaft, Erwin Adler, in einer Vorlesung zur Ideologie des Nationalsozialismus berichtete. Er hatte zur Frage, ob es systematische Judenvergasungen gegeben habe, erklärt: »Ich muss mich hier der persönlichen Meinung enthalten, ich weiß es einfach nicht, ich war nicht dabei.«[37] Während die Institutsleitung und das Dekanat der Sozialwissenschaftlichen Fakultät hier offenbar keinen Anlass zum Eingreifen sahen, untersagte die Universitätsleitung Adler die Fortführung seiner Vorlesung.[38]

In der Folge dieser Vorgänge kam auch der Dekan der Sozialwissenschaftlichen Fakultät, Hans Wagner, ins Gerede, der erklärt hatte, die Adlerschen Ausführungen seien weder straf- noch disziplinarrechtlich relevant, sondern lediglich von mangelnder Sensibilität geprägt. Das Ganze sei eine Geschmacksfrage. Es waren jedoch weniger diese Beschwichtigungsversuche als sein eigener Beitrag in der Gedenkschrift für Hellmut Diwald, die Hans Wagner ins Kreuzfeuer der Kritik geraten ließen. Hier entfaltete Wagner in offenkundig apologetischer Absicht die These, die deutsche Bevölkerung hätte das Verbrecherische an Hitlers Politik nicht erkennen können, da sie ausschließlich auf die Informationen der nationalsozialistischen Presse angewiesen gewesen sei. Auf die Informationen und die Realitätserfahrung des Widerstands und der Verfolgten sowie die von Hunderttausenden, wenn nicht Millionen gehörten »Feindsender« sowie die mündliche Vermittlung von Informationen ging er dabei nicht ein.[39] Tatsächlich, so haben mehrere, seit Anfang der 60er Jahre angestellte Umfragen ergeben, haben rund 30 % der damaligen deutschen Bevölkerung vor Kriegsende vom Massenmord an den Juden gehört.[40]

Zur Aufwertung der Holocaust-Leugner hat auch der durch bedeutende Forschungen ausgewiesene Historiker Ernst Nolte mit einer höchst zwiespältigen Haltung beigetragen. Bereits 1980 hatte er sich in einem Vortrag bei der Carl-Friedrich-Siemens-Stiftung lobend auf Hoggans Buch »Der erzwungene Krieg« bezogen[41] und des Weiteren argumentiert, die Erklärung des Chefs der Jewish Agency, Chaim Weizmann, vom August/September 1939, die Juden würden im bevorstehenden Krieg auf der Seite Englands kämpfen, vermöge die These zu begründen, »dass Hitler die deutschen Juden als Kriegsgefangene behandeln und d. h. internieren durfte«.[42] Nolte war auf die Weizmann-Erklärung in David Irvings 1977 erschienenem Buch »Hitler's War« gestoßen, das wegen der darin enthaltenen These Furore machte, der systematische Massenmord an den europäischen Juden sei auf Himmlers Initiative und ohne Wissen Hitlers initiiert worden.[43] Dass Nolte an diesen Fund eine so absurde Interpretation knüpfte, ist umso erstaunlicher, als er klar Irvings Intention erkannte, Hitler zu rechtfertigen, und in aller Deutlichkeit erklärte, dass die zentrale Quelle, die der britische Publizist für seine Behauptung anführte, Hitler habe die Liquidierung von Juden ausdrücklich verboten, tatsächlich das Gegenteil belegt.[44] Aber weder von der Tatsache, dass bereits im Zuge des »Kristallnacht«-Pogroms vom November 1938 über 26 000 jüdische Männer in die KZ Buchenwald, Dachau und Sachsenhausen eingeliefert wurden – ganz ohne irgendeine »Kriegserklärung« –, ließ sich Nolte in seiner Argumentation irritieren, noch von dem Umstand, dass weder die Jewish Agency for Palestine noch die Zionistische Weltorganisation, denen Weizmann vorstand, Völkerrechtssubjekte waren und dass Letztere nur rund sechs Prozent der gesamten jüdischen Bevölkerung auf der Welt vertrat und im Übrigen über keine bewaffnete Macht verfügte.[45] Als Nolte mit einer anderen, hier nicht zu erörternden These zum Auslöser des »Historikerstreits« wurde, wurde ihm auch seine Weizmann-Äußerung immer wieder vorgehalten, die er mit einem erheblichen Aufwand an Spitzfindigkeiten verteidigte.[46]

Ernst Nolte ist kein Holocaust-Leugner, und er ist klug genug, bestimmte Manipulationen und Entstellungen der Vertreter dieser Richtung zu erkennen.[47] Dennoch stellt er sie mit der Feststellung, der »radikale Revisionismus« sei »das genaue Gegenbild zu der etablierten Literatur«[48], auf eine Stufe mit der wissenschaftlichen Zeitgeschichtsforschung. Damit soll offenbar Raum für eine dritte Position, wohl so etwas wie einen »gemäßigten Revisionismus« geschaffen werden, der sich indes vor allem dadurch auszeichnet, dass er einzelne typische und historisch nicht haltbare Denkfiguren der als »radikale Revisionisten« bezeichneten Holocaust-Leugner in Form von Behauptungen und Hypothesen ohne kritische Prüfung aufgenommen hat.[49]

Propagandistische Strategien und Wissenschaftsmimikry

Tatsächlich handelt es sich bei der Holocaust-Leugnung aber nicht um irgendeine Form von Wissenschaft, auch nicht um die Vertretung aufgrund von Irrtümern entstandener Thesen, sondern um eine spezifische Form politischer Propaganda, deren Ausgangspunkt und Zweck der Antisemitismus ist.

Bezeichnend für die Holocaust-Leugner ist, dass sie eine enorm große Gruppe von Zeugenaussagen zu dem von ihnen bestrittenen Geschehen von vornherein nicht heranziehen und ablehnen, nämlich die vielen Aussagen der Überlebenden des Holocaust, die sich in Prozessmaterialen, wissenschaftlichen Arbeiten, Erinnerungen sowie Ton- und Filmaufzeichnungen niedergeschlagen haben. Selbstverständlich hat der Historiker jede Aussage quellenkritisch zu prüfen. Die pauschale Verwerfung einer ganzen Gruppe von Zeugnissen hat indes damit nichts zu tun. Es gibt nur einen Grund, bei der Befassung mit dem Holocaust die Aussagen der jüdischen Überlebenden generell zu ignorieren oder sie in Bausch und Bogen abzulehnen, nämlich die Annahme, Juden würden über dieses Geschehen bewusst und koordiniert die Unwahrheit verbreiten. Am Anfang steht also hier das antisemitische Stereotyp von einer jüdischen Weltverschwörung zur Beherrschung und Ausbeutung der Nichtjuden, das auch den Kern der NS-Ideologie bildete, nicht eine unvoreingenommene Suche nach historischer Wahrheit. Auch ein antisemitisch vorbelasteter Interessierter würde indes, den ehrlichen Willen zur Erkenntnis vorausgesetzt, selbst unter Außerachtlassung der Aussagen der Verfolgten aufgrund der Aussagen von Beteiligten der Täterseite und der Masse der überlieferten Dokumente die Absurdität der den Holocaust leugnenden Propaganda erkennen müssen. Woran es bei den Holocaust-Leugnern allerdings fehlt, ist eben der ehrliche Wille zur Erkenntnis. Zu Recht hat der Historiker Hermann Graml erklärt, den Leugnern des Holocaust und des Massenmordes in Auschwitz könne subjektive Aufrichtigkeit nicht zugebilligt werden.[50] Mit Blick auf die Aussagen von Wilhelm Stäglichs »Auschwitz-Mythos« stellte Graml zutreffend auch für dessen Vorläufer und Nachfolger fest:

»Nun mag man dem Besitzer einer hoch entwickelten politischen Wahnvorstellung – und überzeugter rassistischer Antisemit ist Stäglich – so manche Torheit zutrauen, die in evidentem Widerspruch zur Realität steht. Dass aber das ›internationale Judentum‹ eine gigantische Fälscherwerkstatt eingerichtet hat, in der zahllose Dokumente der unterschiedlichsten Herkunft exakt im unverwechselbaren Stil des jeweils angegebenen Verfassers oder der jeweils genannten Dienststelle fabriziert wurden, dass das ›Weltjudentum‹ zugleich eine Vertriebsorganisation schuf, die es fertig brachte, alle diese Fälschungen ins Bundesarchiv, ins Freiburger Militärarchiv, in die National Archives der USA und in viele sonstige Archive des In- und Auslandes zu schleusen, dass es dem Judentum ferner gelungen ist, alle die nach dem Krieg in Endlösungs-Prozessen Angeklagten um ihr Leben zittern und zumindest den Massenmord bestätigen, oft sogar die eigene Beteiligung eingestehen zu lassen, dass die ›internationale jüdische Verschwörung‹ schließlich mächtig genug ist, den Justizapparat der Bundesrepublik zu einer ganzen Serie von Prozessen über imaginäre Verbrechen und dabei auch noch zur Ermordung eines angeblich nicht aussagewilligen SS-Sturmbannführers zu zwingen (der in der Untersuchungshaft Selbstmord beging) – an all diese Leistungen zu glauben, kann Wilhelm Stäglich nicht abgenommen werden.«[51]

In der Tat – wer den verschwörungstheoretischen Gedankengängen der Holocaust-Leugner zu folgen versucht, findet sich ständig in Sackgassen wieder. Wenn die Prozesse wegen NS-Verbrechen tatsächlich politisch gesteuert sind, wieso steht dann einer Zahl von rund 100 000 von deutschen Staatsanwaltschaften erhobener Beschuldigungen die relativ geringe Zahl von 6000 Verurteilungen, davon eine große Zahl in minderschweren Fällen, gegenüber?[52] Wenn angeblich so viele Dokumente über das Dritte Reich und den Holocaust gefälscht sind, warum wurden dann die angeblichen »Hitler-Tagebücher« als Fälschung entlarvt? Und eine Mühe haben sich die Holocaust-Leugner nie gemacht, nämlich dem Verbleib der Holocaust-Opfer nachzugehen, von denen Millionen namentlich bekannt sind.

Die intellektuelle Unredlichkeit der Holocaust-Leugner ist wohl noch in keinem Fall mit einem solchen Aufwand und so schlagend gezeigt worden wie in dem Prozess, den der britische Publizist und Holocaust-Leugner David Irving gegen die amerikanische Historikerin Deborah Lipstadt und ihren Verlag Penguin Books angestrengt hat. Er hat von Januar bis April 2000 in London stattgefunden.[53] Irving, der sich als historischer Autodidakt einen gewissen Ruf durch seine ersten Publikationen und vor allem durch seine teilweise abenteuerlichen Methoden bei der Suche nach unbekannten und verschollenen Quellen gemacht hatte, glitt zunehmend in das rechtsradikale Lager ab, von dem er schon Anfang der 80er Jahre durch Preisverleihungen intensiv umworben wurde. Er trat insbesondere seit 1989 auf einer Vielzahl von Veranstaltungen rechtsextremer Organisationen in Deutschland als Leugner des Holocaust auf, bis Ende 1993 die bayerische Landeshauptstadt München seine Ausweisung erreichte.[54] Er hat auf diese Weise seine einstige Reputation weitgehend verspielt, was sich auch auf den Absatz seiner Manuskripte und Bücher auswirkte.

Irving wollte die amerikanische Historikerin jüdischer Herkunft dafür haftbar machen, die ihm in ihrem Buch über Holocaust-Leugner Antisemitismus, Rassismus und die Entstellung von Dokumenten vorgeworfen hatte.[55] Der Prozess wurde allgemein mit großer Spannung erwartet, weil er als Musterauseinandersetzung zwischen den Holocaust-Leugnern und ihren Gegnern galt. Dabei war Irving zunächst in einer vorteilhaften Position, weil das britische Recht in Verleumdungsverfahren dem Beklagten die Beweispflicht auferlegt – hier also Deborah Lipstadt und ihrem Verlag. Sollte er allerdings von dem Prozess tatsächlich eine Bestätigung der Solidität seiner Arbeiten erwartet haben und nicht nur öffentliche Aufmerksamkeit, so hat er mit der Klage eine der größten Dummheiten seines Lebens begangen, denn das Verfahren endete für ihn in einem Desaster. In allen entscheidenden Punkten erhielten die Beklagten, die eine Reihe profilierter Historiker als Gutachter aufboten, Recht. Dass die unappetitlichen und dümmlichen antisemitischen und rassistischen Zoten, die Irving öffentlich und privat abgesondert hat, und seine intensiven und freundschaftlichen Kontakte zu Führungsfiguren und Organisationen der rechtsextremen Szene seine Geisteshaltung hinreichend erkennen lassen, ist ein wichtiges Ergebnis des Prozesses.

Bedeutsamer aber noch ist der Befund, dass seine Schriften von Verfälschungen und Entstellungen durchsetzt sind, die keineswegs zufälliger Natur sind. Sie dienen vielmehr dem Zweck, wissenschaftlich unhaltbare Thesen plausibel erscheinen zu lassen, wie etwa jene, Hitler sei »der beste Freund gewesen, den die Juden im Dritten Reich hatten«, oder in Auschwitz habe es keinerlei Gaskammern gegeben. Richter Charles Gray kam in seinem über 300 Seiten langen und penibel ausgearbeiteten Urteil zu dem Schluss, »dass Irving aus seinen eigenen ideologischen Gründen beharrlich und willkürlich historische Tatsachen verzerrt und manipuliert hat; dass er aus denselben Gründen Hitler in einem nicht gerechtfertigten vorteilhaften Licht porträtiert hat, insbesondere hinsichtlich seiner Haltung gegenüber den Juden und seiner Verantwortung für ihre Behandlung; dass er ein aktiver Holocaust-Leugner ist; dass er ein Antisemit und Rassist ist und sich mit Rechtsextremisten verbindet, die den Neo-Nazismus propagieren.«[56]

Während des Prozesses musste Irving eine Fülle von Fehlern in seinen Schriften zugeben,[57] und er akzeptierte sogar einige von ihm früher bestrittene historische Sachverhalte, unter anderem, dass die Lager Chelmno, Belzec und Sobibor Zentren einer systematischen Vernichtung von Juden waren, was für einen Holocaust-Leugner auf eine intellektuelle Kapitulationserklärung hinausläuft. Allerdings erklärte er später, er habe dies nur eingeräumt, um den Gang des Verfahrens zu beschleunigen und damit eine detailliertere Behandlung des Themas »Auschwitz« zu ermöglichen.[58] Wie dieses taktische Verhältnis zur Wahrheit mit der Haltung eines wissenschaftlich integeren Historikers vereinbar sein soll, die er für sich so gern in Anspruch nimmt, muss wohl Irvings Geheimnis bleiben.

Die Holocaust-Leugner stören sich an solchen Widersprüchen ebenso wenig wie daran, dass in London einer der Ihren als hemmungsloser Manipulateur entlarvt wurde. Sie interpretieren den Prozess als einen Sieg des »internationalen jüdischen Gedankenkontroll-Apparats«[59] und sehen darin »nur einen zeitweiligen Rückschlag für den letztlich unaufhaltsamen Marsch der revisionistischen Schule«.[60] Durchdrungen vom Glauben an den Endsieg ihrer totalitär-antisemitischen Weltsicht, lassen sich die »Revisionisten« von Tatsachen nicht beeindrucken. Das zeigt sich beispielsweise auch darin, dass sie angebliche Aussagen von Institutionen auch dann noch weiterverbreiten, wenn diese von ihren angeblichen Urhebern längst dementiert worden sind. Lange Zeit war beispielsweise die Behauptung, die UNO oder das Internationale Rote Kreuz hätten festgestellt, in der Zeit des Dritten Reichs seien nur 200 000 Juden gestorben, ein solcher Dauerbrenner.[61]

Regelmäßig stößt man in Schriften der Holocaust-Leugner auf die Entstellung von Quellen, u. a. durch aus dem Zusammenhang gerissene und verdrehte Zitate. Besonders pikant ist dabei, dass die Urheber solcher Verfälschungen ihre eigenen Praktiken nicht selten der seriösen Historiographie zuschreiben.[62] In der Psychologie wird diese Verhaltensweise als »Projektion« bezeichnet. »Nur ein Ich, das seine Fähigkeit, die Realität in richtiger Weise zu prüfen bereitwillig aufgibt, wird sich die ausgedehnte Anwendung dieser Abwehr gestatten«, stellt der Psychoanalytiker Charles Brenner hierzu fest.[63]

Holocaust-Leugner leben in einer von bestimmten Aspekten der Realität streng abgekapselten Geisteswelt, die durch eine pseudowissenschaftliche Literatur abgestützt wird. Es scheint, dass dazu neuerdings auch noch die passenden Pseudoquellen kommen. So brachte der einschlägig bekannte Druffel-Verlag in Berg am Starnberger See, dessen Eigentümer der wegen Volksverhetzung vorbestrafte Gert Sudholt ist, unter dem Titel »Geheimakte Gestapo-Müller« ein zweibändiges Werk in Umlauf, das angebliche Aufzeichnungen von Gesprächen des Chefs der Gestapo, Heinrich Müller, mit einem amerikanischen Geheimdienstagenten enthält, die 1948 in der Schweiz geführt worden sein sollen.[64] Müller, dessen Schicksal am Kriegsende bislang nicht zweifelsfrei geklärt werden konnte, sei, so heißt es in der Einleitung, in der Nacht vom 29. auf den 30. April 1945 unter Mitnahme einer großen Menge von Dokumenten mit einem Flugzeug in die Schweiz geflüchtet und habe sich dort niedergelassen. Als Herausgeber der Publikation fungiert ein gewisser Gregory Douglas.[65]

Die Aussagen des angeblichen Müller stecken voller Verharmlosungen der NS-Vernichtungspolitik und Herabwürdigungen der Opfer des NS-Regimes. Der angebliche »Müller« tischt fast alle gängigen rechtsextremen Legenden auf. So wird, um nur ein Beispiel zu nennen, behauptet, das Massaker von Babi Jar sei von einer ukrainischen Miliz begangen worden und habe rund 3000 Opfer gefordert. Der Anführer der Milizen sei später wegen Ungehorsams erschossen worden.[66] Tatsächlich wurden in der Schlucht bei Kiew vom (deutschen) Sonderkommando 4a über 33 000 Juden erschossen, was aus überlieferten Tätigkeitsberichten der Einsatztruppen eindeutig hervorgeht.[67]

Die Publikation ist gespickt mit Widersprüchen. So erklärt der Gestapo-Chef bei Douglas beispielsweise, er habe den Bischof von Münster, Graf von Galen, vor Verfolgung geschützt, als dieser die Euthanasie kritisiert habe, und zwar weil er selbst eine geistig behinderte Tochter habe. Tatsächlich trifft das keineswegs zu.[68] Im Vorwort klagen Herausgeber und Verleger einerseits, keine Institution und kein Archiv der Welt sei bereit, die angeblichen Müller-Dokumente der Öffentlichkeit zugänglich zu machen, zugleich wird erklärt, man werde Historiker, die doch nur auf ihren eigenen Vorteil bedacht seien, und deutsche Beamte nicht an die Akten heranlassen.[69] Das Vorwort der Publikation enthält, wie in wissenschaftlichen Werken üblich, eine Reihe von Danksagungen. Allerdings hat es ein russisches Archiv mit der Bezeichnung, die dort genannt wird, nie gegeben. Und ein »Dr. Waldo Heinrichs«, dem als Mitarbeiter der Zentralen Stelle in Ludwigsburg gedankt wird, war bei dieser Einrichtung, die Vorermittlungen bei NS-Verbrechen führt, nie tätig.[70] Schon seit längerem ist bekannt, dass der angeblich am 29./30. April geflüchtete Müller noch am 1. und 2. Mai von insgesamt sechs Augenzeugen in der Reichskanzlei beobachtet worden ist.[71]

Im Frühjahr 2001 wurden die CIA-Akten über Gestapo-Müller freigegeben und von einer Historikerkommission unter Vorsitz des renommierten NS-Forschers Richard Breitman analysiert. Diese kam zu dem Schluss, dass die CIA niemals Kontakt zu Gestapo-Müller hatte.[72] Das Fazit dieser Beobachtungen, zu denen eine Fülle weiterer hinzugefügt werden könnte, ist eindeutig: Bei der so genannten »Geheimakte Gestapo-Müller« handelt es sich um nichts anderes als um eine plumpe Fälschung mit dem Zweck, rechtsradikale Propagandalügen als Quellenaussagen zu verkaufen und deren Verbreiter juristisch unangreifbar zu machen.

Um ihren pseudowissenschaftlichen Hervorbringungen Glaubwürdigkeit zu verschaffen, stellen die Holocaust-Leugner seit einiger Zeit auch naturwissenschaftliche Verfahren in den Dienst ihrer Sache, wobei sie ähnliche Standards an den Tag legen wie bei ihren »Quellenforschungen«. 1988 entnahm der amerikanische Hinrichtungsexperte Fred Leuchter in den Gaskammern von Auschwitz Gesteinsproben, die er von einem Labor in den USA untersuchen ließ. Die insbesondere im Vergleich zu den ebenfalls vorgelegten Proben aus Auschwitzer Entlausungsanlagen sehr geringen Zyanid-Rückstände, die dabei festgestellt wurden, führten Leuchter zu dem Schluss, dass in Auschwitz keine Gaskammern zur Vernichtung von Menschen existierten. Der »Leuchter-Report« wurde zu einem Schlager der rechtsextremen Geschichtspropaganda. Sehr schnell stellte sich indes heraus, dass Leuchter von der völlig falschen Annahme ausgegangen war, zur Tötung von Menschen sei eine höhere Zyklon-B-Konzentration erforderlich als zur Vernichtung von Läusen. Tatsächlich erfordert die Entlausung mehr als das 20fache der Konzentration, die ausreicht, Menschen umzubringen. Überdies waren die groben Gesteinsproben Leuchters völlig unbrauchbar, da das Zyanid nur in der sprichwörtlichen »Haaresbreite« in das Mauerwerk eindringt. Dies und weitere Widersprüche und Fehler Leuchters wurden im Irving-Verfahren erneut bestätigt.[73] Auch das 1992 erstellte Gutachten des deutschen Diplomchemikers Germar Rudolf, das zu denselben Schlüssen kam wie der Leuchter-Report, wurde von Fachleuten als unwissenschaftliches Machwerk zerpflückt.[74]

An dem so genannten Rudolf-Gutachten, dessen Autor bereits zu Studienzeiten in der deutschen rechtsextremen Szene verankert war, ist besonders der Entstehungszusammenhang interessant, der auf die historische Kontinuität des Rechtsextremismus verweist. Rudolfs Elaborat sollte als Expertise in einem Gerichtsverfahren gegen den rechtsextremen Propagandisten Otto Ernst Remer dienen.[75] Dieser hatte noch in der Zeit des Dritten Reichs eine verhängnisvolle Rolle gespielt. Er war Kommandeur des Berliner Wachregiments »Großdeutschland«, das die Verschwörer des 20. Juli 1944 zur Abriegelung des Regierungsviertels einsetzen wollten. Remer nahm aber Kontakt mit Goebbels auf, wurde telefonisch mit dem überlebenden Hitler verbunden und folgte schließlich dessen Befehl, den Aufstand niederzuschlagen. Bereits in der Frühzeit der Bundesrepublik wurde Remer zu einem Exponenten des Neonazismus. Er blieb bis zu seinem Tod 1997 einer der fanatischsten deutschen Rechtsextremisten. 1994 war er vor der Justiz nach Spanien geflohen.[76] Sein Gutachter Rudolf wurde 1995 selbst wegen Volksverhetzung und Verunglimpfung des Andenkens Verstorbener zu einer Haftstrafe von 14 Monaten verurteilt, entzog sich aber durch Flucht ins Ausland, von wo aus er seither unter seinem neuen Namen Germar Scheerer und dem Pseudonym Ernst Gauss rechtsextreme Geschichtspropaganda betreibt.

Konsequenzen

Einen »Amoklauf gegen die Wirklichkeit« hat Martin Broszat die Bestrebungen der Holocaust-Leugner sehr treffend genannt,[77] mithin also ein Unternehmen, das per definitionem zum Scheitern verurteilt ist. Harmlos jedoch ist es damit keineswegs.

Ideologisches Denken blendet unangenehme Aspekte der Wirklichkeit aus – um aber dennoch ein vollständiges Weltbild zu erhalten, werden Surrogate gesucht, gewöhnlich Sündenböcke, auf die die ganze Wut über die Defizite projiziert wird, die die eigene Weltsicht aufweist. Die Wurzel und die Frucht eines solchen Denkens ist Hass. Das ist keine neue Einsicht. Sie ist beispielsweise bereits etymologisch in dem russischen Wort für »hassen« enthalten: »Nenavidet'« heißt nichts anderes, als »etwas nicht anschauen«. Wie handlungsmächtig solcher Hass werden kann, dafür bietet das 20. Jahrhundert mehr als genug Anschauungsmaterial und leider auch noch das 21. – gerade hinsichtlich des Rechtsextremismus und Antisemitismus in Deutschland. Die Propaganda der »Holocaust-Leugner« erfordert daher schützende Vorkehrungen.

Zu diesen gesellschaftlichen Vorkehrungen gehören insbesondere auch die strafrechtliche Ahndung der Holocaust-Leugnung und die Indizierung entsprechender Schriften. Vonseiten der Holocaust-Leugner ergeht ein ständiger Strom an Klagen, dass die freie Forschung und Meinungsäußerung unterbunden werde. Dies ist natürlich in hohem Maße eine juristische Frage und wird in verschiedenen Ländern unterschiedlich gesehen. Der Bundesgerichtshof und das Bundesverfassungsgericht haben sich 1994 mit der juristischen Problematik beschäftigt und im Wesentlichen die gängige Praxis bestätigt.[78]

Man muss indes kein Spitzenjurist sein, um das fadenscheinige Freiheitspathos der Holocaust-Leugner als Heuchelei zu erkennen: Die von den Menschenrechtsdeklarationen und dem Grundgesetz garantierte Forschungsfreiheit bezieht sich auf wissenschaftliche Untersuchungen. Diese gehen von Hypothesen aus, die kritisch geprüft und je nach den empirischen Ergebnissen modifiziert, bestätigt oder verworfen werden. Die Holocaust-Leugner wenden ein anderes Verfahren an: Sie gehen von antisemitischen Vorurteilen aus, die die Zurkenntnisnahme der Zeugnisse der Verfolgten von vornherein ausschließt, und sie verwerfen auch alle übrigen Quellen und Zeugnisse, die ihrer vorgefassten Sichtweise entgegenstehen. Die daraus gezogene »Schlussfolgerung«, dass es keinen systematischen nationalsozialistischen Massenmord an den europäischen Juden gegeben habe, kommt natürlich ohne das Konstrukt einer bösartigen jüdischen Weltverschwörung, die in ausbeuterischer Absicht den Holocaust propagiert, nicht aus. Man geht also – in der Absicht, ihn zu bestätigen – vom Antisemitismus aus und landet, wenig überraschend, wieder beim Antisemitismus.

Den Umweg über die Pseudoauseinandersetzung mit den NS-Verbrechen kann man sich allerdings nicht sparen. Das Wissen um den Holocaust und die moralische Abscheu vor der Ungeheuerlichkeit dieser Verbrechen sind ein massives Hindernis für die Versuche alter und neuer Antisemiten, erneut an Einfluss zu gewinnen.[79] Dem Antisemitismus bleibt heute nach dem Holocaust keine andere Ausflucht als dessen Leugnung, womit er zugleich die vielleicht höchste Steigerung seiner Irrationalität erreicht hat.

Antisemitische Propaganda kann für sich auch nicht den Schutz der Meinungsfreiheit beanspruchen. Ausschlaggebend dafür ist nicht die bodenlose Heuchelei, die darin liegt, dass ausgerechnet Bewunderer von Regimen, die Andersdenkende massenweise in Konzentrationslager verbracht, gefoltert und ermordet haben, zu »Menschenrechtsaktivisten« mutieren, wenn es um die ungehinderte Verbreitung ihrer Propaganda geht. Entscheidend ist, dass die liberal-demokratischen Freiheitsrechte auf der Erkenntnis der gleichen Würde *aller* Menschen beruhen. Antisemitismus ist ein unmittelbarer Angriff eben darauf. In der speziellen Form der Holocaust-Leugnung ist er eine Attacke auf die Überlebenden und ihre Nachkommen, deren Leiden und Verluste geleugnet werden, ja denen in letzter Konsequenz die Existenz ihrer Eltern und Geschwister abgesprochen wird, die sie in Auschwitz und anderswo verloren haben. Es ist daher richtig, dass der Staat hier mit seinen Mitteln Grenzen zieht, und es ist auch richtig, dass er dies seit den 80er Jahren nicht mehr nur auf Antrag von NS-Verfolgten oder ihren Angehörigen tut, sondern die Holocaust-Leugnung zum Offizialdelikt gemacht hat. Darin spiegelt sich die Einsicht wider, dass antisemitische Agitation sich nicht nur gegen jüdische Bürger, sondern zugleich gegen die Fundamente der Demokratie richtet.

Bei der justiziellen Ahndung der Holocaust-Leugnung geht es, im Gegensatz zu dem, was von so genannten Revisionisten, aber auch von manchen seriösen Stimmen immer wieder behauptet wird, um die Verhinderung der Verbreitung von Hass und nicht um den Schutz eines verbindlichen Geschichtsbildes. Ein solches existiert überhaupt nicht, da die wissenschaftliche Historiographie, auch und gerade die des Dritten Reichs und des Holocaust, pluralistisch ist und die Geschichtsbilder sich mit dem Zuwachs an Wissen und Erkenntnissen und neuen Fragestellungen wandeln. Die Wissenschaft braucht vor dem Sammelsurium an den Haaren herbeigezogener ideologischer Konstrukte der Holocaust-Leugner nicht geschützt zu werden.

Aber nimmt die Gesellschaft das Wissen über die Verbrechen des Dritten Reichs wahr? Und nimmt sie es auch ernst? Da können in der postmodernen Spaßgesellschaft zuweilen Zweifel entstehen, etwa wenn ein Feuilletonredakteur einer renommierten liberalen Zeitung einen verschrobenen Artikel des vom Links- zum Rechtsextremisten mutierten Horst Mahler ins Blatt hebt, in dem wegen Volksverhetzung verurteilte Holocaust-Leugner als »politische Gefangene« und »Märtyrer der nationalen Wiedergeburt Deutschlands« bezeichnet werden – und das in einer Ausgabe, die einen Essay der Literaturwissenschaftlerin, Schriftstellerin und Auschwitz-Überlebenden Ruth Klüger und eine Würdigung des Schriftstellers und Auschwitz-Überlebenden Elie Wiesel zu dessen 70. Geburtstag enthält.[80] Ein Kessel Buntes, in dem alles gleich gültig ist, ob Neonazi-Solidarität oder Reflexionen Holocaust-Überlebender. Das mag ein Ausrutscher gewesen sein, dennoch wird der auch andernorts beobachtbare nonchalante Umgang mit der Geschichte des Dritten Reichs immer problematischer.

Die heute noch lebenden Verfolgten des NS-Regimes stehen durchweg in fortgeschrittenem oder hohem Alter. Der Zeitpunkt ist absehbar, wo keiner von ihnen mehr am Leben sein wird. Dann wird die Geschichte der Konzentrationslager und des Holocaust nicht mehr als Erfahrung, sondern nur noch als Wissen in der Gesellschaft präsent sein. Sich dieses Wissen anzueignen, sich damit auseinander zu setzen und es mit dem eigenen historischen Kontext in Beziehung zu setzen, schlicht: es ernst zu nehmen, ist eine zentrale gesellschaftliche Aufgabe von wachsender Bedeutung. Eine Gesellschaft, die sich dieser Aufgabe stellt, ist nicht nur immun gegen antisemitische und neonazistische Verführungen, sondern genießt zugleich den unschätzbaren Vorteil, nicht aus Verdrängungsleistungen oder nationalistischen Legenden heraus, sondern auf dem Boden der Wirklichkeit zu leben.

Anmerkungen

1 Raul Hilberg, Die Vernichtung der europäischen Juden. Frankfurt a. M. 1990, S. 1027 ff. und S. 1044.
2 Ebd., S. 1046 ff.
3 Inge Aicher-Scholl, Die weiße Rose. Erweiterte Neuausgabe, Frankfurt a. M. [2]1982, S. 102.

4 Hermann Graml, Auschwitz-Lüge und Leuchter-Bericht, in: Heiner Lichtenstein, Otto R. Romberg (Hrsg.), Täter – Opfer – Folgen. Der Holocaust in Geschichte und Gegenwart. Bonn 1995, S. 91–100, hier S. 93.

5 Allgemein dazu: David Bankier, Die öffentliche Meinung im Hitler-Staat. Die »Endlösung« und die Deutschen. Eine Berichtigung. Berlin 1995, S. 139–158.

6 Telford Taylor, Die Nürnberger Prozesse. Hintergründe, Analysen und Erkenntnisse aus heutiger Sicht. München 1995, S. 294 ff.

7 Ebd., S. 424.

8 Pierre Milza, Serge Bernstein, Dictionaire Historique des Fascismes et du Nazisme. Bruxelles 1992, S. 104–106.

9 Deutsche Fassung: Nürnberg oder Das gelobte Land. Buenos Aires 1950.

10 Ebd., S. 128.

11 Paul Rassinier, Mensonge d'Ulysse. Bourg-en-Bresse 1950. Deutsche Ausgabe nach der vierten französischen Auflage: Die Lüge des Odysseus. Wiesbaden 1959. Vgl. auch Nadine Fresco, Fabrication d'un Antisémite. Paris 1999, S. 514.

12 Ebd., S. 68. Martin Schumacher (Hrsg.), M. d. R. Die Reichstagsabgeordneten der Weimarer Republik in der Zeit des Nationalsozialismus. Politische Verfolgung, Emigration und Ausbürgerung 1933–1945. Düsseldorf 1994, S. 515 ff. Vgl. auch Fresco, Fabrication (Anm. 11), S. 514.

13 Rassinier, Lüge (Anm.11), S. 22.

14 Lothar Baier, Französische Zustände. Frankfurt a. M. 1982, S. 96.

15 Ebd., S. 96 f.

16 Robert Faurisson, Mémoire en Défense. Contre ceux qui m'accusent de falsifier l'Histoire. Précédé d'un avis de Noam Chomsky. Paris 1980, S. IX–XV.

17 Serge Thion (Hrsg.), Vérité Historique ou Vérité Politique ? Le dossier de l'affaire Faurisson. La question des chambres à gaz. Paris 1980.

18 Baier, Französische Zustände (Anm. 14), S. 103 f. und S. 113.

19 Klaus Holz, Elfriede Müller, Die Affäre Roger Garaudy/Abbé Pierre. Bemerkungen zum Revisionismus in Frankreich, in: Jahrbuch für Antisemitismusforschung 6 (1997), S. 148–159, zu Thion S. 155.

20 Deborah E. Lipstadt, Betrifft: Leugnen des Holocaust. Darmstadt 1994, S. 90.

21 Hermann Graml, David L. Hoggan und die Dokumente, in: Geschichte in Wissenschaft und Unterricht 14 (1963), S. 492–514.

22 David L. Hoggan, Der erzwungene Krieg. Ursachen und Urheber des 2. Weltkriegs. Tübingen 1961, S. 139. Siehe auch Lipstadt, Leugnen (Anm. 20), S. 94 ff.

23 Zitiert nach Lipstadt, Leugnen (Anm. 20), S. 100.

24 Arthur R. Butz, The Hoax of the Twentieth Century. Chapel Ascote u. a. 1976. Deutsche Fassung: Der Jahrhundert-Betrug. Vlotho 1977.

25 Graml, Auschwitz-Lüge (Anm. 4), S. 95.

26 Wilhelm Stäglich, Der Auschwitz-Mythos. Legende oder Wirklichkeit. Tübingen 1969, S. 61.

27 Jürgen Graf, Der Holocaust-Schwindel. Vom Werden und Vergehen des Jahrhundertbetrugs. Basel 1993.

28 Neue Zürcher Zeitung, 22. Februar 2001, Nr. 44, Seite 15.

29 Quatorze intellectuels arabes ne veulent pas des négationnistes au Liban, Le Temps, 23. März 2001.

30 Vgl. z. B. die Hinweise bei Kenneth S. Stern, Holocaust-Denial. New York 1993, S. 49–52.

31 Hellmut Diwald, Geschichte der Deutschen. Frankfurt a. M. u. a. 1978, S. 165.

32 Vgl. hierzu: Barbara Distel, Leugnung und Diffamierung. Zum Konzentrationslager Dachau, in: Brigitte Bailer-Galanda, Wolfgang Benz, Wolfgang Neugebauer (Hrsg.), Die Auschwitz-Leugner. »Revisionistische« Geschichtslüge und historische Wahrheit. Berlin 1996, S. 153–163.

33 Rolf-Josef Eibicht (Hrsg.), Hellmut Diwald. Sein Vermächtnis für Deutschland. Sein Mut zur Geschichte. Tübingen 1994.

34 Armin Mohler, Die Rache der SS, in: Ebd., S. 110–120.

35 Robert Hepp, Richtigstellungen, in: Ebd., S. 121–147, hier S. 127.

36 Wigbert Grabert, Der Hohenrain-Verlag dankt und ehrt Hellmut Diwald, in: Ebd., S. 535–537. Grabert ist Gründer des Hohenrain-Verlags (1985) sowie Erbe des Grabert-Verlags. Die Gedenkschrift für Hellmut Diwald erschien in ersterem, Stäglichs »Auschwitz-Mythos« (Anm. 26) im Grabert-Verlag.

37 Rainer Stephan, Vorlesung der rechten Relativsätze, in: Süddeutsche Zeitung, 8. 5. 1996, S. 3.

38 Die Universität entzieht Erwin Adler den Lehrauftrag, in: Süddeutsche Zeitung, 21. 5. 1996, S. 33.

39 Hans Wagner, Zeitung und Geschichte, in: Eibicht (Hrsg.), Diwald (Anm. 33), S. 315–331. Kurt Sontheimer, Eine ganz spezielle Definition der Realität, in: Süddeutsche Zeitung, 4. 11. 1996, S. 46.

40 Karl-Heinz Reuband, Gerüchte und Kenntnisse vom Holocaust in der deutschen Gesellschaft vor Ende des Krieges. Eine Bestandsaufnahme auf der Basis von Bevölkerungsumfragen, in: Jahrbuch für historische Antisemitismusforschung 9 (2000), S. 196–233.

41 Ernst Nolte, Zwischen Geschichtslegende und Revisionismus? Das Dritte Reich im Blickwinkel des Jahres 1980, in: »Historikerstreit«. Die Dokumentation der Kontroverse um die Einzigartigkeit der nationalsozialistischen Judenvernichtung. München 1987, S. 13–35, hier S. 19.

42 Ebd., S. 24.

43 David Irving, Hitler's War. London u. a. 1977, siehe v. a. S. 576 u. 858, zum Weizmann-Brief S. 12.

44 Nolte, Geschichtslegende (Anm. 41), S. 23 f.

45 Zu den Zahlen siehe Hellmut Auerbach, »Kriegserklärungen« der Juden an Deutschland, in: Wolfgang Benz (Hrsg.), Legenden, Lügen, Vorurteile. Ein Lexikon zur Zeitgeschichte. München 1990, S. 118–123, hier auch Faksimile der Publikation und Übersetzung des Weizmann-Briefes.

46 Vgl. z. B. sein Interview mit der israelischen Zeitung Ha-Aretz vom 17. April 1987 in: Ernst Nolte, Das Vergehen der Vergangenheit. Antwort an meine Kritiker im so genannten Historikerstreit. Berlin u. a. 1987, S. 90–115, S. 93–96.

47 Ernst Nolte, Die »Endlösung der Judenfrage« in der Sicht des radikalen Revisionismus, in: Ders., Streitpunkte. Heutige und künftige Kontroversen um den Nationalsozialismus. Berlin u. a. 1993, S. 304–319, hier S. 318 f.

48 Ebd., S. 319.

49 Besonders deutlich wird diese Haltung in Noltes Interview mit dem »Spiegel« vom Herbst 1994: »Ein historisches Recht für Hitler?« Der Faschismus-Interpret Ernst

Nolte über den Nationalsozialismus, Auschwitz und die Neue Rechte, in: Der Spiegel 40/1994, S. 83–103.

50 Graml, Auschwitz-Lüge (Anm. 4), S. 96.

51 Ebd., S. 97.

52 Zu den Zahlenangaben siehe Raimond Reiter, 30 Jahre »Justiz und NS-Verbrechen«. Die Aktualität einer Urteilssammlung. Frankfurt a. M. 1998, S. 12 f.

53 Zum Verlauf des Prozesses siehe Eva Menasse, Der Holocaust vor Gericht. Der Prozess um David Irving. Berlin 2000.

54 Bailer-Galanda, u. a. (Hrsg.), Auschwitz-Leugner (Anm. 32); Jens Mecklenburg (Hrsg.): Handbuch deutscher Rechtsextremismus. Berlin 1996, S. 477.

55 Lipstadt, Leugnen (Anm. 20), S. 196 ff. und 218 ff.

56 The Irving Judgement. Mr. David Irving vs. Penguin Books and Professor Deborah Lipstadt. London u. a. 2000, S. 347.

57 Ebd., S. 341 f.

58 Ebd., S. 312 und S. 344 ff.

59 Joseph Sobran, The »Dangerous« David Irving, in: The Journal of Historical Review Bd. 19, Nr. 2, März/April 2000, S. 54 f.

60 Mark Weber, After the Irving Trial: New Dangers and Challenges, in: Ebd., S. 2–8, hier: S. 8.

61 Martin Broszat, Vorbemerkung, In: Ino Arndt, Wolfgang Scheffler, Organisierter Massenmord an Juden in nationalsozialistischen Vernichtungslagern. Ein Beitrag zur Richtigstellung apologetischer Literatur, in: Vierteljahrshefte für Zeitgeschichte 24 (1976), S. 105–135 (Vorbemerkung S. 105–112), hier S. 107.

62 Vgl. z. B. Ingrid Weckert, Feuerzeichen. Die »Reichskristallnacht«. Tübingen 1981, S. 97.

63 Charles Brenner, Grundzüge der Psychoanalyse. Frankfurt a. M. 1976, S. 91.

64 Gregory Douglas, Geheimakte Gestapo-Müller. Dokumente und Zeugnisse. Aus den US-Geheimarchiven. Bd. 1, Berg am Starnberger See o. J. [1995], Bd. 2 o. J. [1996].

65 Douglas, Geheimakte (Anm. 64), Bd. 1, S. 30 f.

66 Ebd., Bd. 2, S. 124 und S. 127 f. Simon Wiesenthal Center, Press Information, 26. 2. 2001.

67 Vgl. zu den tatsächlichen Geschehnissen Helmut Krausnick, Hans-Heinrich Wilhelm, Die Truppe des Weltanschauungskrieges. Die Einsatzgruppen der Sicherheitspolizei und des SD 1938–1942. Stuttgart 1981, S. 189 f.

68 Douglas, Geheimakte (Anm. 64), Bd. 1, S. 180; Auskunft von Andreas Seeger; am 17. 11. 1967 veröffentlichte die Rheinische Post ein Interview mit Müllers Tochter, vgl. Andreas Seeger, »Gestapo-Müller«. Die Karriere eines Schreibtischtäters. Berlin 1996, S. 13.

69 Douglas, Geheimakte (Anm. 64), Bd. 2, S. 11 und S. 38.

70 Douglas, Geheimakte (Anm. 64), Bd. 1, S. 36.

71 Seeger, »Gestapo-Müller« (Anm. 86), S. 67–69.

72 Der Kommissionsbericht ist im Internet abrufbar unter *http://www.nara.gov/iwg/ declass/mueller.html.*

73 The Irving Judgement (Anm. 56), S. 201 f.

74 Zum Leuchter- und zum Rudolf-Gutachten vgl. Josef Bailer, Die »Revisionisten« und die Chemie, in: Bailer-Galanda u. a. (Hrsg.), Auschwitz-Leugner (Anm. 54),

S. 130–152. Ferner: Werner Wegner, Keine Massenvergasung in Auschwitz? Zur Kritik des Leuchter-Gutachtens, in: Uwe Backes, Eckhard Jesse, Rainer Zitelmann (Hrsg.), Schatten der Geschichte. Impulse zur Historisierung des Nationalsozialismus. Berlin 1990, S. 450–476. Georg Wellers, Der »Leuchter-Bericht« über die Gaskammern von Auschwitz. Revisionistische Propaganda und Leugnung der Wahrheit, in: Dachauer Hefte 7 (1991), S. 230–241.

75   Bailer, Chemie (Anm. 74), S. 120.

76   Peter Hoffmann, Widerstand, Staatsstreich, Attentat. Der Kampf der Opposition gegen Hitler. München ³1979, S. 527–529, 537–539 und 593–603. Mecklenburg (Hrsg.), Handbuch (Anm. 54), S. 511 f.

77   Broszat, Vorbemerkung (Anm. 61), S. 106.

78   Auszüge aus den Urteilen in: »Auschwitz-Lüge«. Wahrheit und Fälschung vor Gericht, in: Der Spiegel. Dokument, 3. Mai 1994, S. 10 ff. und S. 13 ff.

79   Der Holocaust-Leugner Germar Rudolf benennt das mit hinreichender Deutlichkeit: »Es ist mir aber ein Leichtes zu zeigen, dass wir keines der heutigen großen Probleme lösen können, weil es dieses zeitgeschichtliche Tabu gibt. [...] Die ›Auschwitz‹- oder ›Faschismus‹-Keule ist eine Wunderwaffe, mit der alles vernichtet wird, was der politischen Linken und gewissen Minderheiten nicht ins Konzept passt. Gerade die Mitglieder rechter Parteien sollten dies eigentlich wissen. Die Erfahrung der letzten 50 Jahre zeigt: Jeder Versuch zur Stärkung des Selbstbestimmungsrechtes der Völker im Allgemeinen wird mit der ›Auschwitz-Keule‹ erschlagen.« Der deutsche Revisionismus ist nicht tot – er lebt im Exil. Geschichte ohne Tabus. Der ehemalige Doktorand des Max-Planck-Institutes, Germar Rudolf, über die »Forschungsfreiheit« in der BRD, in: Deutsche Stimme, September 1999. (Die rechtsextremen Chiffren »gewisse Minderheiten« und »Versuche zur Stärkung des Selbstbestimmungsrechts der Völker« sind unschwer als »Juden« und »neonazistische Bestrebungen« zu entschlüsseln.)

80   Horst Mahler, Der Geheimagent des Weltgeistes, in: Süddeutsche Zeitung, 30. 9. 1998, S. 20. Ruth Klüger, Kitsch ist immer plausibel, in: Ebd., S. 17. Eva-Elisabeth Fischer, Zeugnis ablegen. Zum 70. Geburtstag von Elie Wiesel, in: Ebd., S. 18. Der Feuilletonchef ließ diesem Fauxpas eine recht gewundene Distanzierung folgen: Der Renegat, in: Ebd., 1. 10. 1999, S. 16.

Ute Benz
Jugendliche Gewalt
und die Angst der Erwachsenen
Strukturen einer Beziehung
aus psychoanalytischer Sicht

Eberswalde: Ein 13-Jähriger schlägt einen Gehörlosen mit der Faust ins Gesicht, seine 17-jährige Begleiterin ruft dazu:»Heil Hitler«. Der Täter ist nicht strafmündig, er wird seinen Eltern übergeben.

Stuttgart: Drei 15- bis 17-Jährige schlagen eine Gleichaltrige zusammen, rauben ihr Schmuck und Geld, treten und misshandeln sie. Sie stammen aus gutbürgerlichen Verhältnissen.

Prenzlau: Eine Frau aus Afghanistan und ihre beiden Kinder werden von zwei 17-jährigen Deutschen angegriffen. Das 11-jährige Mädchen wird mit dem Kopf gegen eine Mauer geschlagen, die Mutter wird beschimpft.

»Sind Sie die mit den Gewalttätigen?«, fragte mich die Kassiererin im Schminkraum der studiotour Babelsberg und schaute irritiert über meine Schulter. Ich drehte mich um und musste feststellen, dass plötzlich alle Jugendlichen, die sich gerade für einen Fototermin verfremden lassen wollten, verschwunden waren. Es dauerte geraume Zeit, bis es ihrer Lehrerin gelang, sie wieder hereinzuholen und mit dem Maskenbildner bekannt zu machen, der später schmunzelnd sagte:»Die Jungen hatten ja Schiss.« Aber er selbst, ebenso wie seine Assistentin und die Kassiererin, wirkten so, als wären sie hinter ihrem Tresen in Deckung gegangen, als wir in den Raum kamen. Offensichtlich hatten sie genauso viel Angst wie die Jugendlichen. »Wir haben ja nicht gewusst, ob die uns die Bude auseinander nehmen, nachdem wir so was gehört haben mit Gewaltprojekt und so«, sagt der Maskenbildner später, als er die Arbeit aufnahm, »man weiß ja nie.« Und obwohl die Modalitäten des Fotoprojekts und die Herkunft der Schüler aus einer ganz normalen Schule eingehend vorbesprochen waren, wurde auch bei späteren Projekten immer wieder von »Sie mit ihren Schwererziehbaren« oder der »Subkultur der Gewalttätigen« gesprochen.

Szenen der Gewalt Jugendlicher mit oder ohne politische Legitimation –

was bedeuten sie für die Erwachsenen der Gesellschaft? Wird, wie die einen meinen, alles immer schlimmer, droht unserer Gesellschaft der Zusammenbruch, die Aufkündigung der demokratischen Werte, die Wiederkehr nationalsozialistischer Politik? Und wer, so wird gefragt, hat dann Schuld an der Entwicklung, wer hat versagt? Wer ist zuständig, wer kann und muss etwas dagegen tun? Oder aber verhält es sich so, wie die anderen dagegenhalten, dass alle Aufregung um Jugendgewalt nur Hysterie Erwachsener ist, die ein Interesse daran haben, das Problem Jugendgewalt hochzuspielen, um von brisanteren anderen Themen abzulenken?[1] Der Grad der Beunruhigung Erwachsener, ob sie interessiert oder desinteressiert an der Thematik sind, ob sie schockiert, traurig, empört, vorwurfsvoll anklagend gegen Eltern, Lehrer, Polizei, Justiz, Politik reagieren, ob sie nach Ursachen, Schuld, Strafe, Verantwortung und Prophylaxe fragen oder nicht fragen, hängt weniger von einzelnen erschreckenden Taten oder der Statistik ab, sondern davon, wie wir die Gefahren einschätzen, welche Fragen wir stellen und welche Antworten wir suchen.[2]

Psychoanalyse und das Problem der Jugendgewalt

Taugen psychoanalytische Erkenntnisse, die im individuellen, familiären und sozialen Bereich gewonnen wurden, auch für den kollektiven Bereich? Helfen sie der Gesellschaft, Mittel und Wege zu finden, wie Gewaltkonflikte abgebaut werden können? Die Antworten hängen nicht allein von der Qualität oder Modernität psychoanalytischer Einsichten ab, sondern auch von unserem historischen Erbe.

Was die Modernität psychoanalytischer Erkenntnisse betrifft, so gibt es seit Jahrzehnten und weit über den Bereich individuenzentrierter Theorie und Praxis reichende Weiterentwicklungen der Psychoanalyse insbesondere aus dem Bereich familientherapeutischer oder sozialtherapeutischer Forschung[3] (Horst Eberhard Richter, Helm Stierlin, Thea Bauriedl). Durch sie wurden die Interdependenzen menschlichen Verhaltens sowohl in ihren individuellen als auch in ihren sozialen und politischen Dimensionen mit psychoanalytischem Konfliktverständnis erschlossen. Dabei ist es gelungen, strukturelle Zusammenhänge nachzuweisen, die den Spielraum für Veränderungen erheblich erweitern, indem sie von der Prozesshaftigkeit zwischenmenschlicher Beziehungsmuster ausgehen, wo bereits Einstellungsänderungen an einer Stelle dynamische Wirkungen auf viele Stellen haben.

Die Psychoanalyse fragt, summarisch ausgedrückt, nach traumatischen Folgen für die Opfer von Gewalt sowie nach den Motiven der Täter. Mit Thesen wie der, dass Gewalttäter ihrerseits häufig Opfer von Gewalt sind, stellt sie ein Ärgernis für viele dar, die argwöhnen, damit würden lediglich Täter entschuldigt. Tatsächlich mutet die Psychoanalyse der Gesellschaft, die daran gewöhnt ist, dass es einerseits entweder Gewalttäter und/oder andererseits Opfer gibt, zu, noch mehr zu beachten als die Rollen der Ankläger, Verteidiger und der Richter, mehr als die Kategorien von Schuld und Strafe, wenn sie nach der komplizierten Dynamik von Ursachen und Wirkungen fragt. Dass vermeintlich ganz eindeutige Gewaltprobleme tatsächlich sehr viel komplizierter sind, ist eine der Zumutungen der Psychoanalyse für alle, die gerne eindeutige Verhältnisse hätten. Eine weitere ist die Forderung, dass Fragen nach individueller Schuld und Verantwortung stets ergänzt werden müssen durch die Frage nach der allgemeinen Verantwortung für Taten Einzelner.

Die Psychoanalyse sucht also erstens individuelle Motive in Gewalttaten zu verstehen, nicht um sie zu entschuldigen, sondern um ihre Entstehung zu begreifen und um daraus Rückschlüsse für die Therapie und die Prophylaxe zu ziehen. Zweitens ist sie bestrebt, Konflikte zwischen den Generationen zu verstehen, weil sie von der langfristigen Wirkung der Abwehr solcher Konflikte überzeugt ist. Die Psychoanalyse kann drittens durch die Analyse von Verdrängungen im individuellen, familiären und kollektiven Bereich auf unbewusste Hindernisse auf dem Weg zum friedlichen Zusammenleben junger und alter Menschen aufmerksam machen. Und viertens schließlich weist sie Wege zur Überwindung dieser Hindernisse, die zwar unscheinbar erscheinen mögen, wenn sie im individuellen Bereich ansetzen, aber doch kollektiv bedeutsam sind, weil sie strukturell verändernde Wirkungen auf das Zusammenleben der Menschen in Familien und in der Gesellschaft haben.

Im Zusammenhang mit dem Diskurs über Jugendgewalt ist eine Methode der Psychoanalyse, die Analyse von »szenischen Wiederholungen«, von allgemeinem Interesse, mit der man unbewussten Zusammenhängen auf die Spur kommen kann. Die Psychoanalyse hat gelernt, darin nicht nur Defizite, nicht nur altes Leid unbefriedigender Umgangsweisen der Menschen miteinander zu verstehen, sondern »Reinszenierungen« auch als

Chancen zur Überwindung schädigender Beziehungsmuster durch Analyse ihrer Bedeutung zu nutzen. Zum Beispiel kann man den Versuch unternehmen, den Diskurs Jugendgewalt in szenischer Form und auf der Ebene der Beziehungen von Erwachsenen und Jugendlichen zu betrachten. Welche Konflikte auf individueller und kollektiver Ebene, welche Interaktionsmuster lassen sich dann erkennen? Welche Ängste auf beiden Seiten und welche Abwehrformen werden deutlich? Welche Dynamik ist zwischen ihnen spürbar? Was verschärft sie, was würde sie entspannen?

Die Methode der szenischen Betrachtung ist freilich ein Kunstgriff, der erlaubt, »den Jugendlichen« »die Erwachsenen« oder »die Alten« als Pendant gegenüberzustellen. Sie dient in diesem Zusammenhang dazu, Tendenzen der Spaltungen, der Frontenbildungen, aber auch der verdeckten Bündnisbildungen zwischen den Generationen aufzuzeigen, die auch alltäglich in Politik und Gesellschaft zu beobachten sind, wenn Erwachsene ganz selbstverständlich ihrerseits von »der Jugend« oder »den Jugendlichen« sprechen, ohne dabei ihren eigenen Anteil mit zu bedenken. Der Nachteil einer solch dichotomen Szene, dass die vielen tatsächlich vorhandenen Differenzierungen auf beiden Seiten zurückgestellt werden, wird bewusst zunächst in Kauf genommen, um den Grundtenor der in der Szene enthaltenen latenten Botschaften zwischen den Generationen herauszuarbeiten. In weiteren Schritten ist es dann freilich notwendig – hier nur begrenzt möglich –, nach Differenzierungen auf beiden Seiten zu fragen, nach den zahlreichen Konflikten zwischen Jugendlichen, zwischen Jungen, zwischen Mädchen sowie zwischen Jungen und Mädchen.

Tatsächlich sind die vielfältigen Konflikte innerhalb der Gruppen nicht weniger heftig als die Konflikte zwischen den Generationen. Vielmehr spricht vieles für die andernorts eingehend dargelegten Beobachtungen,[4] dass auf der Seite der Jugendlichen die Frontenbildung gegenüber Außenstehenden, seien es Erwachsene oder Fremde, deshalb oft so heftig betrieben wird, weil ihre Gegnerschaft zu Dritten Entlastungsfunktion für ihre Gruppe hat. Ohne diese »Außenfeinde« würden interne Konflikte die Gruppe, die sich Geschlossenheit wünscht, sprengen. Es gibt zahlreiche erschütternde Gewaltbeispiele für die Dynamik solcher Gruppenprozesse, die zu unerbittlich rachsüchtigem Verhalten gegenüber Mitgliedern einer Gruppe führen, wenn Einzelne »abtrünnig« werden.[5]

Generationskonflikte als szenische Wiederholung

Szenische Vorstellungen helfen zu begreifen, was die Jungen den Alten indirekt mitteilen und was sie umgekehrt von ihnen wissen oder hören wollen. Bezüglich der Frage, was Erwachsenen eigentlich Angst macht, sodass sie oftmals lieber wegschauen statt genau hinzusehen, dass sie nicht oder nur halbherzig oder viel zu spät gegen radikale Gewalt reagieren, lassen sich aus solcher Betrachtung hilfreiche Einsichten erzielen.

Szenische Vorstellungen könnten Erwachsene nachdenklich stimmen, die meinen, sie wären, wenn sie Jugendliche kritisieren, automatisch auf der richtigen Seite. Die Verhältnisse sind, berücksichtigt man die Existenz unbewusster Interessenverschränkungen, komplizierter, und das kann für die gutwilligen Erwachsenen nur heißen, dass sie ihr Teil dazu beitragen sollten, die Wirkung ihrer latenten Einstellungen bewusst zu machen. Sie müssen sich selbst mit verdrängten Wünschen auseinander setzen und dürfen diese nicht unterschwellig an Jugendliche delegieren. Erwachsene können anhand szenischer Vorstellungen deutlicher sehen, was sie aus eigenen Gründen daran hindert, sich offen mit gewaltbereiten Jugendlichen auseinander zu setzen.

Die erste szenische Vorstellung soll männliche Jugendliche und erwachsene Männer in den Mittelpunkt der Betrachtung stellen. Die Gewalt von Jugendlichen aus Gruppen heraus ist am auffälligsten, wird am meisten beklagt; soziologische und kriminologische Forschungen betonen, Gewalt ginge mehrheitlich von männlicher Seite aus. Die Psychoanalyse entwickelte theoretische Konzepte zum Verständnis der Konflikte zwischen Jungen und Erwachsenen, benannt nach der klassischen Tragödie über den Ödipus-Mythos.

Klar ist, dass unsere Vorstellungen von der Szene gewaltbereiter Jugendlicher meist geprägt sind von Bildern, die uns Erwachsenen durch Medien vermittelt werden. Die von ihnen gewählte Perspektive rückt sie uns häufig so viel näher, als wir es persönlich riskieren würden. Die Bilder aus fotografisch suggerierter Nähe verstärken den martialischen Eindruck, den gewaltbereite rechtsradikale Jugendliche auch für sich selbst in Anspruch nehmen. Offenbar sind beide Seiten – aus sehr unterschiedlichen Interessen – einverstanden damit, dass eine Angst auslösende Wirkung gewaltbereiter Jugendlicher beim Publikum, bei Männern, Frauen, Jungen und Mädchen entsteht. Sie bekommen also von Erwachsenen die

Bedeutung zugestanden, die sie für sich beanspruchen. Im Fernsehen werden Rechtsradikale wie jugendliche Helden auf eine besondere Weise präsentiert, oft stilisiert mit der durch Leni Riefenstahl geschaffenen Ästhetik des Dritten Reiches in Ausschnitt und Blickwinkel – so erhalten sie eine besondere Faszination, abschreckend einerseits und mitreißend andererseits. Welchen imaginären Dialog kann man sich dazu vorstellen?

Der imaginäre Diskurs der Szene

Die folgenden Sätze könnten Teil des imaginären Diskurses Jugendlicher mit rechtsradikalen Denk- und Verhaltensweisen mit Erwachsenen unserer Gesellschaft in den zehn Jahren seit der Vereinigung Deutschlands sein. Sie sind aber kein reines Phantasieprodukt der Autorin, sondern sie spiegeln, was ich in der praktischen Arbeit in Jugendprojekten und Erwachsenenbildung in Berlin und Brandenburg seit 1991 gegen Gewalt, Fremdenfeindschaft, Rechtsradikalismus mit einiger Einfühlung in die wechselseitigen Bedürfnisse und Unsicherheiten erfassen konnte.

Die Botschaften und Fragen Jugendlicher an Erwachsene könnten etwa so lauten:

– Seht nur her, wir trauen uns, für unsere Ideale einzutreten;
– ihr werdet euch über uns aufregen, das wissen wir;
– seid ihr nicht doch etwas neidisch, dass wir uns im Gegensatz zu euch trauen?
– seid ihr klammheimlich nicht sogar stolz auf uns?
– ihr seid doch Heuchler, ihr regt euch auf über Führerkulte und Gefolgschaftsrituale, aber was habt ihr in eurer Erziehung von uns verlangt?
– bezieht doch endlich selber klar Stellung;
– zeigt offen, ob ihr nicht auch am Alten hängt;
– gebt doch zu, dass ihr selber führergläubig seid;
– ihr schreit doch immer nach Orientierung und nach dem starken Mann, der endlich rücksichtslos durchgreifen soll;
– ihr habt doch nur Angst, zu kurz zu kommen;
– ihr seid auch Deutsche-Ordnungs-Fanatiker;
– ihr benutzt selbst Gewalt und das Recht des Stärkeren gegen uns;
– ihr braucht uns nur als Handlanger für die »Dreckarbeit«;

- ihr fühlt euch immer gestört von Fremden, die Ansprüche wie ihr ans Leben haben;
- wie haltet ihr es denn mit der Menschenwürde zu Hause?
- Pluralismus ist für euch immer ein Reizwort;
- lasst ihr denn nicht ebenfalls nur eine – eure – Meinung als die einzig richtige gelten?
- ihr ertragt selber keine Konflikte;
- ihr gebt doch auch immer anderen die Schuld;
- sind denn eure eigenen Lösungen demokratisch?
- diskreditiert ihr nicht selbst immer die parlamentarische Demokratie, wenn ihr schimpft, das Reden sei nichts wert, nur das entschlossene Handeln?
- schreit ihr nicht immer selbst nach schnellen Lösungen?
- was sind euch Diskussionen wirklich wert?
- wie geht ihr denn mit Widersprüchen um?
- beklagt ihr euch nicht darüber, dass euch die NS-Vergangenheit vorgehalten wird?
- wollt ihr nicht selbst einen Schlussstrich ziehen?
- wollt ihr nicht auch endlich stolz sein?
- wir retten doch, was ihr Verräter verloren habt;
- dafür müsstet ihr uns doch endlich anerkennen;
- seht her, wir sind stärker als ihr;
- wir setzen uns mit Gewalt und Härte durch gegen eure Gefühlsduselei;
- ihr Feiglinge habt allen Grund, uns zu fürchten;
- wir wollen endlich die Herrschaft, geht uns aus dem Weg, sonst schlagen wir rücksichtslos zu.

Die Szene aufseiten der Erwachsenen: Welche Botschaften könnten von Erwachsenen an Junge ausgehen? Haben Erwachsene Grund, sich vor der Gewalt der Jungen zu fürchten?
- Ihr provoziert uns, fordert uns heraus zum Kampf;
- ihr haltet uns für Schwächlinge, für Feiglinge;
- ihr pfeift auf die schlechte Erfahrung eurer Großväter und tretet als ihre Retter auf; wir können das nicht, wir haben gebrochene Väter erlebt oder Sturköpfe;
- wir wissen, dass ihr uns aus dem Weg räumen wollt, »um Besitz, Erfahrung und Macht bringen«;

- wir haben Angst vor euch;
- daher haben wir nur zwei Möglichkeiten, entweder wir bekämpfen euch, solange wir noch die Macht dazu haben,
- oder aber wir stellen uns sicherheitshalber gleich auf eure Seite und unterstützen euch. Dann geben wir uns zwar nach außen hin den Anschein, als stünden wir euch völlig fern, aber wir ermutigen euch dennoch durch unseren Beifall.

Für erwachsene Männer ist es normalerweise kränkend, als schwach und feige angesehen zu werden. Aber noch eine weitere Schwierigkeit kommt hinzu, die in unserer deutschen Kriegs- und Nachkriegsgeschichte lähmend auf Erwachsene wirkt, sodass sie den Kampf gegen Jugendliche oft gleich gar nicht aufzunehmen wagen. Die Schwierigkeit besteht darin, dass die Vätergeneration der jetzt auffälligen Jugendlichen ihrerseits ein kompliziertes Verhältnis zur eigenen Vätergeneration hat, von der in der nationalsozialistischen Gesellschaft beispiellose Gewalt direkt oder indirekt ausgegangen ist. Sie war damals gerechtfertigt worden mit nationalsozialistischen Proklamationen von Stolz, Rassismus und Überwertigkeitsansprüchen, die verheerend scheiterten. Die politische Legitimation musste aufgegeben werden, nicht freiwillig, nicht aus Trauer und Einsicht, sondern eher in trotziger Haltung. Die Unfähigkeit zu trauern hatte vor allem die Wirkung, dass die Ansprüche auf kollektiven Stolz und Geltung unterschwellig festgehalten wurden.

Aus Forschungen zur Familiendynamik ist bekannt, dass Kinder unterschwellige Botschaften der Eltern nicht nur spüren, sondern auch auf verdeckt vermittelte Wünsche der Eltern reagieren. Sie tun das, weil sie gute und für ihre Eltern wichtige Kinder sein und Anerkennung von ihnen erhalten wollen. Berücksichtigt man solche unbewussten Zusammenhänge zwischen den Generationen, dann kann man sehen, dass, was einerseits als Provokation von Kindern daherkommt – die Botschaft der Jungen, dass sie für deutschnationalen Stolz eintreten –, auch die Bedeutung einer Dienstleistung, einer Wunscherfüllung für die Elterngeneration hat.

In der mutwillig vom Zaun gebrochenen Debatte in Deutschland um die Frage, ob nationaler oder patriotischer Stolz erlaubt sei oder nicht, sind solche Zusammenhänge erkennbar. Die Debatte könnte nicht geführt werden, träfe sie nicht auf einen Boden, in dem Ansprüche auf den alten, zerbrochenen Stolz der »Herrenmenschen« nur versteckt, aber nicht wirklich begraben und nicht betrauert worden sind. Anders könnten sich rechtsorientierte Jugendliche nicht zum Stichwortgeber für Erwachsene aufplustern oder von diesen als solche missbraucht werden.

Plötzlich bemühen sich einige Erwachsene geradezu eifersüchtig darum, der Generation der Söhne den Rang abzulaufen mit der Begründung, man dürfe den jungen Rechtsradikalen »keine wichtigen Begriffe überlassen«, um sich endlich selbst desto besser als Retter des Stolzes für ihre eigene Elterngeneration zu präsentieren. Offensichtlich sind Erwachsene unter Handlungsdruck geraten durch die Botschaft der Söhne, die lauten könnte:»Wir, die Enkel, verbünden uns mit unseren Großvätern gegen euch Schwächlinge und zeigen, dass wir fähig sind, den Familienstolz zu retten. Ihr Alten werdet jetzt endlich in die Zange genommen, entscheidet euch, entweder ihr seid für uns, oder aber ihr seid Verräter und gehört dann zu unseren Feinden, denen wir den Kampf mit allen Mitteln ansagen.«

Die weibliche Szene

Wie könnten die Botschaften der männlichen Jugendlichen an die erwachsenen Frauen, die damit gewissermaßen in einer Art Mutterrolle angesprochen werden, lauten? Welche Konflikte kämen zum Ausdruck?

– Wir, die jungen Männer, sind viel attraktiver und stärker als eure schwachen, alten Männer;
– wir sind die neuen Siegertypen, uns gehört die Macht;
– wir beschützen euch, ihr gehört zu uns;
– in Zukunft muss gelten, was wir, die neuen Herren, sagen;
– wenn ihr das anerkennt, achten wir euch;
– dann üben wir keine Gewalt gegen euch Frauen;
– dann beschützen wir euch vor fremden Männern;
– aber wehe, wenn ihr uns nicht unterstützt, dann gehört auch ihr zu unseren Feinden.

Was könnten weibliche Erwachsene auf solche Botschaften von Jungen entgegnen?
– Ihr Jungen seid mutig und stark;
– ihr habt ja Recht, man darf sich nicht alles gefallen lassen;

- aber wir können Angst vor euch bekommen;
- immerhin, ihr zeigt den Politikern endlich mal, wo es langgehen soll, eure Väter haben da versagt;
- es ehrt uns, dass ihr uns beschützen wollt, damit wir wieder unbesorgt auf die Straße gehen können;
- können wir stolz auf euch sein, oder müssen wir uns schämen, dass wir euch nicht besser erzogen haben?
- im Grunde seid ihr doch ganz nette Kerle, wenn nur die dumme Politik nicht wäre!
- müsst ihr Männer denn immer streiten?
- ihr redet wie eure Großväter!

Ergänzt werden müsste der imaginäre maskuline Diskurs nun noch um weitere Fragen und Antworten von jugendlichen Mädchen an Gleichaltrige sowie an die Mütter- und Vätergeneration.[6] Das ist aus mehreren Gründen jedoch schwieriger. Hier fehlen uns die Bilder, die Mädchen treten meist hinter der lautstarken Präsentation der Jungen zurück, und das entspricht nicht nur dem ideologischen Verständnis von Frauen in der rechten Szene, sondern auch den auf Seite der Erwachsenen gepflegten feministischen Vorstellungen von der friedlicheren Frau. Das hat dazu geführt, dass Mädchen und Frauen weniger kritisch auf ihren Beitrag zu politisch motivierten Gewaltkonflikten hin untersucht werden.

Strukturell sind ihre Generationskonflikte jedoch nicht anders als die der Jungen, so gesehen kann man nicht automatisch auf die größere Friedfertigkeit von Frauen schließen. Die Frage ist vielmehr, inwiefern die weibliche Seite motivierend, unterstützend oder gar delegierend wirkt, denn im Prinzip findet sich dort die gleiche Intoleranz rechter Ideologien, das gleiche Feindbilddenken wie bei Jungen. Man muss tatsächlich mehr die Dynamik, die sich zwischen den Geschlechtern abspielt, beachten und fragen, inwiefern arbeitsteilige Prozesse maßgeblich dafür sind, wer nach außen hin auffällt durch Taten und wer im Hintergrund bleibt.

Was nützt die Analyse der Szenen zwischen Jugendlichen und Erwachsenen?

Szenisch betrachtet ist gewalttätiges Handeln mit oder ohne politische Rechtfertigung kein isoliertes Handeln, sondern entsteht im Kontext individueller und kollektiver Beziehungsprobleme der Generationen. Psychoanalytische Modelle konflikthafter Beziehungen erinnern Erwachsene daran, wie existenziell bedrohlich Konflikte zwischen den Generationen im Prinzip sind, dass sie auch deshalb Angst machen müssen, damit Erwachsene endlich mithelfen, Lösungen zu entwickeln.

Dabei genügt es nicht, noch so schöne Projekte für Jugendliche vorzustellen, ihnen freie Räume zur Eigengestaltung und Selbstfindung zu weisen. Es geht vielmehr darum, Beziehungen zwischen Erwachsenen und Jugendlichen zu gestalten. Hier liegt die Wurzel der Gewalt mit und ohne politische Begründung. Aber die Psychoanalyse erinnert Erwachsene auch daran, dass sie mit der Heftigkeit von Konflikten rechnen müssen, die sie nicht ignorieren und unterschätzen dürfen etwa durch verharmlosendes, idealisierendes nur »positives« Denken. Denn dies würde umso leichter in Panik umschlagen, sobald sich das Unvermeidliche herausstellt, dass der naive Glaube an das Gute die ewige Wiederkehr der Konflikte nicht beseitigen kann, sondern nur permanente gemeinsame Auseinandersetzung von Erwachsenen und Jugendlichen um die hinter den Konflikten stehenden sehr ambivalenten Interessen und Emotionen, und zwar auf beiden Seiten.

Auf der Seite der Erwachsenen müssen sich Frauen und Männer darüber klar werden, welche Wirkung ihre offenen oder heimlichen Konkurrenzen miteinander um Bündnisse mit den Jugendlichen haben, und dass sie Jugendliche dazu missbrauchen können, um ihre jeweiligen Interessen gegeneinander durchzusetzen, so wie Kinder von streitenden Eltern im Kampf gegeneinander benutzt werden.

Im politisch-gesellschaftlichen Bereich ist die unsinnige wie nutzlose Rollenaufspaltung zu beobachten, wenn Politiker wie Roland Koch sich als Verteidiger Jugendlicher gerieren, deren politisch motivierte Gewaltakte herunterspielen, als wären sie harmlos, ihres politischen Engagements nicht wert und mit genau dieser Einstellung andere Erwachsene dazu zwingen, die Seite der Gefährdung für sie mit zu artikulieren.

Von solchen Spaltungen Erwachsener kommt es, dass Diskurse um rechtsradikale Denk- und Verhaltensweisen sich zwischen den Polen panikartiger Angst einerseits und dem mutwillig wirkenden Herunterspielen von Ängsten andererseits ohne Ende hin- und herbewegen. Erwachsene blockieren Veränderungen, indem sie sich gegenseitig entweder Hysterie oder Ignoranz im Umgang mit den Jugendgewaltproblemen vorwerfen, anstatt nach ihrer gemeinsamen Verantwortung zu fragen.

Und sie wirken dabei, wenn sie in erbitterten Streit geraten, als ginge es immer gleich um alles oder nichts, um entweder-oder, um ganz oder gar nicht. Sie merken nicht, wie sehr beide Seiten Strukturen der Gewalt[7] aufrechterhalten. Könnten beide Seiten sagen, dass sie Angst vor der Aggressivität jugendlicher Gewalt haben, dass sie vor dem Hintergrund der historischen Erfahrung Sorge tragen wollen, dass Vergleichbares nicht mehr passiert, dann könnten sie sich auf einen gemeinsamen Nenner verständigen und müssten sich nicht miteinander verstricken in nutzlose Grundsatzdebatten, statt ihre Energien auf neue Fragen und Lösungen zu richten. Sonst kann der Streit tatsächlich nur den Sinn haben, dass die Streitenden ihn benutzen können, um damit von anderen Fragen, die sie selbst betreffen könnten, abzulenken. Jugendliche würden dies spüren, und sie müssten sich missbraucht fühlen, oder aber dazu ermuntert, noch mehr Anlässe für Streit mit der Eltern- und Großelterngeneration zu produzieren.

Erwachsenen könnten durch szenisches Denken bei Jugendgewaltfragen merken, dass es nicht genügt, Abscheu vor Gewalt zu bekunden, Schuldfragen zu stellen, Vorwürfe an die Adresse anderer zu richten. Erwachsene müssen vielmehr auch darüber nachdenken, warum Hass und Verachtung stimulierende, mit polarisierendem Denken operierende Ideologien und Parteien attraktiv für junge Menschen sein können und was sie als Erwachsene damit zu tun haben könnten.

Die Psychoanalyse macht auf die langfristige Wirkung alltäglicher Reaktionen Erwachsener im Umgang mit Kindern und Jugendlichen aufmerksam. Ob sie als Väter, Mütter, Erzieher, Nachbarn, Lehrer, Politiker direkt und persönlich wirken oder indirekt durch den medialen Formenkanon unserer Zeit vermittelt werden – im Prozess ihrer Sozialisation erwerben Kinder und Jugendliche aus beiden Erfahrungsräumen die in ihrer Gesellschaft maßgeblichen Freund- und Feindbildstrukturen.

Familiäre Gewaltkonflikte – Generationskonflikte – Lösungen?

Mit Blick aus dem 21. Jahrhundert zurück auf griechische Familientragödien wie die des alten König Laios, der von seinem Sohn Ödipus erschlagen wurde, könnten wir meinen, diese Form der Jugendgewalt sei ein dummer Einzelfall gewesen, zwar vom Orakel vorausgesagt, aber für uns heute doch ohne Bedeutung. Liest man jedoch Vorsehung als Ausdruck kollektiver Erfahrung mit dem Prinzip von Konflikten, dann kann man die Geschichte als Prototyp menschlicher Aggressionen zwischen Jugendlichen und Erwachsenen verstehen.

Vatermordgeschichten dieser Art erregen die Aufmerksamkeit der Menschheit nicht aus historischen Gründen, sondern weil Menschen ahnen, dass ihnen hier in symbolischer Form aktuelle Menschheitsdramen vorgestellt werden, die im Prinzip tödlich enden können. Mythen und Märchen wie die Ödipussage kann man als einen Hinweis auf Grundkonflikte nicht nur in den Familien, sondern auch zwischen den Generationen lesen. Angstvorstellungen wie die eines Vaters, sein eigener Sohn könnte ihn eines Tages, wenn er physisch stark genug wäre, direkt oder indirekt umbringen, um alles in Besitz zu nehmen, was dem Vater gehört, führten seinerzeit dazu, dass der Vater seinen Sohn von Geburt an argwöhnisch beobachtete und beiseite zu schaffen trachtete. Mit Hilfe solcher Geschichten können Erwachsene sehr wohl verstehen, dass Erwachsene und Kinder voreinander Angst haben, weil sie existenzielle Konflikte miteinander durchstehen müssen, die so heftige Emotionen erregen, dass Mittel der Gewalt nahe zu liegen scheinen.

Es macht über den Einzelfall hinaus Sinn, dass Individuen ihre Grundkonflikte auch in den kollektiven Bereich mitbringen, wo sie auf andere mit ähnlichen Konflikten treffen, sodass ihre individuellen Spannungen, Ängste und Problembeseitigungsversuche sich wechselseitig verstärken und überlagern. Durch Bündelungen ähnlich gelagerter Ängste und Interessen bei den »Jungen« wie bei den »Alten« entstehen Konfliktstrukturen, die im Prinzip eine ähnliche Dynamik und ähnliche Ängste vor mörderischen Aggressionen aufweisen wie die individuellen Konflikte.

Alt und Jung können sich demnach tatsächlich gleichermaßen vor ihrer Gewalt fürchten – die Alten vor der zukünftigen Kraft und vor dem Durchsetzungswillen der Jungen, die Jungen hingegen vor der Macht der

Alten, die Junge, solange sie schwach und abhängig sind, »kaltstellen« und verfolgen können. Und weil in unserem Land, in dem die Realität der vernichtenden kollektiven Aggressivität Erwachsener im Holocaust alle mörderischen Phantasien von Jugendlichen bei weitem übertroffen hat, kollektive Aggressionspotenziale tatsächlich mehr als früher von Erwachsenen und von Jugendlichen gleichermaßen gefürchtet werden müssen. Die Frage, warum sollten Menschen im Prinzip nicht wieder tun können, was sie einmal getan haben, ist keine akademische. Sie liegt vor dem Hintergrund psychoanalytischer Einsichten in intergenerationale Konflikte nahe.

Wie empfindlich und gereizt Deutsche der zweiten Generation auf das schreckliche Erbe Nationalsozialismus der ersten Generation reagieren und auf die damit verknüpften Fragen nach eigenen Gewaltneigungen, das zeigen Ausstellungen und Diskussionen. Anlässlich einer Podiumsdiskussion in Berlin über das Theaterstück »Frank« (nach dem NS-Generalgouverneur in Polen, Hans Frank) von Niklas Frank (dessen Sohn, der Ende der 80er Jahre eine öffentliche »Abrechnung« mit seinem als Kriegsverbrecher bestraften Vater unternommen und dafür waschkörbeweise bitterböse Leserbeschimpfungen erhalten hatte), sagte der Regisseur Peter Stein: »Nichts kann mich davor schützen, dass ich vermutlich schlimmer gewesen wäre als mein Vater.«[8]

Wenn man davon ausgehen muss, dass Menschen nicht einfach besser geworden sind, dann können sie bestenfalls aus alten Gewalterfahrungen lernen, um Vorsorge zur Wahrnehmung und Überwindung im Prinzip vorhandener mörderischer Beziehungskonflikte zu treffen. Diese entstehen immer wieder neu zwischen den Generationen im Sozialisationsbereich, und dort gibt es – vorausgesetzt, sie werden nicht einfach verleugnet – zum Glück viele Chancen, die Konflikte einigermaßen sozial verträglich abzubauen. Aber wo das nicht oder nur unzureichend geschieht, kann die Verbindung mit auf Gewalt basierenden politischen Ideologien und Programmen einer vorgeblich besseren und heilen Welt verhängnisvolle kollektive Gewaltprozesse in Gang setzen, bei denen die Gewaltpotenziale der Jugendlichen und die der Erwachsenen sich nicht gegeneinander richten, sondern auf ein drittes, beliebig definierbares gemeinsames und für beide neues Ziel.

Mit nationalen oder völkischen Begründungen kann in solchen Fällen leicht ein künstliches Band der Harmonie geknüpft werden, das sie beide glücklich vereint erscheinen lässt, obwohl doch die Konflikte, die sie miteinander haben, ungelöst weiterschwelen. Umso mehr kommt es für die Erwachsenen in unserer Gesellschaft, die die Gewalt Jugendlicher abbauen wollen, darauf an zu wissen, womit sie sie unwillentlich oft verstärken: mit Wegsehen, Abwiegeln, Verharmlosen, mit Separieren aus dem Kontext erwachsener Beteiligungen, mit polarisierendem Streit gegeneinander, durch Instrumentalisierungen der jugendlichen Gewaltpotenziale für eigene Interessen, sei es der Medienwirkung, der Konkurrenz, aber auch durch offene oder verdeckte Bündnisbildungen zur Durchsetzung eigener politischer Absichten.[9]

Anmerkungen

1 Wilfried Schubarth, Jugendprobleme in den Medien. Zur öffentlichen Thematisierung von Jugend am Beispiel des Diskurses zur Jugendgewalt, in: Aus Politik und Zeitgeschichte, 24. 7. 1998, S. 29–36.
2 Ute und Wolfgang Benz (Hrsg.), Sozialisation und Traumatisierung. Kinder in der Zeit des Nationalsozialismus, Frankfurt a. M. 1992.
3 Horst Eberhard Richter, Eltern, Kind und Neurose, Reinbek 1963; Helm Stierlin, Von der Psychoanalyse zur Familientherapie, Stuttgart 1975; Thea Bauriedl, Auch ohne Couch – Psychoanalyse als Beziehungstherapie und ihre Anwendungen, Stuttgart 1994.
4 Ute Benz, Die besten Freunde suchen einen Feind. Jugendliche Gewalt und die Angst vor der Wiederkehr des Verdrängten, in: Analytische Kinder- und Jugendlichenpsychotherapie 30 (1999), H 101, S. 61–79.
5 Michaela Haas, Punk oder Skin oder nichts. Wie es kam, daß in einer friedlichen Kleinstadt vier Jugendliche ein Mädchen folterten, in: Süddeutsche Zeitung, 23. 4. 1997.
6 »Da bleibt keine Nase heil« Brutalität unter Jugendlichen ist nicht länger eine Domäne von Jungen – immer mehr Mädchen prügeln und foltern, in: Der Spiegel 11/1998, S. 74–83.
7 Thea Bauriedl, Wege aus der Gewalt – Analyse von Beziehungen, Freiburg i. B. 1992.
8 Karl Müller, »Der Makel bleibt« in: Der Tagesspiegel, 22. 4. 2001.
9 Vgl. Rainer Fromm/Beate Kernbach, Rechtsextremismus im Internet, Augsburg 2001, S. 46 und S. 80.

Bernd Wagner
**Die Szene rechtsextremer Gewalt
in den neuen Bundesländern**
Voraussetzungen, Erfahrungen,
Strategien

Noch kurz vor dem Fall der Mauer war der Zusammenhang von Rechtsextremismus als System von Ideologien, Wertorientierungen und Verhalten der Jugend in der Bundesrepublik Deutschland kaum im Blick
der Öffentlichkeit und der Behörden. Zwar gab es immer wieder Straftaten mit rechtsextremem Hintergrund, bei denen junge Täter hervortra-
ten. Es machten auch Neonazi-Gruppierungen, wie die im Umfeld von
Michael Kühnen, und Skinheads, wie die Taunusfront, von sich reden.
Insgesamt galten sie als unbedeutend, als randständig. Rechtsextremismus wurde vor allem mit Parteien und Organisationen in Verbindung gebracht, die überwiegend als Sammlungen »ewig Gestriger« verstanden
wurden. Bis zum Aufwind der Partei »Die Republikaner« am Ende der
80er Jahre galt der Rechtsextremismus eher als historisches Auslaufmodell.

In der DDR waren noch 1990 die Behörden der Inneren Sicherheit davon
überzeugt, dass im Osten der Rechtsextremismus ein für alle Mal gebannt
sei. Die Übernahme der »antifaschistischen Doktrin« der DDR in die Beurteilung der Lage verstellte für längere Zeit den Blick auf die Realität in
der DDR und sodann auf die neuen Bundesländer.

Beide Perspektiven – Rechtsextremismus als Auslaufmodell und sein Ge-
bannt-Sein in der DDR – bestimmten längere Zeit die Interpretation der
historischen Situation nach 1990. Hinzu trat die Vorstellung, dass rechtsextreme Militanz Jugendlicher besonders im Osten, die angesichts der
Straftatenentwicklung selbstverständlich nicht ignoriert werden konnte,
eine unmittelbare Folge des normativen Autoritätsverlustes sei, der mit
der Festigung staatlicher Macht, sozialer Betreuung und Entwicklung
ökonomisch »blühender Landschaften« schnell kompensierbar wäre. In
diese Richtung orientierten sich staatliche Maßnahmen auf allen Ebenen,[1]
die sich aber bald als nicht hinreichend erweisen sollten. Der Zustand ist

bis heute nicht behoben, wenngleich in einigen Bundesländern vieles zu Wege gebracht wurde.[2]

In der Politik, im Bereich der Inneren Sicherheit[3] und in weiten Teilen der Forschung wurde nicht rechtzeitig erkannt, dass sich seit den auslaufenden 70er Jahren eine Rekonstruktion des Rechtsextremismus über jugendliche Szenen und Milieus innerhalb einer ebenfalls feststellbaren Rekonstruktion des Völkischen in der kollektiven Psyche der Deutschen vollzieht.[4] Dies zeigt sich auch im zunehmend von ethnischen Themen beherrschten öffentlichen Diskurs.[5] Das betrifft nicht nur Ostdeutschland, wenngleich hier ein offensichtlicher Vorlauf angesichts besonderer historischer Umstände und gesellschaftlicher Konstellationen zu bemerken ist. Auffällig daran ist, dass die Phänomene des Rechtsextremismus nicht direkt parteiförmig, sondern als Bewegungszusammenhang erscheinen.[6]

Es ist bei den zu beachtenden Unterschieden der regionalen Entwicklungen in Ost und West eine Symmetrie der Problemlage gegeben, die geschichtlich weiter zurückreicht und die Frage aufwirft, warum fast zeitgleich in Ost und in West der rechtsextreme Rekonstruktionsprozess über die Jugend bei allen Unterschieden in der sozialen Ökonomie, in kulturellen Optionen und im politischen System anhebt.

Exkurs DDR

Die in der DDR Ende der 70er, Anfang der 80er Jahre verstärkt hervortretenden Jugendkulturen und -strömungen differenzierten sich u. a. in solche, deren Identität auf Gewalt beruht bzw. in denen Gewalt als probates Instrument zur Durchsetzung von Ansprüchen angesehen wird, und in jene, deren Selbstverständnis Gewalt gänzlich oder weitgehend ausschließt. Insofern sind hier die Ansätze für die Entwicklung in extremistische Gruppierungen gegeben. Gewalt ist jedoch nur eine Bedingung. Zugleich bildeten sich neben ursprünglichen jugendkulturellen Werten ideologische Muster heraus, zum Teil mit politischer Orientierung, die sich zunehmend in spezifisch ideologisch motivierter Gewalt entluden.

Dem Ursprung nach handelte es sich um spontane Reaktionen auf die wirtschaftliche und soziale Stagnation sowie den Verfall von Identifikationswerten im realen Sozialismus. Eine Reaktion auf das Ausbleiben sozialer und vor allem politischer und kultureller Innovationen, die von diesem System auch immer weniger erhofft wurden. Es war ein Aufbegehren gegen die autoritär-paternalistische Gesellschaftsstruktur, das einerseits zunehmend von ebenso autoritären Wertkontexten vorangetragen wurde, andererseits in ein libertäres Selbstverständnis mündete und mittig verschiedene humanistisch-demokratische Diskurse begründete, aus denen spätere Strömungen von Bürgerbewegung hervorgingen. Schon damals gab es ideologisch-kulturelle Vorzeichnungen der poststalinistischen DDR und des vereinigten Deutschland, die am deutlichsten in der damaligen Jugend optisch erkennbar waren, sich allerdings noch nicht als ausdrücklich politischer Protest artikulierten. Die Öffentlichkeit vermutete in der Regel, es handle sich bei Gewaltaktionen oder Aufmärschen lediglich um die Auseinandersetzungen konkurrierender Jugendgruppen oder um altersentsprechenden jugendlichen Überschwang.[7]

Die rechtsextrem orientierte, autoritär-völkische Jugendszene, verbunden mit den Szenen von Skinheads, Faschos, Hooligans, entwickelte sich stufenweise, immer war sie gewalttätig. Sie unterschied sich von den Gewalttätergruppen der 70er Jahre. So gab es damals keine dauerhaft fixierten Opfergruppen, keine beständig konturierten Feindbilder, seltener wurden gefährliche Mittel und Methoden bei der Begehung von Straftaten eingesetzt, der Anteil begleitender Sachbeschädigung oder alleiniger Sachbeschädigung aus Gruppen war offensichtlich größer.

Die Entwicklungsstufen in den 80er Jahren waren im Vergleich zu denen der 70er gekennzeichnet durch die wachsende Zahl der Anhänger gewalttätig auftretender Gruppen, die Veränderungen der Gewaltformen, die Veränderung der Zusammensetzung der Gruppierungen und der Organisationsformen sowie die zunehmende völkisch-nationalistische und rechtsextreme Ideologisierung.

Das Ziel bestand nicht in der Bildung von klassischen Parteien, d. h. weder die Arbeit auf parlamentarischer Ebene noch die Übernahme der Staatsmacht wurden angestrebt. Es gab keine geschlossenen politischen Konzepte oder Programme, die einen Ordnungsentwurf für eine neue, gewaltsam aufzubauende Gesellschaftsorganisation darstellen. Das klassische Protestverhalten gegenüber der etablierten gesellschaftlichen Macht fehlte; es handelte sich auch nicht um überwiegend marginalisierte, aus der Gesellschaft ausgegrenzte Personengruppen, die im Einsatz von Gewalt das einzige verfügbare Mittel zur Verteidigung ihres autonomen, marginalen Lebensraumes sahen. Das Ziel bestand darin, Anerkennung bei der unstrukturierten Mehrheit der Bevölkerung zu erzwingen und sich als militante Verteidiger »deutscher« Bevölkerungsinteressen auszuweisen.

So gesehen ist der klassische Politikbegriff hier bis heute nicht anwendbar. Es kann in diesem begrifflichen Sinn dann auch nicht von politisch motivierter Gewalt gesprochen werden, wenngleich sie im objektiven Sinne rechtsextrem war und ist. Das gewalttätige Handeln der Gruppen wird von Reflexen geleitet, die auf eingeübten politischen Parolen aufbauten.

1988 zeigten sich die ersten direkt militant-politischen Gruppen; sie sympathisierten mit westlichen rechtsextremen Strukturen, wie der Gruppierung um Michael Kühnen oder der Freiheitlichen Deutschen Arbeiterpartei (FAP).

Argumente für ausländerfeindliche Haltungen wurden aus dem Alltagsverständnis eines Teiles der DDR-Bevölkerung geschöpft. Im Ergebnis einer »unpolitischen« Strategie wuchs deren Akzeptanz in der Bevölkerung in beachtenswertem Tempo, immer verknüpft mit der Person und dem Begleitsatz: »Das sind doch keine neonazistischen Bestrebungen.« Die langsam in der Szene aufgesogenen Ideologie-Versatzstücke aus dem neonazistischen Arsenal passten zum Gewaltritual.[8]

Mit dem Ende der DDR hatte sich das strukturelle und personelle Skelett des ostdeutschen Rechtsextremismus herausgebildet und war mit dem westdeutschen in verstärkte Beziehung getreten. Die Orientierung an Ideen des »nationalen Sozialismus« war die Norm. Mit dem Beitritt der DDR zur Bundesrepublik setzt ein neuer Schub in der Verbindung von Rechtsextremismus und Jugend vor dem Hintergrund anwachsender völkischer Diskurse ein, die sehr deutlich mit dem Thema Asyl und Ausländer verbunden sind.[9]

Rechtsextreme Strukturen, soziale Bewegung gegen Ausländer, Gewaltexplosionen 1990–1995

Seit 1990 tauchten in den neuen Bundesländern Gruppen junger kurzhaariger Leute auf, die sich als Anhänger der DVU bezeichneten. Schnell ergab es sich, dass es sich eigentlich um nationalsozialistische Strukturen handelte, die sich einen Schafspelz überziehen wollten, um die Bürgerakzeptanz zu verbessern. Solche Versuche währten nie lange. Die Aktivisten der Gruppen, die sich die Taktik ausdachten, mussten sich zwangsläufig mit der DVU und der Person Gerhard Freys beschäftigen, was bei ihnen heftige Aversionen auslöste. Die Partei »Die Republikaner« (REP) fristet bis 1995 und zunehmend bis heute neben anderen rechtsextremen politischen Projekten in den neuen Bundesländern ein Schattendasein. Punktuell kooperieren »Republikaner« mit der »Deutschen Sozialen Union«, diese hat zunehmend auch weniger Scheu, die NPD anzusprechen.[10]

Die DDR-Regierung verbot 1990 die Partei »Die Republikaner« wegen ihres rechtsextremen Auftretens in der sterbenden DDR, nicht nur zu den Leipziger Montagsdemonstrationen. Die Westpartei unternahm ab Januar 1990 einen regelrechten Propagandafeldzug, um Sympathien zu gewinnen, das Thema deutsche Einheit an sich zu ziehen und um Basisorganisationen aufzubauen. Die Partei hatte jedoch Pech. Bei ihr meldeten sich zunächst Leute, die kaum in der Lage waren, eine Basis aufzubauen. Zugleich waren die »Deutsche Soziale Union« (DSU), die CDU und der »Demokratische Aufbruch« (DA) hinsichtlich des Themas deutsche Einheit übermächtig.

Mit dem Beitritt der DDR zur Bundesrepublik Deutschland am 3. Oktober 1990 fiel das Verbot der »Republikaner« fort. Nach und nach verbesserte sich die personelle Basis, u. a. durch Überläufer aus der »Sozialistischen Einheitspartei Deutschlands« (SED) und der Nationalen Volksarmee. Eine breitere Basis blieb ihr jedoch bis heute versagt. Das trifft auch auf den Ostteil Berlins zu. Die geringste Akzeptanz besitzen die REP bei jungen Menschen in den neuen Bundesländern, die sich im Falle einer rechtsextremen Orientierung den national-sozialistischen oder nationalrevolutionären Kameradschaften, Skinhead-Sektionen der Richtung »Hammerskin« oder »Blut und Ehre« und deren sozialem Betrieb zuwenden.

Mit der Intensivierung der Asyldebatte seit 1990 und der Zuweisung von Asylbewerbern in den dafür nicht vorbereiteten Osten kam es zu einem Schub ausländerfeindlicher Stimmungen, der sich zu sozialen Bewegungsformen aufschaukelte, in denen jugendliche rechtsextreme Milieus, Szenen und Gruppen eine zumeist über Gewalt definierte Rolle spielten, den Willen der Straße ihren Altvordern gegenüber zum Ausdruck brachten. Dieser Prozess verlief in den neuen Ländern auf einer sehr nieder-

schwelligen Tabu-Ebene. Er war auch in den alten Bundesländern festzustellen, da er kombiniert mit der Artikulation von Konflikten und Wahrnehmungen und Befürchtungen auftrat, die sich aus einem langjährigen
multikulturellen Zusammenleben ergeben. Es wurde auch massive Gewalt ausgeübt, die allerdings gemessen am »Ausländeranteil« weniger
krass ausfiel. Zugleich schien die Offenheit völkischer Bekenntnisse zur
Gewalt nicht so stark ausgeprägt.

Argumente für ausländerfeindliche Haltungen nach 1990 wurden aus dem
Alltagsverständnis eines Teiles der DDR-Bevölkerung geschöpft, die sich
aus akkumulierten Affekten ergaben. Angesichts der ökonomischen und
sozialen Veränderungen in der Treuhand-DDR und den neuen Bundesländern verstärkten sich die kollektiven Affekte massiv und erlangten die
Dimension einer sozio-ideologischen Grundströmung, die in den Ereig-
nissen von Hoyerswerda, Rostock und anderswo eruptiv zum Ausdruck
kam. Zusammengefasst waren diese Affekte auch DDR-spezifisch schon
im Jahr 1988 präsent:

- Ausländer versauen uns die Lebensbedingungen, die auch ohne Ausländer schon schlecht genug sind.
- Ausländer nehmen uns den ohnehin knappen Wohnraum weg.
- Die Polen kaufen unsere Kaufhallen leer, um Spekulationsgeschäfte zu
  machen und sich als Schmarotzer zu bereichern.
- Die Afrikaner schleppen Aids in die DDR ein und begrapschen unsere
  deutschen Frauen.
- Die dreckigen Türken kommen aus Westberlin mit der D-Mark und
  machen unsere Frauen zu Prostituierten.
- Die Türken und die Neger kommen hierher und machen mit ihrem
  dicken Portemonnaie Randale; ihre Aggressivität fordert nicht selten
  sogar Todesopfer unter den DDR-Bürgern.
- Und für das alles wird ihnen von der Regierung noch Zucker in den
  Hintern geblasen. Die Bürger und insbesondere die Jungen gehen immer leer aus.
- Da man keinen Einfluss auf diese Regierung ausüben kann, muss man
  sich eben direkt zur Wehr setzen. Jedem Ausländer muss klargemacht
  werden, dass er von hier so schnell wie möglich zu verschwinden hat.

Mit solcher unablässig wiederholten Argumentation wird an die konsum-
orientierten Interessen der Bevölkerung appelliert, um bei ihnen die Ab-

lehnung von Ausländern aus der persönlichen Lebenslage heraus zu motivieren. Die Argumente vermitteln dem Zuhörer das Gefühl, er habe das alles am eigenen Leibe gespürt. Die latente Unterstützung für die Losungen der Szene nimmt zu. »Skinheads können ihren Willen mit Gewalt durchsetzen und werden immer Sieger bleiben« und »Wir kämpfen die deutschen Städte ausländerfrei«, so lauteten die Slogans der militanten rechtsextrem orientierten Jugend. Repressivmaßnahmen von Polizei und Strafjustiz konnten inzwischen als Selbstbestätigung gut verkraftet werden.

Viele Städte besaßen eine »kampferprobte« rechtsextremistisch ausgerichtete Szene.[11] Skinhead- und Fascho-Gruppen befanden sich Ende 1989 innerhalb der Städte und Stadtbezirke auf verschiedenen Entwicklungsstufen. Die unterste Stufe waren lose Cliquen ohne organisatorische Strukturen. Die höchste Stufe bildeten Kleingruppen mit zehn bis zwölf Mitgliedern, für die die eigene Gruppenorganisation bereits zum Fetisch geworden war. Je weiter die innere Organisation der Gruppe entwickelt war, desto geringer war die Wahrscheinlichkeit, dass gewalttätige Handlungen und gezielt eingesetzter, Angst verbreitender Terror so bekannt wurden, dass sie zu einem polizeilichen Ermittlungsverfahren führen konnten.

Die Organisation der Gruppe sicherte die Gewaltakte ab. Die allmähliche Entwicklung des Organisationsniveaus wirkte zugleich als Selektionsprozess unter den Anhängern der Gruppierung. Wer sich den disziplinierenden Forderungen nicht anpassen konnte, wurde von der Gruppe abgetrennt. In der Gegenrichtung kamen Aufsteiger aus Cliquen in organisierte Gruppen. Jeder Prestigegewinn einer Gruppierung in der Öffentlichkeit wurde als Erfolg der eigenen Organisationsqualität gewertet. Das förderte die Bereitschaft, sich den Unbequemlichkeiten der Organisation gegenüber positiv zu verhalten. Die Parolen über Zucht und Ordnung, deutsche Treue und Kameradschaft, Sauberkeit und Disziplin gediehen in einer straffen inneren Organisation besser und förderten diese wiederum.

Durch die festen Gruppen entwickelte sich das überregionale Kommunikationssystem besser. Die Treffpunkte verlagerten sich aus den Discos und Jugendclubs in andere Räume. Die Kommunikationsbeziehungen zwischen allen »Schichten« der Szene bzw. der Bewegung, jüngeren und älteren Gruppen, verschiedenen Stadtteilen und dem Umland beruhten auf der hohen personalen Stabilität. Aus rechtsextremen Gruppen konnte keiner auf eigenen Wunsch einfach »aussteigen«. Neonazistisch orientierte Personen gingen aus noch heute existierenden, immer wieder durch Nachwuchs aufgefüllten Skin-Gruppen hervor. Ihre in der Skinhead-Phase dort erworbene Autorität ermöglichte später eine gezielte Einflussnahme. Skinheads und Faschos wie auch Teile der Hooligans ließen sich mittels dieser historisch gewachsenen Personalbeziehungen durch den neonazistischen Bereich der Gesamtbewegung lenken. Das bewährte sich bei »Großaktionen«.

Die Gewaltakte der militanten Gruppierungen im Osten wirkten auch über Medien vermittelt in den Westen hinein. Seit 1992 erhöhten sich auch im Westen die Zahlen von Übergriffen auf Ausländer erheblich. Die Szenerien von Skinheads waren und sind in der Bundesrepublik Deutschland, was ihre ideologischen Levels betrifft, sehr heterogen. Die verschiedenen Richtungen buhlen mitunter bis in die Gegenwart um einen Alleinvertretungsanspruch. Tatsache ist wohl, dass die rechtsextremen Skinheads mehrheitsfähig sein dürften. Das trifft ganz sicher für den Osten zu, wo nichtrechtsextreme Skinheads eine marginale Größe sind. Das Gros der rechtsextremen Skinheads orientierte sich in der ersten Hälfte der 90er Jahre an den nazistisch/volkssozialistischen Strukturen der Gesinnungsgemeinschaft der »Neuen Front« mit ihren vielfältigen Zellorganisationen, der »Nationalistischen Front« oder der »Freiheitlichen Deutschen Arbeiterpartei«.[12]
Diese Gruppierungen übten auf viele Jugendliche große Anziehungskraft aus, drückten sie doch die eigenen Gefühle und Ansichten aus, zeigten sie doch Macht, die Identität vermitteln konnte. Insofern hatten der Gewaltprozess, die Machtaura und die allgegenwärtigen völkisch-ausländerfeindlichen Stimmungen katalytische Funktion hin zu einer weiteren Normalisierung rechtsextremer Orientierungen in der Jugend, die als objektiver Prozess dazu führte, dass die rechtsextrem orientierte Jugendszene in der Mitte der 90er Jahre im kommunalen Kontext als in sich heterogener »Flickenteppich« zu einer Sozialisationsmacht geworden ist, die ab da immer weniger Energie in militante »Raumordnungskämpfe« stecken muss, um ihre Geltung zu behaupten oder zu erweitern.
Die von den Innenministern von Ländern und Bund in dieser Zeit ausgesprochenen Verbote konnten nur einen Teil der Szenerien treffen. Eine

normative Abschreckungswirkung konnte kaum festgestellt werden, allenfalls eine zeitweilige Verunsicherung und der Verlust von Orientierung auf die vormals vorhandenen militanten rechtsextremen Organisationen, was mitunter als Rückgang des Rechtsextremismus missdeutet wurde.[13] Junge Leute haben sehr dazu beigetragen, dass in Ostdeutschland gegenwärtig die »Deutsche Volksunion« und Abspaltungen in zwei Landesparlamenten, wenngleich wenig erfolgreich, sitzen. Hier zeigen sich Potenziale von rechtsextremen Orientierungen und der Ablehnung der etablierten demokratischen Parteien und ihrer als stagnierend empfundenen Politik.[14] Zwar konnten sich die anderen rechtsextremen Parteien bei den letzten Wahlen insgesamt nicht günstig platzieren, jedoch sollte ihr Potenzial nicht unterschätzt werden. In manchen Regionen kommen sie zusammengenommen auf Stimmenanteile von deutlich mehr als fünf Prozent.[15]

Die rechtsextremen und völkisch orientierten Parteien und Gruppierungen konnten auf erweiterte und stabilisierte Potenziale zurückgreifen, die deutlich in der jungen Generation verortet sind, aber auch Enttäuschte aus den älteren Generationen einbinden. Zusammengenommen bilden sie gegenwärtig ein tatsächlich politisch relevantes Potenzial von sechs bis acht Prozent der abgegebenen Wählerstimmen.

Hier wirken sich Sichtweisen auf die Realität aus, die verbunden sind mit rechtsextremen Orientierungen. So sehen sich viele Ostdeutsche betrogen, ihrer Hoffnungen beraubt, in der Bundesrepublik eine bessere Heimat als in der DDR zu haben. Es breitet sich das Gefühl aus, dass die westdeutschen Eliten gar kein Interesse an den Ostdeutschen haben, was als ein Verstoß gegen die Solidarität gewertet wird, die ja gerade vor dem Fall der Mauer immerwährend propagiert wurde. Ausländer sind »Störenfriede«, die die »Volksgemeinschaft« zerstören, weil »die Ausländer« vonseiten der liberalistischen westdeutschen Eliten höher geschätzt werden als die Ostdeutschen. Hierin erscheint eine spezifische Variante des Rassismus und des Völkischen, die häufig als Ausländerfeindlichkeit oder Fremdenfeindlichkeit charakterisiert wird. Diese Vorstellungen besitzen sicher eine spezifisch ostdeutsche Färbung. Im Kern ist diese völkische Denkfigur als »Überfremdungs«gedanke aber überall in Deutschland festzustellen, was sich bis in die Politik der demokratischen Parteien auswirkt.[16]

Auch die repräsentative Demokratie steht auf dem Prüfstand. Langsamkeit von Verwaltung und Justiz, Paragraphendschungel, Vetternwirtschaft und Lobbyismus, staatlicher Protektionismus für die Reichen, Elitarismus der etablierten Parteien werden täglich erlebt und beklagt. Es bleibt die Sequenz, dass der »kleine Mann« wieder der Willkür der Herrschenden ausgesetzt ist, als ein neues Gefühl der Unfreiheit, das dann mit einer anderen Unfreiheit bekämpft werden soll. Die Krise der CDU angesichts der Spendenaffäre und des verfassungsnegierenden Verhaltens des Altkanzlers Kohl sowie politische Haltungen der Rot-Grünen Regierung (einschließlich Kosovo-Konflikt) zeigen ebenso Wirkungen wie die politischen Entwicklungen in Österreich. In diesen Entwicklungen steckt eine erhebliche Sprengkraft. Es bleibt abzuwarten, ob sie sich entfaltet.

Der eigentlich bedeutsame Vorgang neben der Rekonstruktion völkischer Debatten und Diskurse besteht seit Mitte der 90er Jahre darin, dass sich ein heterogener rechtsextremer Mainstream gebildet hat, der sich nicht eindimensional an jugendkulturellen Stilen wie den Skinheads festmacht. Aus der Skinhead-Struktur heraus entwickelte sich eine Jugendkulturlandschaft, die sich als »rechts«, scheinbar unpolitisch, als Pop-System und als sozialer Aufbruch versteht. Die innerlich bindenden ideologischen Texturen sind rechtsextremer und völkischer Natur, was sehr deutlich in der Symbolik und in pop-kulturellen Produktionen zum Ausdruck kommt. Völkische und rechtsextreme Bilder der Geschichte, des Gesellschaftszustandes, des Menschenbildes und historische Visionen bestimmen das Bewusstsein in den Szenen und Jugendmilieus, die in den Kommunen und Regionen erheblichen Einfluss auf die jeweils nachwachsenden Jahrgänge als neue Sozialisationsmacht besitzen.

Diese Szene hat eigene Idole, wie den verstorbenen britischen Sänger Ian Stuart, Gründer der Band »Screwdriver« und Mitinitiator des Netzes »Blood & Honour«, Liedermacher wie Frank Rennicke und Jörg Hähnel, Bands wie »Landser«, »Spreegeschwader« oder »Volkstroi«, »Odins Erben« oder »Thorshammer«. Diese Idole werden nicht nur in der Jungmännerwelt geliebt und verehrt, zunehmend zelebriert auch das weibliche Publikum den braunen Pop-Kult und schwadroniert die völkischen Parolen glaubensrituell. Das verweist darauf, dass Partnerschaft als soziale Instanz nunmehr komplett in die rechtsextrem orientierte Szenelandschaft implementiert ist. Einig sind alle sich als »rechts« definierenden Szenen und Milieus darin, dass multikulturelle Kulturen abzulehnen sind. RAP, Hip-Hop gehören ebenso dazu wie die Programme der Fernsehsender MTV und VIVA.

Versuche, die Techno-Raver-Szene zu infiltrieren, gelangen kaum. Die Musik jedoch ist in der völkischen Jugendlandschaft durchaus beliebt, vermittelt sie doch ein kollektivistisches Krafterlebnis. Anders zeigt sich die Situation in der Heavy-Metal-Kultur. Hier ist ein zunehmender rechtsextremer Ideologiediskurs festzustellen. Einige Bands wie »Allerseelen« und »Death in June« stellen sich in dieser Beziehung ziemlich eindeutig dar. Ebenso verdichtet sich der rechtsextrem-satanistische Diskurs.[17]
Der quantitative Anteil rechtsextrem orientierter Milieus im Jugendbereich bis zum Alter von etwa 30 Jahren kann schwer bestimmt werden. Anschwellen und Abflauen ist in den verschiedenen Regionen und Kommunen festzustellen. Solche Entwicklungen greifen auch zunehmend in den alten Bundesländern Raum, wenngleich sie dort noch marginal erscheinen. Soziologische Messergebnisse in Ostdeutschland[18] verweisen auf ein Band von 10 bis 40 %, manche Vor-Ort-Berichte setzten solche Zahlen als weitaus zu niedrig an. An der Stelle erweist sich der Mangel einer interdisziplinären und modernen Rechtsextremismusforschung, die sich nicht nur einzelne Aspekte, zumeist einige Einstellungen, herausgreift. Interessiert es in der deutschen Gesellschaft nur einige Berufsbetroffene, dass sich ein kulturell verankertes nationalistisch-völkisches Syndrom herausbildet und verfestigt, das besondere Kraft in der Jugend besitzt, aber auch alle übrigen sozialen Schichtungen und Altersgruppen der Bevölkerung erfasst?

In den letzten drei Jahren haben sich die Orientierungen der rechtsextrem orientierten Szenen und Milieus in Richtung germanisch-heidnischer Mythologie, verbunden mit einer rassistischen Reichsidee, deutlich verstärkt. Das ist gerade vor dem Hintergrund einflussschwacher christlicher Kirchen bedeutsam, zeigt sich rechtsextreme Ideologie nunmehr auch als politische Religion, die esoterische Aspekte einschließt. Die verschiedenen ideologischen Facetten des Rechtsextremismus und des Völkischen wachsen aufeinander zu und bringen immer neue qualitativ höher entwickelte Synthesen mit stärkerem sozialen Einfluss hervor.
Gewalt spielt in den rechtsextrem orientierten jugendlichen Milieus eine besondere Rolle.[19] Sie ist integrierendes Moment und Baustoff für das individuelle Ich eines Teils der rechtsextrem orientierten Szene. Insofern

saugt sie beständig vielfältige Persönlichkeitstypen an, darunter auch psychopathologische, weil der durch Drohung und Gewalt erzeugte Machtkontext wirksam ist. Den einen ist er Ausdruck ihrer aggressionsgeladenen Identität, den anderen verheißt er Schutz durch Teilhabe an der Macht, wieder anderen gibt er die Illusion von Persönlichkeit und Omnipotenz. »Führernaturen« finden hier ihr Element.

Gewalttaten entspringen in der Regel aus zwei Grundsituationen, wobei die erste überwiegt. Da ist das aggressive Aufschaukeln einer Situation in Berührung mit »Feinden« und ihre Entladung in der Gewalt. Trunkenheitsentgleisungen sind dabei eine begünstigende Bedingung, aber nicht die Ursache. Die zweite Situation ergibt sich aus der Beurteilung von »Feinden« und ihrer mehr oder minder qualifizierten und geplanten methodischen »Bekämpfung«. Hier spielt auch ein spezifisches Raumordnungs- und Machtfeldbewusstsein eine Rolle, wo eigene Einflussgebiete definiert werden, die nach Maßgabe der eigenen Kraft ausgeweitet werden. Mitunter werden sie in der Szene als »national befreite Zonen« bezeichnet. Äußerlich mutet dieses Verhalten wie der »Kampf rivalisierender Jugendbanden« an, wie das Lagedarsteller der Polizei und mancher Verfassungsschutzämter immer wieder zu suggerieren suchen. Tatsächlich handelt es um einen ideologisch begründeten Kleinkrieg gegen »Feinde« um Raumordnung. Dort wo der »Feind« fehlt, bedarf es keiner Gewalt. So freuen sich biedere Bürger über die guten »Rechten«, die so friedlich sind und alte Omas in Frieden ziehen lassen, und darüber, dass es keine »hässlichen und stinkenden Punks« mehr gibt.

Feststellbar sind auch Steuerungen von Gewalt, d. h. ein Führungs- und Funktionssystem, wie der nazistische »Thüringer Heimatschutz«, vermag Gewalt zu dosieren, was dann schwere Sachbeschädigungen vonseiten militanter »Antifaschisten« auslöst (in der Darstellung des Verfassungsschutzes ist das Dominanz von linksextremem Terror, wobei die tatsächlichen strategischen »Machtverhältnisse« auf den Kopf gestellt werden).

Welches sind die »Feinde«? Es sind die mit biologistisch aufgeladenen Ungeziefernamen und Abartigkeitsbezeichnungen stigmatisierten Gruppen, die nach einem abstrakten Merkmalskatalog definiert und denen konkrete Individuen dann im sozialen Nahraum zugeordnet werden. Die »Oberfeinde« sind »Kanacken« und »Zecken«. Die ersten sind phänotypische »Undeutsche«, die zweiten »Undeutsche« nach Ideologie und

Kultur. In jedem Fall ist ihre »Bekämpfung« in den Augen der Szene-
vertreter moralisch legitim, weil sie als apokalyptische Verderber des
»Deutschen« gelten. Man leidet in deren Anwesenheit, wie ein junger
Rechtsextremist bekundete, dass er »Pickel und Ekel kriege«. In den
Feindbildkreis gehören weiter: Juden, »Popen«, Schwule, »Kinderficker«
und andere »Abartige«, »Assis« oder »Asseln«, »Mukus« (Multikulturelle), »Politbonzen« und »Systembullen«, »Freimaurer« und »Illumina-
ten«. Auch »genotypisch Behinderte« finden als »unwertes Leben« keine
Gnade.

Es ist angesichts der dargestellten Feindbildpalette nachvollziehbar, dass
in der Szene ständig Alarmstimmung herrscht, d. h. der Pegel an Gewaltbereitschaft enorm hoch ist. So ist es zu erklären, dass so genannte »Spon-
tantaten« ablaufen, ohne dass es ein längeres Vorspiel gibt. Entscheidend
ist das soziale Reiz-Reaktionsmuster, das dem klassischen Muster der
Aggressionsauslösung in übertragener Weise folgt. In einem solchen
Sinne sind junge Leute, die sich in der rechtsextremen und rechtsextrem
orientierten Szene (vor allem in ihrem militanten oder pauperistischen
Segment) aufhalten und sich mit ihr identifizieren, stets kriminell gefährdet.

Rechtsextreme Gewalt ist nur zu einem Teil »politisch motivierte« Gewalt, wie sie die Behörden der inneren Sicherheit definieren. Sie ist vor
allem ein ideologisch und sozialpsychologisch begründeter Handlungs-
komplex, der motivational aus weltbildlichen Definitionen entspringt und
im Sinne des Rechtsextremismus intendiert und funktional ist. Der im-
plementierte ideologische Glaube lässt in den Gruppen und Köpfen eine
Spannung zu den »Feinden« entstehen, ein Ungleichgewicht, das mit dem
Erscheinen eines »Feindes« über Aggression und Gewalt strategisch auf-
gelöst werden soll. Bei den Tätern ist immer wieder Gereiztheit, Inten-
sitätssteigerung, Umweltblindheit, Borniertheit auffällig.

Die rechtsextrem orientierten Szenestrukturen, die den Gewaltkontext
bilden, sind auf der einen Seite sozial, psychosozial und mental sehr unterschiedlich. Die differenzierenden Merkmale erstrecken sich auf
– die soziale, altersmäßige Zusammensetzung,
– die geschlechtermäßige Zusammensetzung,
– die Aktivitätsrichtungen und -intensitäten,
– den Ideologievorrat und die Internalisierungstiefen von Ideologiese-
quenzen,

– die Gewaltausprägung, den Umgang mit Gewalt,
– den Grad der Einbindung in rechtsextremistische Strukturen.

Zu einem Teil bilden sie den geschichtlich stets vorhandenen kriminell-pauperistischen Schichtungszusammenhang ab, der zwischen Dorf und Stadt in der Erscheinungsweise divergieren kann. Die Peer-group-Clique ist eine zweite Seite des sozialen Sammlungsgeschehens. Auf diesem Piedestal entwickeln sich verschiedene Organisationsaufbauten, die quasi als »natürlich« erscheinen und nicht den Anschein einer politischen Organisation vermitteln müssen wie eine »Kameradschaft«. Direkt politische Organisationen nach westlichem Organisationsverständnis sind im Zusammenhang mit Gewaltkontexten in den neuen Bundesländern eher eine Ausnahme, sieht man von Gruppen im Zusammenhang mit Anti-Antifa-Aktivitäten[20] ab.

NPD und jugendliche Milieus

Viele Wurzeln der NPD und ihrer Jugendorganisation »Junge Nationaldemokraten« (JN) befinden sich im Boden einer rechtsextrem orientierten Jugendkultur, die in der Lage ist, erhebliche soziokulturelle Kapazitäten aufzubringen und sozialräumliche Dominanzen herzustellen. Sie erweist sich als ein sich selbst organisierendes soziales System, das in Korrespondenz mit der Entwicklung der NDP/JN und den »autonomen Kameradschaften« die Qualität einer manifesten soziokulturellen Institution erlangt, ohne staatliche Finanzen, nur durch die Kraft der psychisch-kollektivistischen Elemente und der ideologischen Texturen, die durch ihre Träger als Sprungbretter zur »wahren Freiheit« erlebt werden. Hieraus nährt sich die Vitalisierung der NPD, zugleich wirkt sie massiv fördernd auf die Jugendszene zurück.

Die völkischen Stimmungen sind es, die der NPD im Osten u. a. Aufwind verschafften. Nicht von ungefähr wird heute die NPD bundesweit offiziell aus Dresden geführt. Das allein ist es jedoch nicht. Die NPD funktionierte nunmehr nicht nur als Stimmungspartei, die anlässlich von Wahlen erntet oder versagt. Die NPD setzte mit Entwicklungshilfe des Berliner Vereins »Die Nationalen e. V.«, der bis November 1997 bestand, auf örtliche Gruppierungen (Kameradschaften) und Milieus. Angesagt ist primär die

Eroberung des kommunalen Nahraums. Das war und ist ein Konzept, das kurz gesehen vielleicht für Heißsporne unattraktiv ist, längerfristig jedoch stabilen dezentral vernetzten Einfluss erzeugt, der auch wahl- und politikrelevant werden kann. Hier hinein gehört der von Rechtsextremisten genutzte Begriff der »national befreiten Zonen«[21]. Diese sozialen Gebilde bestanden schon, als noch niemand diesen Begriff gebrauchte. Entscheidend ist der reale soziale Prozess, der bezüglich der Kraftverhältnisse eines demokratischen und eines rechtsextrem-wertorientierten Alltags in einem Dorf, einer Stadt, einem Stadtteil entsteht. Es geht um soziale Hegemonie rechtsextremer und rechtextrem orientierter Strukturen, um räumliche, soziale, zeitliche, personelle und geistige Konstellationen und um die entsprechenden Maßverhältnisse der Strukturen und ihrer Wirkung.

Eine weitere strategische Option ist die der kulturellen Subversion, rechtsextremer Gramsciismus, wie er in der französischen und deutschen Neuen Rechten seit Jahren propagiert wird. Die Jugend steht dabei im Mittelpunkt. Alltagsmentalität zu prägen und nationalistische ganzheitliche Menschen zu formen ist der instrumentelle Fixpunkt, über den der historisch-politische Einfluss in der Zukunft laufen soll.

Anmerkungen

1 Beispiele dafür waren das Aktionsprogramm gegen Aggression und Gewalt Jugendlicher in den neuen Ländern (AgAG) und diverse Sonderprogramme in Ländern.
2 In den Bundesländern Brandenburg und Sachsen-Anhalt wurden Landesprogramme aufgelegt, die neben staatlichen Maßnahmen die demokratische zivilgesellschaftliche Aktivität der Bürger gegen rechtsextreme Tendenzen stärken sollen. In Mecklenburg-Vorpommern und in Thüringen gibt es diesbezügliche Bemühungen. Auch im Bereich der Polizei gab es verstärkte Maßnahmen, wie die SOKO REX in Sachsen oder die MEGA in Brandenburg, die selbstredend das Problem rechtsextremer Militanz nicht allein bewältigen können.
3 Siehe die diversen Verfassungsschutzberichte von Bund und Ländern.
4 Vgl. Hajo Funke, Deutschland zwischen Demokratie und völkischem Nationalismus, Göttingen 1993.
5 Vgl. Hans-Gerd Jaschke, Rechtsextremismus und Fremdenfeindlichkeit, Berlin 1994.
6 Vgl. Bernd Wagner, Rechtsextremismus und kulturelle Subversion in den neuen Ländern, Berlin 1998.
7 Eine Vorstellung, die sich noch heute großer Beliebtheit erfreut.
8 Peter Krüger, Produktion-Thomas K. (22) – Porträt eines DDR-Neonazis, Berlin 1993.

9 Vgl. Bernd Wagner, Jugend-Gewalt-Szenen, Berlin 1995.

10 Vgl. Bernd Wagner, DVU, NPD, REP in Ostdeutschland, in: Jens Mecklenburg (Hrsg.), Braune Gefahr, Berlin 1999.

11 1989 registrierte die Hauptabteilung Kriminalpolizei des DDR-Innenministeriums in der Dokumentation R etwa 1000 Personen unter der Rubrik C, was bedeutete: rechtsextrem, intensiv gewalttätig; dazu gab es unter anderen Rubriken weitere Personen, wie rechtsextrem orientierte Hooligans; insgesamt rechnete die damalige DDR-Kripo mit einem Verfügungspotenzial von ca. 15 000 Jugendlichen, davon ein Fünftel Mädchen.

12 Vgl. Bernd Wagner (Hrsg.), Handbuch Rechtsextremismus, Reinbek 1994.

13 Hier sind die Interpretationen des Brandenburger Sozialforschers Dietmar Sturzbecher zu nennen.

14 Vgl. Richard Stöss/Oskar Niedermayer, Rechtsextremismus, politische Unzufriedenheit und das Wählerpotential rechtsextremer Parteien in der Bundesrepublik Deutschland, in: Arbeitspapiere des Otto-Stammer-Zentrums, Freie Universität Berlin, Nr. 1, Berlin 1998.

15 Benno Hafeneger/Torsten Niebling, Die Kandidaten der extremen Rechten bei der Bundestagswahl 1998, in: Jens Mecklenburg (Hrsg.), Braune Gefahr, (Anm. 10).

16 Hier ist die Landtagswahlkampagne 2000 der CDU Nordrhein-Westfalen »Kinder statt Inder« zu nennen.

17 Hier ist u. a. das Projekt des gesuchten Mörders Mobus namens »Absurd« zu nennen, das unlängst mit dem Antisemiten Josef Klumb, Chef der Gruftband »Forthcoming Fire«, stattfand.

18 Vgl. u. a. Sächsisches Staatsministerium für Kultur, Jugend '99 in Sachsen, Dresden 1999.

19 Siehe Bericht des Bundesamtes für Verfassungsschutz 1999.

20 Eckehard Werthebach, Einführung des Senators zur Vorstellung des 10. Heftes der Publikation »Durchblicke« des Landesamtes für Verfassungsschutz, Manuskript, Berlin, Februar 2000.

21 Zentrum Demokratische Kultur (Hrsg.), »National befreite Zonen« – vom Strategiebegriff zur Alltagserscheinung, Berlin 1998.

Angelika Königseder
**Rechtsextreme Parteien
und Organisationen in Deutschland**
Ein Überblick

Die viel beschworene »Stunde Null« charakterisiert den Rechtsextremismus nach Kriegsende im Mai 1945 genauso wenig treffend wie die anderen gesellschaftlichen, politischen und kulturellen Entwicklungsströme im Nachkriegsdeutschland. Die alliierten Besatzungsmächte verboten zwar die NSDAP und ihre Nachfolgeorganisationen und versuchten, Deutschland durch Kriegsverbrecherprozesse und Entnazifizierung von »Nationalismus und Militarismus« – so der Wortlaut des im März 1946 vom Länderrat der US-Zone verabschiedeten Gesetzes – zu befreien, die Auslöschung nationalsozialistischen und rechtsradikalen Gedankengutes konnte aber nicht verordnet werden; es lebte in den Köpfen der Menschen fort. Diese Kontinuitäten blieben nicht auf das rechtsextreme Spektrum beschränkt, traten dort jedoch am deutlichsten zu Tage.

Bereits im Oktober 1945 gründeten ehemalige Mitglieder der »Deutschnationalen Volkspartei« (DNVP) die »Deutsche Konservative Partei« (DKP). Zeitgleich entstand die an antisemitische und monarchistische Traditionen anknüpfende »Deutsche Aufbau-Partei« (DAP). Unter Führung von Leonhard Schlüter und Adolf von Thadden, der in der rechtsextremen Szene der Bundesrepublik in den folgenden zwei Jahrzehnten eine wichtige Rolle spielen sollte, fusionierten beide im März 1946 zur »Deutschen Konservativen Partei« (DKP). Sie kämpfte gegen die Entnazifizierung und stritt für die Rechte der ehemaligen NSDAP-Mitglieder und Soldaten. Nach dem Zusammenschluss mit der 1946 gegründeten »Deutschen Rechtspartei« erreichte die »Deutsche Konservative Partei/Deutsche Rechtspartei« (DKP/DRP) bei der ersten Bundestagswahl im August 1949 1,8 % der Stimmen und stellte damit fünf Abgeordnete. 17 Abgeordnete konnte die aus der Umbenennung der »Niedersächsischen Landespartei« (NLP) 1947 hervorgegangene hochkonservative »Deutsche Partei« (DP) entsenden. Sie stellte im ersten Kabinett Adenauer mit Heinrich Hellwege und Hans-Christoph Seebohm zwei Minister. Die DP lehnte die Nürnberger Kriegsverbrecherprozesse ab, bestritt die deutsche Schuld am Ausbruch des Weltkrieges und forderte ein Ende der Entnazifizierung.[1] In den 50er Jahren trat der Großteil der Mitglieder der CDU bei.

Für mehr Schlagzeilen in der bundesrepublikanischen Öffentlichkeit sorgte die am 2. Oktober 1949 von den aus der DKP/DRP ausgeschlossenen Fritz Dorls, Gerhard Krüger und Otto Ernst Remer gegründete »Sozialistische Reichspartei« (SRP).[2] Remer war als Kommandeur des Berliner Wachbataillons an der Niederschlagung des Attentats vom 20. Juli 1944 beteiligt gewesen. Die SRP hatte ihre Hochburgen in Norddeutschland und konnte bei den niedersächsischen Landtagswahlen im Mai 1951 11 % der Stimmen auf sich vereinigen. Sie knüpfte an nationalsozialistische Traditionen an, plante die Wiederherstellung des »Deutschen Reiches« und der »völkischen Gemeinschaft« und muss als Nachfolgepartei der NSDAP charakterisiert werden. Zu dieser Einschätzung gelangte auch das Bundesverfassungsgericht, das die Partei im Oktober 1952 auf Antrag der Bundesregierung mit eben dieser Begründung als verfassungswidrig einstufte und verbot. Die SRP war dieser Entscheidung zuvorgekommen und hatte sich im September 1952 selbst aufgelöst.[3]

Dieses Verbot bewirkte eine Zersplitterung der rechten Szene; die ehemaligen SRP-Mitglieder verteilten sich auf konservative Interessenparteien wie die schwerpunktmäßig in Süddeutschland agierende nationalistische »Deutsche Gemeinschaft« (DG) August Haußleiters, die im Januar 1950 gegründete »Deutsche Reichspartei« (DRP) unter dem Vorsitz von Adolf von Thadden und den »Block der Heimatvertriebenen und Entrechteten/Gesamtdeutscher Block« (BHE/GB). Andere versuchten, die im Bundestag vertretenen Parteien, vor allem die »Deutsche Partei« und die »Freie Demokratische Partei«, zu unterwandern.

Die Jugendorganisation der SRP »Reichsjugend« ging in der im Dezember 1952 gegründeten, nach einer SS-Division benannten »Wiking Jugend« (WJ) auf, die sich am Vorbild der Hitler-Jugend orientierte. Die WJ verknüpfte geschickt attraktive Freizeitangebote mit ideologischer Indoktrinierung. Dabei lag ihr weniger an einer Breitenwirkung als an einer gut gedrillten Elite. Bis zu ihrem Verbot am 10. November 1994 spielte sie eine wichtige Rolle im rechtsextremen Spektrum.[4]

Am aktivsten in der rechten Szene blieb Otto Ernst Remer, der im April 1983 die »Deutsche Freiheitsbewegung« gründete, die sich mit der Zeitschrift »Der Bismarck-Deutsche« bzw. nach deren Umbenennung im Juni 1992 mit »Recht und Wahrheit« ein Forum schuf. Nachdem Remer seine Anhänger regelmäßig mit Hilfe der »Remer Depesche« über die neuesten Erkenntnisse im Zusammenhang mit der von ihm behaupteten Nichtexistenz von Gaskammern in den nationalsozialistischen Vernichtungslagern informiert hatte, machte er Anfang der 90er Jahre auf sich aufmerksam, als er an »sämtliche Professoren der anorganischen Chemie« der Bundesrepublik, aber auch an »Professoren für Zeitgeschichte« und »tausende von forschenden Menschen« eine 114-seitige Broschüre von Germar Rudolf, der auch unter dem Namen Germar Scheerer und Ernst Gauss in der rechtsextremen Szene publizistisch tätig ist, mit dem Titel »Gutachten über die Bildung und Nachweisbarkeit von Cyanidverbindungen in den ›Gaskammern‹ von Auschwitz« verschickte.[5] Damit versuchte Remer auf pseudowissenschaftlicher Ebene die »Auschwitz-Lüge« zu beweisen und damit den Tenor jahrelang betriebener Leugnung des Massenmords an den Juden erneut an die Öffentlichkeit zu bringen. Seiner Verurteilung zu 22 Monaten Gefängnis wegen Verbreitung der »Auschwitz-Lüge« und Volksverhetzung entzog sich Remer im März 1994 durch Flucht nach Spanien. Er starb im Oktober 1997 kurz nach seiner Rückkehr nach Deutschland.

Insgesamt hatte das Verbot der SRP, unterstützt vom wirtschaftlichen und politischen Aufschwung der Bundesrepublik, jedoch zu einem Rückgang des Mitglieder- und Stimmenpotenzials der Rechten geführt. Im Jahr 1954 hatten die rechten Parteien 78 000 Mitglieder verzeichnet, 1963 hatte sich die Zahl auf 24 600 reduziert.[6] Zulauf hatten in diesen Jahren jedoch die militaristischen Verbände wie etwa die von ehemaligen SS-Angehörigen gegründete »Hilfsgemeinschaft auf Gegenseitigkeit« (HIAG), die sich seit 1959 »Bundesverband der Soldaten der ehemaligen Waffen-SS e. V./HIAG« nennt.[7]

Die Gründung der »Nationaldemokratischen Partei Deutschlands« (NPD)[8] am 28. November 1964 in Hannover schuf für die zersplitterte Rechte ein neues Sammelbecken. Erster Bundesvorsitzender wurde der ehemalige DP-Funktionär Friedrich Thielen, der 1967 vom einstigen DRP-Vorsitzenden Adolf von Thadden abgelöst wurde. Programmatisch kennzeichnete die NPD ein Rassismus und extremer Nationalismus, die Leugnung der deutschen Kriegsschuld, die Verharmlosung der national-sozialistischen Verbrechen und die Forderung nach der Rückgabe der ehemaligen deutschen Ostgebiete. Bereits bei der Bundestagswahl 1965 erzielte die NPD mit 2,1 % mehr als nur ein Achtungsergebnis, bis 1968 schaffte sie den Sprung in sieben Landesparlamente (Hessen: 7,9 %, Bayern: 7,4 %, Schleswig-Holstein: 5,8 %, Niedersachsen: 7,0 %, Bremen: 8,8 %, Rheinland-Pfalz: 6,9 %, Baden-Württemberg: 9,8 %). Zugute kamen ihr die erste Rezession der bundesrepublikanischen Wirtschaft 1966/67 mit wachsenden Arbeitslosenzahlen und die Bildung der »Großen Koalition«, die die Integrationskraft der CDU/CSU am rechten Rand schmälerte. Die NPD stellte sich als die einzige nationale Opposition dar. Auf Stimmenfang ging die NPD mit Agitationen gegen die so genannten Gastarbeiter, die seit Mitte der 50er Jahre durch Anwerbeabkommen nach Deutschland kamen. In ihrer Hochphase 1967 zählte die Partei 28 000 Mitglieder.

Als sie jedoch im September 1969 mit 4,3 % der Zweitstimmen den Sprung in den Bundestag verpasste, setzte ein rascher Niedergang ein. Ursachen waren die wenig erfolgreiche Politik der NPD in den Landtagen, vor allem aber auch innerparteiliche Konflikte, die Stabilisierung der wirtschaftlichen Lage in der Bundesrepublik und das Ende der »Großen Koalition«, das die Unionsparteien wieder Positionen am rechten Rand besetzen ließ. Der Einsatz eines »Ordnungsdienstes« bei NPD-Veranstaltungen, der stark an SA-Auftritte erinnerte, prägte zudem ein negatives Image. Auseinandersetzungen über den weiteren Kurs der Partei waren die Folge, die schließlich zur Neuwahl des Vorsitzenden auf dem Parteitag in Holzminden 1971 führten. Der Altnazi Adolf von Thadden kandidierte nicht mehr, Martin Mußgnug aus dem baden-württembergischen Tuttlingen wurde zum neuen Parteivorsitzenden gewählt; er amtierte bis 1990.

Nach dem Zerfall der Sammlungsbewegung NPD splitterte sich die rechtsextreme Szene wiederum auf. Im Januar 1971 gründete Dr. Gerhard Frey in München die »Deutsche Volksunion e. V.« (DVU), die als Auffangbecken für frustrierte NPD-Mitglieder, aber auch für enttäuschte CDU/CSU-Anhänger, bald zur mitgliederstärksten rechtsextremen Organisation der Bundesrepublik avancierte.[9] Die meisten DVU-Mitglieder sind jedoch lediglich Empfänger der Freyschen Presseprodukte und keine rechtsextremen Aktivisten. Deshalb ist die Bedeutung der DVU als Organisation auch eher gering einzuschätzen, wichtig ist sie als Hintergrund für das Presseimperium des Gerhard Frey, der mit seinen Publikationen – das Flaggschiff »Deutsche National-Zeitung« erreichte teilweise eine Auflage von über 100 000 Exemplaren – Breitenwirkung erzielt. Obwohl die Freysche Presse peinlich darauf bedacht ist, die Grenzen zum verfassungsrechtlich Verbotenen formal nicht zu übertreten, verbreitet sie rechtsextremes, rassistisches und antisemitisches Gedankengut. Ihre Themen sind u. a. die Relativierung des Holocaust, die angebliche Kriminalität der in Deutschland lebenden Ausländer und ein ausgeprägter Militarismus, der die deutsche Wehrmacht im Zweiten Weltkrieg verklärt.[10]

Vonseiten Freys gab es immer wieder Bestrebungen, eine Annäherung an die NPD zu erzielen. 1974 trat er in die Partei ein und kandidierte auf dem NPD-Parteitag 1975 für das Amt des stellvertretenden Parteivorsitzenden, was ihm jedoch trotz der Unterstützung des NPD-Chefs Mußgnug eine herbe Niederlage einbrachte. Mußgnug versprach sich von der Freyschen Presse Rückenwind für die NPD, viele Parteimitglieder befürchteten jedoch, dass das Image der NPD durch eine Verbindung mit den öffentlich geächteten Publikationsorganen von Frey leiden würde. Auch die Person Gerhard Frey, der man vorwarf, mit dem »nationalen Empfinden« lediglich Geschäfte zu machen, stieß auf wenig Sympathie. Kurz nach seiner Niederlage trat Frey wieder aus der NPD aus.

In den 70er Jahren entstanden zahlreiche neonazistische Gruppierungen, die teilweise auch vor Gewalttaten nicht zurückschreckten. Der ehemalige NPD-Aktivist Friedhelm Busse gründete 1971 in Krefeld die »Partei der Arbeit« (PdA), die sich seit 1975 »Volkssozialistische Bewegung Deutschlands/Partei der Arbeit« (VSBD/PdA) nannte. Sie wollte die Ideologie der Brüder Gregor und Otto Straßer vom »linken« Flügel der NSDAP wiederbeleben und erregte bald durch terroristische Gewaltakte Aufmerksamkeit. Im Januar 1982 wurde die VSBD/PdA verboten, einige Funktionäre, darunter auch Busse, wurden zu mehrjährigen Haftstrafen verurteilt. In der Person Busses wurde das Entstehen des Neonazismus als eine Folge der Krise des parteipolitischen Rechtsextremismus deutlich: Busse war als Redner und Aktivist der NPD aufgetreten und galt als Vertreter eines härteren Kurses. 1971 war er wegen Gesetzesübertretungen aus der NPD ausgeschlossen worden.[11]

Andere schlossen sich neuen sozialen Bewegungen an, wie etwa der »Bürger- und Bauern-Initiative« (BBI) des ehemaligen SS-»Sonderführers für Pflanzenzucht« im Konzentrationslager Auschwitz, Thies Christophersen. Dieser erreichte vor allem durch seine 1973 veröffentlichte Broschüre »Auschwitzlüge« große Publizität. Manfred Roeder gründete 1971 die »Deutsche Bürger-Initiative« (DBI). Im Frühjahr 1980 rief er die »Deutschen Aktionsgruppen« (DA) ins Leben, die zahlreiche Brand- und Sprengstoffanschläge verübten, bei denen zwei Vietnamesen getötet und weitere 13 Ausländer zum Teil schwer verletzt wurden. Wegen Rädelsführerschaft in einer rechtsextremen terroristischen Vereinigung wurde Roeder 1982 zu 13 Jahren Haft verurteilt, aus der er im Februar 1990 vorzeitig auf Bewährung entlassen wurde.[12] Im Juli 1979 wurde die »Hilfsorganisation für nationale politische Gefangene und deren Angehörige« (HNG) zur Betreuung inhaftierter Neonazis gegründet.

Die Integrationsfigur der Neonazi-Szene war bis zu seinem Tod im April 1991 der 1955 geborene Michael Kühnen. Nachdem er 1977 wegen rechtsextremistischer Aktivitäten unehrenhaft aus der Bundeswehr entlassen worden war, gründete er die neonazistische »Aktionsfront Nationaler Sozialisten« (ANS), die er nach Verbüßung einer langjährigen Haftstrafe (wegen Aufstachelung zum Rassenhass, Verherrlichung von Gewalt und Volksverhetzung) seit 1982 zu einem Sammelbecken der bundesweit agierenden Neonazis ausbaute. Die ANS sah die SA als Vorbild, bekannte sich offen zum Nationalsozialismus und stritt für die Wiederzulassung der NSDAP. Zunächst schlossen sich der ANS einige Mitglieder der verbotenen VSBD/PdA und der seit 1980 verbotenen »Wehrsportgruppe Hoffmann« an. Am 15. Januar 1983 fusionierte die ANS mit den von Thomas Brehl geführten »Nationalen Aktivisten« (NA) zur ANS/NA, die der Bundesinnenminister jedoch im Dezember des Jahres verbot. Daraufhin gründete Kühnen mit seinen engsten Anhängern 1984 die illegale »Gesinnungsgemeinschaft der Neuen Front« (GdNF), die sich selbst als »Gesinnungsgemeinschaft von überzeugten und bekennenden Nationalsozialisten, die die Überwindung des NS-Verbots und die Neugründung der ... NSDAP ... als legale Partei erstrebt«, bezeichnete.[13]

Nach dem Verbot der ANS/NA im Dezember 1983 erlangte die aggressive und gewaltbereite 1979 gegründete »Freiheitliche Deutsche Arbeiterpartei« (FAP) des ehemaligen Hitler-Jugend-Führers Martin Pape als Auffangbecken Bedeutung. Zahlreiche ANS/NA-Mitglieder infiltrierten die Partei und bauten ihre Organisation auf Landes- und Kreisebene aus. Um den Charakter der FAP als Nachfolgeorganisation der ANS/NA nicht zu deutlich werden zu lassen, trat Michael Kühnen der Partei offiziell nicht bei. Größere Wählerscharen zog die FAP nicht an, sie erregte aber Aufsehen durch gewalttätige Anschläge und Ausschreitungen ihrer Mitglieder, durch Aufmärsche und durch Schmier- und Flugblattaktionen. Interne Auseinandersetzungen, die sich unter anderem an der Frage entzündeten, wie mit der Homosexualität von Neonazis umzugehen sei, führten 1988 zur Entmachtung Papes und – nach dem Bekanntwerden von Kühnens Homosexualität – zu einer empfindlichen Schwächung des Kühnen-Flügels der Partei. Der ehemalige Vorsitzende der VSBD/PdA Friedhelm Busse übernahm die FAP-Führung, sie verlor jedoch bald an politischer Bedeutung.[14] Unterstützung fand Kühnen bei der »Nationalsozialistischen Deutschen Arbeiterpartei – Auslands- und Aufbauorganisation« (NSDAP-AO) des Gary (Rex) Lauck in Lincoln/Nebraska, der das gesamte neonazistische Spektrum von Amerika aus mit Propagandamaterial und seinem »NS-Kampfruf« versorgt und mittlerweile auch mit Hilfe des Internets agiert.

Bedeutung für die neonazistische Szene erlangten die von den Kühnen-Anhängern Christian Worch und Thomas Wulff im März 1989 in Hamburg gegründete »Nationale Liste« (NL), die im Mai 1989 in Bremen gebildete »Deutsche Alternative« (DA) und die im Januar 1990 in Ost-Berlin gegründete »Nationale Alternative« (NA), die Kühnen vor allem als Kontaktbasis zur rechtsextremen Szene in der DDR nutzte. DA und NA wiesen wenig Unterschiede in der personellen Besetzung auf, die Existenz von zwei Organisationen bot für Kühnen jedoch die Möglichkeit, im Falle des Verbotes einer Gruppierung Ersatz zur Verfügung zu haben.

Nicht zufällig wurde im November 1983 die Partei »Die Republikaner« gegründet.[15] Für die rechtskonservative Klientel hatte die politische »Wende« im Jahr 1982, als die CDU/FDP-Koalition die Regierung übernommen hatte, nicht die erhoffte politische Neuorientierung gebracht. Vor allem der vom bayerischen Ministerpräsidenten Franz Josef Strauß

eingeleitete Milliardenkredit an die DDR ohne erkennbare Gegenleistun-
gen, der ein bis dato gültiges Tabu gebrochen hatte, stieß auf Ablehnung.
Die beiden ehemaligen CSU-Bundestagsabgeordneten Ekkehard Voigt
und Franz Handlos gründeten daraufhin mit dem populären Fernsehjournalisten Franz Schönhuber, der wegen seines die Erlebnisse in der Waffen-SS verherrlichenden Buches (»Ich war dabei«) vom Bayerischen
Rundfunk entlassen worden war, die »Republikaner«. Interne Auseinandersetzungen um die politische Ausrichtung der Partei führten zum Bruch
der prominenten Gründungsmitglieder. Vor allem der erste Parteivorsitzende Handlos hatte einen rechtskonservativen Kurs fahren wollen, wo-
hingegen Schönhuber für eine radikalere Linie stand. Handlos trat im
April 1985 vom Parteivorsitz zurück, und im Juni 1985 wurde Franz
Schönhuber auf dem Bundesparteitag in Siegburg zum Parteivorsitzenden gewählt. Das dort verabschiedete »Siegburger Manifest« zeigt bereits
den einsetzenden Radikalisierungsprozess.[16]

Zunächst grenzte sich der Parteivorsitzende Schönhuber von den gewalttätigen Neonazi- und Skinhead-Gruppen, aber auch von anderen rechtsextremen Parteien öffentlich ab, ohne jedoch entschieden andere Inhalte
zu vertreten. In der Deutschlandfrage, aber auch im Verdrängungsme-
chanismus gegen die nationalsozialistischen Gräueltaten manifestierten
sich ähnliche Ziele, allerdings versuchte die Partei, sich ein seriöses und
rechtskonservatives Image zu geben. Motor der Partei wurde der Ausländerhass, der – von Schönhuber rhetorisch geschickt vertreten – auf breite
Resonanz stieß. Zum Vorteil gereichte den »Republikanern«, dass sie im
Gegensatz zu NPD und DVU bis Dezember 1992 nicht als verfassungs-
mäßig bedenklich galten und folglich nicht von den zuständigen Behörden observiert wurden.

Einen ersten wahlpolitischen Erfolg konnten die »Republikaner« bei den
bayerischen Landtagswahlen im Oktober 1996 verbuchen, als sie 3 % der
abgegebenen Stimmen erhielten. Den politischen Durchbruch schafften
sie im Januar 1989, als sie völlig überraschend mit 7,5 % der Stimmen ins
Berliner Abgeordnetenhaus einzogen. Diesem Ergebnis war ein Wahl-
kampf der »Republikaner« vorangegangen, der in breiten Kreisen der Öffentlichkeit deutliche Ablehnung hervorrief. In Werbespots wurde die
Ausländerfeindlichkeit auf primitivste Art geschürt, indem etwa zur
Filmmusik von Sergio Leones Western »Spiel mir das Lied vom Tod« gewalttätige vermummte Demonstranten, türkische Geschäfte und eine

Horde aufdringlich wirkender türkischer Kinder gezeigt wurden. Im Juni 1989 gelang den »Republikanern« mit 7,1 % der Stimmen auch der Einzug in das Europaparlament. Eigenen Angaben zufolge stieg die Zahl der Mitglieder nach diesen Wahlerfolgen von 8500 im Januar 1989 auf 25 000 im Dezember des Jahres.[17]

Aber nicht nur die »Republikaner« ließen die rechte Szene in den 80er Jahren wieder aufleben. An vielen Orten formierten sich rechte Bürgerinitiativen, die vor allem das Thema »Überfremdung« aufgriffen, so etwa in Hamburg die »Hamburger Liste für Ausländerstopp« oder in Schleswig-Holstein die »Kieler Liste für Ausländerbegrenzung«. Aber auch die bereits bestehenden rechtsextremen Parteien und Organisationen, allen voran die NPD, die in den 70er Jahren nahezu bedeutungslos geworden war, nutzten die angebliche Ausländerproblematik propagandistisch aus. In den 80er Jahren stieg die Zahl der Mitglieder wie der Wähler rechter Organisationen bei gleichzeitiger Konzentration derselben. Dem Verfassungsschutz zufolge bestanden 1981 73 rechtsextremistische Vereinigungen mit etwa 20 300 Mitgliedern und 59 rechtsextreme Verlage und Vertriebsdienste.[18] 1989 existierten 70 rechtsextremistische Gruppierungen mit etwa 35 900 Mitgliedern und 35 rechtsextreme Verlage und Vertriebsdienste.[19] Die Zahl der Neonazis stieg von 1145 (1984) auf 1900 (1988).

Die Gründung und Erfolge der »Republikaner« bewirkten ein Zusammenrücken von NPD und DVU. 1986 trafen Frey und Mußgnug ein Abkommen über die gegenseitige Unterstützung bei Wahlen. Frey gründete daraufhin im März 1987 aus der DVU und den DVU-Aktionsgemeinschaften die Partei »DVU-Liste D«. Bei den folgenden Wahlen sollten beide Parteien abwechselnd und nicht mehr gegeneinander antreten und in die Wahllisten Kandidaten von NPD und DVU aufgenommen werden. Da alle Angehörigen der Aktionsgemeinschaften, sofern sie nicht ausdrücklich widersprachen, automatisch Mitglied der »DVU-Liste D« wurden, stieg die Mitgliederzahl der DVU laut Verfassungsschutzbericht von über 10 000 (1980) auf etwa 25 000 (1989). Bei den NPD-Anhängern stieß die Zusammenarbeit mit der DVU nicht auf ungeteilte Gegenliebe. Ende 1990 verkündete Frey nach dem schlechten Abschneiden der NPD bei den Bundestagswahlen das Ende dieser Kooperation – offensichtlich hatte sie nicht den erhofften Erfolg gebracht.[20]

Die Wiedervereinigung war für den bundesdeutschen Rechtsextremismus ein tiefer Einschnitt. Die Hoffnungen auf wachsenden politischen Einfluss und Mitgliederzuwachs erfüllten sich zunächst nicht, da die Propaganda der Rechtsextremen – Revision der deutschen Ostgrenzen, Leugnung der deutschen Kriegsschuld – bei den Bürgern aus der ehemaligen DDR auf wenig Widerhall stieß. Zudem war der Rechtsextremismus mit der Wiedervereinigung eines zentralen Themas beraubt. Außerdem ergaben sich Probleme durch den unreflektierten Import der westdeutschen Szene nach Ostdeutschland. Die meist jüngeren Rechtsextremen in den neuen Bundesländern wollten sich oftmals nicht in organisatorische Zwänge pressen lassen, die die meist älteren Funktionäre der westdeutschen Rechten etablierten. Auch deren ideologische Konflikte und persönliche Animositäten stießen auf Unverständnis.[21]

Mit beträchtlichem personellen und finanziellen Aufwand bemühten sich die rechten Parteien jedoch, in den neuen Bundesländern Fuß zu fassen. Auf den ersten Blick besaßen die »Republikaner« die besten Ausgangschancen, in der DDR bzw. den neuen Bundesländern eine ernst zu nehmende politische Kraft zu werden. Im Jahr 1989 war ihnen der Einzug in das Europäische Parlament gelungen, und man hielt eine dauerhafte Etablierung der »Republikaner« als fünfte Partei durchaus für möglich. Zunächst verteilten die »Republikaner« Werbematerial bei Demonstrationen in Leipzig und Ost-Berlin, der Aufbau von Landes-, Kreis- und Ortsverbänden gelang jedoch nur sehr schleppend. Hinderlich war zudem, dass die DDR-Volkskammer die »Republikaner« von Februar bis August 1990 wegen ihres rechtsextremen Auftretens verbot und Schönhuber mehrfach die Einreise verweigerte.[22]

Der Parteivorsitzende Schönhuber hoffte, über die Stimmen der ehemaligen DDR-Bürger bei den Bundestagswahlen 1990 den Einzug in den Deutschen Bundestag zu schaffen. Um der speziellen Situation im Osten Deutschlands entgegenzukommen, thematisierten die »Republikaner« verstärkt soziale Fragen, wie etwa eine Beseitigung der negativen Folgen des Einheitsvertrages wie des Prinzips Rückgabe von Immobilien und Betrieben vor Entschädigung, ohne jedoch ihre alten Parolen wie die Ablehnung der Oder-Neiße-Grenze, die Negierung einer multikulturellen Gesellschaft und die Beseitigung des grundgesetzlich verankerten Asylrechts aufzugeben. Der Partei gelang dennoch weder der Einzug in den Bundestag noch in ein ostdeutsches Landesparlament, obwohl der Wahlerfolg in Baden-Württemberg, wo die »Republikaner« 1992 mit 10,2 % der Stimmen in den Landtag gewählt wurden, kurzzeitig Auftrieb ver-

schafft hatte. Im Folgenden schwächten die »Republikaner« heftige innerparteiliche Querelen über eine – nach den Wahlniederlagen – von
Schönhuber geplante Annäherung an die DVU und das künftige Erscheinungsbild der Partei, die schließlich im Dezember 1994 zum Verzicht
Schönhubers auf den Parteivorsitz führten. Der Stuttgarter Rechtsanwalt
Rolf Schlierer übernahm den Parteivorsitz, und Franz Schönhuber trat
schließlich am 16. November 1995 aus der Partei aus.[23]
Zögerlich ging der Aufbau der DVU in den neuen Bundesländern vonstatten, was sicherlich mit der ausschließlich auf den Vorsitzenden Gerhard Frey ausgerichteten Struktur der Partei zusammenhängt, die keinen
Raum für Aktivitäten einer Parteibasis lässt. Von sich reden machte die
DVU bei den Landtagswahlen 1991 in Bremen und 1992 in Schleswig-
Holstein, wo sie 6,2 % bzw. 6,3 % der Wählerstimmen gewann. Die DVU-
Fraktionen wurden jedoch weniger durch konstruktive parlamentarische
Mitarbeit als durch ständige Skandale und Fraktionsabspaltungen bekannt.[24]
Auch der Aufbau der NPD verlief alles andere als geradlinig und erfolgreich. Obgleich sie reichlich Propagandamaterial auf den Leipziger Montagsdemonstrationen verteilte und mit den im Januar 1990 in Leipzig gegründeten »Mitteldeutschen Nationaldemokraten« fusionierte, erhielt sie
bei den Bundestagswahlen 1990 lediglich 0,3 % der Stimmen, in den
neuen Bundesländern sogar nur 0,2 %. Dies führte zu heftigen innerparteilichen Auseinandersetzungen, die – verbunden mit einer desolaten finanziellen Situation – die NPD vor eine Zerreißprobe stellte. Im Juni 1991
übernahm der Oberstudienrat Günter Deckert von Martin Mußgnug den
Parteivorsitz. Mußgnug trat aus der Partei aus und schloss sich der »Deutschen Liga für Volk und Heimat« an. Deckert vertrat weiterhin die alten
ideologischen Ziele der NPD mit den Schwerpunkten Ausländerpolitik
und Revisionismus.

Obwohl die rechtsextremen Parteien, also der institutionalisierte Rechtsextremismus, auf relativ wenig Resonanz stießen, bedeutete dies keineswegs, dass rechtsextremes Gedankengut keine Anhänger fand. Die Ausländerfeindlichkeit, die in eine Welle rechtsextremer Gewalt mündete und
deren Ursachen weit in DDR-Zeiten zurückreichen, und die Herausbildung einer nationalistisch geprägten Jugendkultur machten dies nur zu
deutlich. Die jüngeren Rechtsextremen fühlten sich von den neonazisti

schen Gruppen weit mehr angezogen als von den verstaubten und zerstrittenen Westparteien, deren Programmatik sie wenig überzeugte. Besonders aktiv war die »Gemeinschaft der Neuen Front« (GdNF) um Michael Kühnen, die mit Hilfe zahlreicher neonazistischer Gruppierungen in einem »Aufbauplan Ost« eine neonazistische Struktur aufbauen wollte. Die GdNF sah sich als SA-Nachfolgerin und arbeitete ideologisch auf die Wiederzulassung der NSDAP und den Aufbau eines »rassereinen« Großdeutschen Reiches hin. Mitglieder und Sympathisanten der GdNF beteiligten sich an Ausschreitungen gegen Ausländer wie in Hoyerswerda oder Rostock. Der Tod Michael Kühnens im April 1991 stoppte jedoch den weiteren Aufbau der GdNF.

Zur wichtigsten und mitgliederstärksten Gruppierung in der GdNF avancierte die 1989 gegründete »Deutsche Alternative« (DA), die seit September 1991 von dem Cottbusser Frank Hübner geführt wurde. Dem waren heftige Richtungskämpfe zwischen west- und ostdeutschen Neonazis um Führungspositionen vorangegangen. Ideologisch orientierte sie sich am Strasser-Flügel der NSDAP und forderte staatliche Arbeitsbeschaffungsprogramme und die »Sozialisierung« von Banken und großen Betrieben. Zur Lösung der wirtschaftlichen Probleme empfahl sie eine »konsequente Ausländerrückführung«. Mitglieder der DA waren an vielen Ausschreitungen gegen Ausländer beteiligt. Am 10. Dezember 1992 verbot der Bundesinnenminister die DA wegen ihrer Nähe zur NSDAP. Kurz zuvor waren Pläne der DA bekannt geworden, Wehrsportgruppen und Mobile Einsatz-Kommandos aufzustellen. Einige Funktionäre gründeten daraufhin in Rheinland-Pfalz die »Deutschen Nationalisten« (DN) als Nachfolgeorganisation. In den neuen Bundesländern gingen die Mitglieder in regionalen neonazistischen Kameradschaften oder in der NPD auf.[25]

Bis Mitte der 90er Jahre verbot der Bundesinnenminister mehrere neonazistische Organisationen, unter anderem die »Nationalistische Front« wegen des Verdachts der Bildung einer rechtsterroristischen Vereinigung am 27. November 1992, die »Nationale Offensive« am 22. Dezember 1992 und die militante »Freiheitliche Deutsche Arbeiterpartei« am 24. Februar 1995, nachdem das Bundesverfassungsgericht 1994 entschieden hatte, dass es sich bei der FAP nicht um eine Partei im Sinne des Grundgesetzes handelte.[26] Die Szene erholte sich jedoch rasch von diesen Verboten, zumal sich die Einstellung der Mitglieder oder Anhänger durch ein Verbot der Organisation nicht verändern lässt. Zu befürchten ist eher das Gegenteil: Die an den Rand Gedrängten fühlen sich in ihren Idealen bestärkt und solidarisieren sich. Alte Strukturen wurden aufgebrochen, und die Neonazis formierten sich zu »Nationalen Kameradschaften« und regionalen Gruppen, die von 80 im Jahr 1998 auf 150 ein Jahr später stiegen.[27] In der zweiten Hälfte der 90er Jahre erhielten die rechtsextremen Parteien Zulauf, die das resignative Klima aufgriffen, das durch die schlechte wirtschaftliche Lage und die Enttäuschungen über die ausbleibenden Erfolge nach der Wiedervereinigung entstanden war. Nach Angaben des Verfassungsschutzes stieg die Mitgliederzahl der DVU von 15000 (1996) auf 18000 (1998), in den neuen Bundesländern von 850 auf 1900, und die der NPD von 3700 (1996) auf 6400 (1998), in den neuen Bundesländern von 450 auf 2200. Die Parteien konzentrierten sich nun verstärkt auf die neuen Bundesländer und veränderten ihre Propagandastrategien. Statt »Auschwitzlüge«, Kriegsschuldfragen oder Wiederherstellung des Deutschen Reiches besetzten sie wirtschaftliche und soziale Probleme und bereiteten diese nationalistisch und rassistisch auf.[28]

Großes Aufsehen erregte die Landtagswahl in Sachsen-Anhalt am 26. April 1998, bei der die DVU auf Anhieb 12,9 % der Stimmen errang und damit das beste Landesergebnis einer rechtsextremen Partei seit Bestehen der Bundesrepublik erzielte.[29] Der Erfolg konnte jedoch bei den Landtagswahlen in Mecklenburg-Vorpommern (2,9 %) und bei der Bundestagswahl am 27. September 1998 nicht wiederholt werden. Obwohl das sachsen-anhaltinische Wahlergebnis die Partei kurzfristig beflügelte, dürften die weiteren Aussichten für die DVU wenig Erfolg versprechend aussehen. Kurzfristig können zwar durch den Einsatz erheblicher finanzieller Mittel erfolgreich Wahlkämpfe bestritten werden, für eine effektive parlamentarische Arbeit fehlt der Frey-Partei aber der personelle Unterbau und damit organisatorische Stärke. Wie in Bremen und Schleswig-Holstein zerfiel auch in Mageburg die DVU-Fraktion bald, als sich im Frühjahr 2000 sieben der 16 Abgeordneten mit Frey überwarfen und in Anlehnung an die FPÖ von Jörg Haider eine »Freiheitliche Deutsche Volkspartei« (FDVP) gründeten.

Die »Republikaner« konnten ihre Position im Osten Deutschlands nicht weiter festigen, sie scheinen sich augenblicklich zu einer süd- bzw. südwestdeutschen Regionalpartei zu entwickeln, die allerdings durch die Landtagswahlen in Baden-Württemberg am 25. März 2001, bei denen sie mit 4,4 % den Wiedereinzug ins Parlament verfehlte, empfindlich geschwächt wurde.

Die stärksten Veränderungen in der rechtsextremen Parteienszene durchlebte die NPD,[30] die sich zu einem Sammelbecken der Rechten hin entwickeln will und sich ihrem neuen Parteiprogramm vom Dezember 1996 zufolge nun als »nationale Apo« versteht. Unter ihrem neuen Parteivorsitzenden Udo Voigt verlegte sie ihren Sitz von Stuttgart nach Berlin-Köpenick, verabschiedete sich von ihrer bislang vergangenheitsbezogenen Programmatik und vertritt jetzt ausländerfeindliche Thesen und einen durch antikapitalistische und völkische Argumentation genährten »nationalen Sozialismus«. Damit bewegte sie sich auf neonazistische Gruppierungen und Skinheads zu, was ihr vor allem in den neuen Bundesländern einen Mitgliederzulauf bescherte; ein Drittel der Mitglieder kommt mittlerweile von dort, und in Sachsen besteht der stärkste NPD-Landesverband. Die 1965 gegründete Jugendorganisation »Junge Nationaldemokraten« (JN) verlegte ihre Bundesgeschäftsstelle von Bochum nach Dresden und entwickelte sich in den 90er Jahren zu einem Auffangbecken für Neonazis aus den zahlreichen verbotenen Organisationen. Auch dadurch erfolgte eine Annäherung zwischen NPD und der neonazistischen Szene. Sichtbar wird dies in der personellen Zusammensetzung des Bundesvorstands der NPD, in dem mit Steffen Hupka, Jens Pühse, Sascha Roßmüller und Frank Schwerdt führende Neonazis vertreten sind.[31]

Augenfällig wurde diese neue Eintracht bei gemeinsam veranstalteten Demonstrationen, bei denen neben den bekannten NPD-Funktionären prominente Neonazis auftraten. Diese Aufmärsche gerieten allerdings auch heftig in die Kritik. Der NPD muss, nicht zuletzt auch durch den gegen sie im Januar 2001 eingereichten Verbotsantrag der Bundesregierung unter Druck gesetzt,[32] der Spagat zwischen den Interessen der auf Aktionen drängenden Skinheads und Neonazis und den eher biederen, deutschnationalen, konservativen Anhängern, die sich von ihren ausländerfeindlichen Parolen angezogen fühlen, gelingen.

Die Neuorientierung der NPD wurde bisher nicht in Form eines Wahlerfolges sichtbar, keinesfalls etablierte sie sich als Wahlpartei. Vor allem in den neuen Bundesländern erweist sie sich jedoch durch ihr Zusammenwirken mit Neonazis und Skinheads als wichtiger »Mobilisierungsfaktor« für rechtsextremistische Aktionen.[33]

Trotz oder gerade wegen dieser vielfältigen Erscheinungen und Zersplitterung in der rechten Szene gilt es festzuhalten, dass das politische System der Bundesrepublik nie ernsthaft durch die rechtsextremen Parteien und Bewegungen gefährdet war. Die Infiltration rechten Gedankengutes in die politische Kultur und gewalttätige Exzesse sind folgenreicher als die Wirkungen des institutionalisierten Rechtsextremismus.

Anmerkungen

1 Hauptetappen der Entwicklung des Rechtsextremismus in den alten Bundesländern bis zur deutschen Vereinigung 1990, in: Klaus Kinner/Rolf Richter (Hrsg.), Rechtsextremismus und Antifaschismus. Historische und aktuelle Dimensionen, Berlin 2000, S. 107 f.

2 Thomas Assheuer/Hans Sarkowicz, Rechtsradikale in Deutschland. Die alte und die neue Rechte, München [2]1992, S. 13 f.

3 Vgl. Das Urteil des Bundesverfassungsgerichts vom 23. Oktober 1952 betreffend Feststellung der Verfassungswidrigkeit der Sozialistischen Reichspartei, hrsg. von Mitgliedern des Bundesverfassungsgerichts, Tübingen 1952.

4 Franziska Hundseder, Stichwort: Rechtsextremismus, München 1993, S. 53–59.

5 Germar Rudolf, Gutachten über die Bildung und Nachweisbarkeit von Cyanidverbindungen in den ›Gaskammern‹ von Auschwitz, hrsg. von Otto Ernst Remer, 3. erweiterte und korrigierte Auflage, November 1992.

6 Uwe Backes/Eckhard Jesse, Politischer Extremismus in der Bundesrepublik Deutschland, Bonn [3]1993, S. 77.

7 Kinner/Richter, Rechtsextremismus (Anm. 1), S. 109.

8 Assheuer/Sarkowicz, Rechtsradikale (Anm. 2), S. 16 ff.

9 Zur DVU siehe: Annette Linke, Der Multimillionär Frey und die DVU. Daten, Fakten, Hintergründe, Essen 1994; Armin Pfahl-Traughber, Der organisierte Rechtsextremismus in Deutschland nach 1945, in: Wilfried Schubarth/Richard Stöss (Hrsg.), Rechtsextremismus in der Bundesrepublik Deutschland. Eine Bilanz, Bonn 1993, S. 56–67.

10 Jens Mecklenburg, Die Deutsche Volksunion (DVU), in: ders. (Hrsg.), Braune Gefahr. DVU, NPD, REP. Geschichte und Zukunft, Berlin 1999, S. 18 f.

11 Pfahl-Traughber, Der organisierte Rechtsextremismus (Anm. 9), S. 80.

12 Kinner/Richter, Rechtsextremismus (Anm. 1), S. 124 f.

13 Die Neue Front 73 (1990), S. 2. Zit. nach Pfahl-Traughber, Der organisierte Rechtsextremismus (Anm. 9), S. 87.

14 Pfahl-Traughber, Der organisierte Rechtsextremismus (Anm. 9), S. 78 ff.

15 Vgl. dazu: Hans-Gerd Jaschke, Die Republikaner. Profile einer Rechtsaußen-Partei, Bonn 1990; Claus Leggewie, Die Republikaner. Ein Phantom nimmt Gestalt an, Berlin 1990; Armin Pfahl-Traughber, Rechtsextremismus. Eine kritische Bestandsaufnahme nach der Wiedervereinigung, Bonn 1993, S. 30–56.

16 Assheuer/Sarkowicz, Rechtsradikale (Anm. 2), S. 43.

17 Uwe Backes/Patrick Moreau, Die extreme Rechte in Deutschland. Geschichte – gegenwärtige Gefahren – Ursachen – Gegenmaßnahmen, München ²1994, S. 80.

18 Verfassungsschutzbericht 1981, S. 20 f.

19 Ebd., 1989, S. 108, 110.

20 Jens Mecklenburg (Hrsg.), Handbuch Deutscher Rechtsextremismus, Berlin 1996, S. 245.

21 Kinner/Richter, Rechtsextremismus (Anm. 1), S. 155 f.

22 Richard Stöss, Rechtsextremismus im vereinten Deutschland, Bonn 1999, S. 72.

23 Kinner/Richter, Rechtsextremismus (Anm. 1), S. 156 ff.

24 Ebd., S. 158 f.

25 Kinner/Richter, Rechtsextremismus (Anm. 1), S. 164 ff.; Mecklenburg (Hrsg.), Handbuch (Anm. 20), S. 231 ff.

26 Backes/Moreau, Die extreme Rechte (Anm. 17), S. 34 f.; Kinner/Richter, Rechtsextremismus (Anm. 1), S. 166 f.

27 Pfahl-Traughber, Der organisierte Rechtsextremismus (Anm. 9), S. 92.

28 Kinner/Richter, Rechtsextremismus, (Anm. 1), S. 186; Richard Stöss, Rechtsextremismus und Wahlen 1998, in: Jens Mecklenburg (Hrsg.), Braune Gefahr. (Anm. 10), S. 151.

29 Vgl. Jürgen Hoffmann/Norbert Lepszy, Die DVU in den Landesparlamenten; inkompetent, zerstritten, politikunfähig. Eine Bilanz rechtsextremer Politik nach zehn Jahren, Sankt Augustin 1998; Britta Obszerninks/Matthias Schmidt, DVU im Aufwärtstrend – Gefahr für die Demokratie? Fakten, Analysen, Gegenstrategien, Münster 1998.

30 Armin Pfahl-Traughber, Der »zweite Frühling« der NPD zwischen Aktion und Politik, in: Uwe Backes/Eckhard Jesse (Hrsg.), Jahrbuch Extremismus & Demokratie 11 (1999), S. 146–166.

31 Benno Hafeneger, Die Nationaldemokratische Partei Deutschlands (NPD), in: Mecklenburg, Braune Gefahr (Anm. 10), S. 50 ff.

32 Der Verbotsantrag der Bundesregierung ist nachzulesen unter: www.bmi.bund.de. Im März 2001 reichten auch Bundesrat und Bundestag einen Verbotsantrag ein.

33 Armin Pfahl-Traughber, Die Entwicklung des Rechtsextremismus in Ost- und Westdeutschland, in: Aus Politik und Zeitgeschichte. Beilage zur Wochenzeitung Das Parlament 39 (2000), S. 6.

Juliane Wetzel
Rechtsextreme Propaganda im Internet
Ideologietransport und Vernetzung

Ziel rechtsextremer Gruppierungen und Parteien ist seit Jahren die Vernetzung der Szene – und dies nicht nur national, sondern auch international. Bis Mitte der 90er Jahre starteten vor allem Einzelpersonen wie Gary Rex Lauck oder Ernst Zündel, aber auch Organisationen wie das »Institute for Historical Review« (IHR), das »Committee for Open Debate on the Holocaust« (CODOH) bzw. die »Vrij Historisch Onderzoek« (VHO) aus dem Ausland immer wieder Versuche, die Szene mit einschlägigem Propagandamaterial zu versorgen und Vernetzungsstrukturen aufzubauen. Dies gelang allenfalls in kleinen Zirkeln, erfasste aber keineswegs das rechtsextreme Spektrum insgesamt in nennenswertem Maße. Kontakte untereinander bestanden und wurden jährlich ad personam reaktiviert, wenn sich die Szene beim Gedenkmarsch für Rudolf Heß oder zu den so genannten Revisionisten-Kongressen traf. Seit das Internet – spät, aber umso massiver – Einzug in das rechtsextreme Spektrum gehalten hat, sind derartige internationale Treffen merklich zurückgegangen.

In den 90er Jahren erfolgte in Deutschland eine Umstrukturierung der Szene nicht nur durch Verbote rechtsextremer Gruppierungen und Vereine, sondern auch durch die Entwicklung einer rechtsextremen Jugendkultur. Neue autonome Strukturen sind entstanden. Kleingruppen, die als »Kameradschaften« firmieren, pflegen Kontakte untereinander auf Skinhead-Konzerten und bedienen sich des Internets als Kontaktmedium. Eine besondere Rolle spielt dabei – als gängiger Bestandteil jeder Jugendkultur – die Musik. Neuartige Techniken auf dem Netz wie real-audio-player und MP3-Format, CD-Brenner und hochgerüstete Computer ermöglichen es den jugendlichen Nutzern, jedes in Deutschland verbotene NS-Lied oder jedes indizierte Musikstück der rechtsextremen Bands anonym vom Internet herunterzuladen und auf CD zu brennen. Freilich passiert dies in den eigenen vier Wänden, aber zu entsprechenden Kontakten nach außen verhelfen »Chats«, Mailinglisten oder Diskussionsforen des UseNet und »Gästebücher« der einschlägigen Webseiten sowie die dort angebotenen Informationen über Konzerte im In- und Ausland. Nicht von ungefähr boomen seit Ende der 90er Jahre solche rechtsextremen Musikseiten auf dem Netz, deren Betreiber nicht nur in den USA, sondern vor allem in den skandinavischen Ländern beheimatet sind.

Explosionsartig hat sich seit Ende der 90er Jahre auch die Zahl der Homepages rechtsextremer Gruppierungen und Parteien auf dem World Wide Web entwickelt. Nahezu jeder rechtsextrem orientierte Verbund von Kleinstgruppen bis hin zu Parteien wie der NPD, DVU oder den »Republikanern« einschließlich ihrer Kreis- und Ortsverbände, aber auch rechtsextreme Verlage verfügen inzwischen über eigene Webseiten im Netz.

Dieser Boom ist kein Phänomen, das ausschließlich die Rechtsextremen betrifft, es handelt sich vielmehr um eine Entwicklung, die sich in die allgemeine Zunahme der Internetnutzung einreiht. Als attraktiver Werbeträger mit ansprechenden Graphiken sowie Audio- und Videosequenzen nutzen die rechtsextremen Parteien und Gruppierungen das Internet als Informations-, Kommunikations- und Agitationsmedium und nicht zuletzt als einfaches, schnell zugängliches anonymes Mittel der Vernetzung auf nationaler, aber vor allem auf internationaler Ebene.

Der deutsche Verfassungsschutz geht derzeit von mehr als 2000 solcher Homepages international aus, davon ist allein die Zahl deutschsprachiger Seiten von 1996 (30) bis 1999 (330) um das Zehnfache gestiegen; bis März 2001 war die Zahl auf über 800 nochmals drastisch emporgeschnellt.[1] Die wenigsten dieser Seiten werden allerdings von Deutschland aus angeboten. Die Gefahr, strafrechtlich verfolgt zu werden, hat die Betreiber dazu veranlasst, ihr rassistisches, antisemitisches und volksverhetzendes Gedankengut aus dem Ausland ins Netz zu speisen. Als nützlich erweisen sich hier nicht nur die USA, deren Gebot »freedom of speech« – absolute Meinungsfreiheit – der Verbreitung rechtsextremer Ideologien keine Grenzen setzt. Nach der Reaktion großer amerikanischer Internetfirmen wie Yahoo und AOL, die auf Druck der Öffentlichkeit und vor allem ihrer Werbepartner rechtsextreme Homepages vom Netz genommen haben, sind seit neuestem nun auch russische Provider attraktiv geworden.

Nachdem auch kommerzielle deutsche Provider verstärkt Homepages mit rechtsextremem Inhalt auf ihren Servern gesperrt haben, treten rechtsextreme Parteien wie die NPD selbst als Provider auf. Seit Anfang 2001 ist der erste parteiunabhängige Anbieter für Neonazis in Deutschland aktiv. »Netzpunkt« wird vom Betreiber des »Nationalen-Infotelefon Hamburg« Jens Siefert gemanagt, der neben anderen Aktivitäten auch als Verantwortlicher des Neonazi-Vereins »Club 88« in Neumünster gilt. Um einer Strafverfolgung zu entgehen, wird mit Passwort-geschützten Infosites, E-Mails und SMS-Mailketten gearbeitet.[2]

Dieser Taktik der Zugangsbeschränkung durch Vergabe von Passwörtern und Verschlüsselungssoftware bedienen sich immer mehr Anbieter rechtsextremer Homepages, um auch weiterhin strafrechtlich relevante Inhalte verbreiten zu können, ohne rechtliche Schritte befürchten zu müssen. So sind etwa auch die über deutsche Provider ins Netz gestellten Seiten in einer Sprache gehalten, die die rechtsextreme Grundeinstellung keineswegs verleugnet, aber diese mit Hilfe von geschickten Formulierungen und Schlagworten tarnt. Solche Codes sind in der Szene bekannt und werden ohne weiteres verstanden.

Besonders verbreitet als Zeichen für eine bestimmte Gesinnung sind bestimmte Zahlenkombinationen. Die Zahl 88, die etwa bei Autokennzeichen, als Teil der Namen rechtsextremer Bands, als Ergänzung einer anonymen Signatur bei E-Mail-Absendern oder als Gruppen- bzw. Clubname auftaucht und »Heil Hitler« bedeutet (jeweils der achte Buchstabe im Alphabet: HH), ist hier ebenso zu nennen wie die Ziffer 18 (Adolf Hitler = AH = der erste und achte Buchstabe im Alphabet) oder die Zahl 14. Letztere hat in jüngster Zeit an Bedeutung gewonnen, sie steht für »Wir müssen den Fortbestand unserer Rasse bewahren und auch die Zukunft arischer Kinder sicherstellen« oder in Englisch »We must secure the existence of our people and a future for White children«, als Verständigungscode reicht auch der Hinweis »14 Worte«. Eine spanische Internetseite listet den Slogan in 24 Sprachen auf.[3]

Müssen sich deutsche Seiten, sofern sie von Deutschland aus ins Netz gespeist werden, solcher Mechanismen bedienen, so führt die uneingeschränkte Meinungsfreiheit in den USA dazu, dass Homepages, die vom Netz verbannt wurden, von Vertretern der »freedom of speech« gespiegelt und wieder neu eingespeist werden. So sind manche Internetseiten zeitweise unauffindbar, tauchen dann aber später wieder unter neuer Adresse auf. Um den »Kunden« das mühsame Suchen zu ersparen, haben sich manche Homepage-Betreiber darauf verlegt, an ihrer ursprünglichen Internet-Adresse einen »Weiterleitungslink« anzubringen, der den Nutzer per Mausklick mühelos zur neuen Adresse und Seite geleitet, ohne dass der Speicherort bekannt wird.

Nicht zugänglich war etwa von Spätherbst 2000 bis Januar 2001 die Internetseite »Radio Islam« von Ahmed Rami. Der Internet Service Provider seiner Netzadresse aus Atlanta hatte sich offensichtlich aus Rücksicht auf seine Geschäftskunden von dem notorischen Holocaust-Leugner getrennt; davon betroffen war auch die Homepage des »National Journal«.[4] Rami selbst spricht auf seiner nun wieder über einen anderen Provider zugänglichen Seite von einem »menschenrechtswidrigen Schlag gegen Radio Islam« und macht schwedische politische Ereignisse dafür verantwortlich. Offensichtlich hatten öffentlicher Protest, angekündigte Maßnahmen des schwedischen Premierministers Göran Perrson sowie ein Ermittlungsverfahren gegen Rami seine Aktivitäten vorübergehend lahm gelegt.[5]

Rami und das »National Journal« sind dem »revisionistischen« Lager zuzurechnen und vertreten damit eine Richtung, die zum Bindeglied des internationalen rechtsextremen Spektrums geworden ist, also auch in der entsprechenden weltweiten Internetszene prominent in Erscheinung tritt. Im Mittelpunkt dieser von rechtsextremen Propagandisten vermittelten Ideologie steht ein sekundärer Antisemitismus als Vorurteil, das den Holocaust zumindest verharmlost, wenn nicht gar leugnet. Mit pseudowissenschaftlichen Argumenten sollen solche Falschinterpretationen als historische Tatsachen verkauft werden.[6]

Rami ist nicht nur zentrale Figur dieses »revisionistischen« Lagers, sondern agiert auch als Verbindungsmann einiger fundamentalistischer Islamgruppen mit der rechtsextremen Leugner-Szene.[7] Die Homepage des nach Schweden geflohenen ehemaligen marokkanischen Armeeangehörigen, der einige Jahre den Sender »Radio Islam« in Stockholm auf der Frequenz 88 [sic!] MHz betrieb, gehört zu den professioneller gestalteten Seiten im Netz und ist seit 1996 online. In zwölf Sprachen, darunter auch Deutsch, auf dem Netz vertreten, findet der User über Ramis Page Links zu den pseudowissenschaftlichen »Gutachten« von Fred Leuchter, Germar Rudolf und Walter Lüftl[8], kann Texte von Mark Weber aufrufen, dem Mitbegründer des »Committee for open Debate on the Holocaust«, und macht Bekanntschaft mit Referenten des revisionistischen »Institute

for Historical Review« sowie Teilnehmern an »Revisionisten-Kongressen«. Bis Herbst 2000 eröffneten sich über »Radio Islam« auch die Seiten zur Hizbollah und Hamas. Inzwischen freilich bietet der Mausklick
auf den Link der »Hizbollah« eine leere Seite an, und der Button »Hamas« führt den Nutzer zu einer Page für »Adults only«, die pornographi-
sche Bilder zeigt und offensichtlich keinen politischen Hintergrund hat.[9]
Über den Link »German sites« hingegen lässt sich nicht nur das Testa-
ment Adolf Hitlers in vollem Wortlaut abrufen, sondern es eröffnet sich
auch der Zugang zur Seite »Wilhelm Tell« des Schweizer »Revisionisten« Jürgen Graf, der 1993 vom Schuldienst suspendiert wurde und im
Iran »politisches Asyl« erhalten hat. Ein weiterer Button führt über das
Label »European Foundation« zur Homepage der belgischen revisionistischen Organisation »Vrij Historisch Onderzoek« und ihrem Organ, den
»Vierteljahresheften für freie Geschichtsforschung« (VffG).[10] Auf der In-
ternet-Seite der VffG, die in Hastings/Großbritannien ihren Sitz hat und
von dort auch in Papierform versandt wird, findet sich eine ganze Palette
von Texten bekannter Auschwitz-Leugner. Im Sinne des Presserechts verantwortlich für die VffG zeichnet einer der führenden Vertreter der Leug-
ner-Riege, Germar Rudolf alias Germar Scheerer bzw. Ernst Gauss, der
sich wegen drohender Strafverfolgung in Deutschland ins Ausland ab-
gesetzt hat.[11] Nicht nur der Name, sondern auch Formalia wie Fußnoten,
Tabellen und Aufbau verleihen sowohl der Papier- als auch der Internet-
Ausgabe der Zeitschrift einen wissenschaftlichen Anstrich, der den Ge-
nozid an den Juden als »Lüge« entlarven helfen soll.
Über die VffG erfährt man die wichtigsten online-Adressen der Vertreter
des »Revisionismus« – u. a. »Committee for Open Debate on the Holocaust«, »Institute for Historical Review«, Adelaide Institute (Australien),
David Irving, Ernst Zündel, Greg Raven, Udo Walendy, Arthur Butz, Jürgen Graf und Michael A. Hoffmann.[12] Hoffmanns Seite wiederum bietet
– ebenso wie die Website »Radio Islam« – einen Link zum »National
Journal«.[13] Diese »Kampfgemeinschaft gegen antideutsche Politik und
für die Wiederherstellung der Menschenrechte«, die ihren Sitz in Sussex/
Großbritannien hat und Nachfolger der »Remer-Depesche« des inzwischen verstorbenen Altnazis Otto Ernst Remer ist, benutzt als Logo auf
der Eingangsseite das Brandenburger Tor.[14]
Themenschwerpunkt des »National Journal« ist der »Revisionismus«,
gleichzeitig werden aber auch andere antisemitische Stereotypen bedient.

Dazu gehört seit Jahrhunderten die »jüdische Weltverschwörung«. So wird eine angeblich jüdische Finanzmacht konstruiert, die die »Schlüsselpositionen in den Medien, der Politik, dem Justizwesen, der Filmindustrie, innerhalb der Banken usw.« innehabe und schließlich noch unterstellt, die »Auserwählten«, also die Juden, hätten »US-Präsident John F. Kennedy, im wahrsten Sinne des Wortes, im Vorbeifahren außer Kraft gesetzt«. Ausführender dieses Mordkommandos sei der israelische Mossad gewesen. Die Diktion der Sprache ist so, als würden hier historische Fakten vermittelt, an denen kein Zweifel besteht.[15]

Das »National Journal« bietet darüber hinaus eine ganze Reihe Links, darunter zur rechtsextremen russischen »PAMJAT« und zum »Thule-Netz«, dem lange Zeit größten rechtsextremen deutschen Verbund. Das »Thule-Netz«, das seit Juli 1996[16] im Internet vertreten ist, als Mailbox-Betreiber aber schon länger online agiert, spielte bis 1998 eine führende Rolle bei der Vernetzung des rechtsextremen Spektrums in Deutschland. Inzwischen aber lässt sich ein Abwärtstrend dieses neu-rechten Theorieverbundes konstatieren.[17] Von den 14 Mailboxen, die ehemals dem »Thule-Netz« angeschlossen waren, hat die letzte Mitte 1999 ihre Aktivitäten eingestellt (dies gilt im Übrigen auch für das »Nordland-Netz«).[18] Diese Entwicklungen entsprechen dem in Deutschland rückläufigen Trend der Intellektualisierung der Szene. Die Rolle des »Thule-Netzes« in gewisser Weise übernommen haben die »Europäischen Synergien«, deren esoterisch rechtsextreme Zirkel international an Bedeutung gewinnen.

Eine Homepage unterhält das »Thule-Netz« allerdings immer noch im Internet.[19] Wichtigste Funktion dieses Angebots ist die abrufbare alphabetische Liste der Links, die ein breites Spektrum einschlägiger Organisationen und Parteien des internationalen Rechtsextremismus bietet.[20] Darunter auch die Seite der NPD und der »Jungen Nationaldemokraten«, die auf ihrer Website eine Gruppe junger fröhlicher Leute zeigt, dann aber nur langweilige Texte über »eine andere Jugend« und deren »revolutionäre Ideen« präsentiert. Seit Monaten ist die Seite nicht aktualisiert worden, dafür bietet der Bundesvorstand der NPD-Jugend seit letztem Jahr über eine eigene Adresse eine Homepage, die zwar auf dem neuesten Stand, allerdings noch immer ziemlich langweilig gestaltet ist.[21] Die Unterwanderung der NPD und hier vor allem ihrer Jugendorganisation von jenen Neonazis oder rechtsextremen Skinheads, die in losen »Kameradschaften« agieren, hat zu dem Verbotsantrag von Bund und Ländern gegen die Partei geführt. Im Internet allerdings präsentieren sich solche militanten Szenemitglieder in ihren eigenen Homepages über ausländische Provider. Nur dort können sie ungehindert mit rechtsextremer, rassistischer und volksverhetzender Propaganda versuchen, Anhänger und Sympathisanten zu rekrutieren.

Verbindungen wie die »Kameradschaft Gera« bieten ihrerseits den Link zur NPD (Kreis-, Landes- und Bundesverband), daneben ebenso zu Gesinnungsgenossen (»Siegener Bärensturm«) und zum »Nationalen Widerstand«, dem »National Journal«, zu Ernst Zündel, den »Unabhängigen Nachrichten«, die zurzeit geschickt versuchen, Schülerzeitungen mit Material zu beliefern, und zur »Rudolf Heß Gedenkseite«.[22] Die Seite der NPD hingegen muss sich – zumal unter der jetzigen permanenten Beobachtung durch die Verfassungsorgane – den Anschein einer Partei innerhalb der freiheitlich-demokratischen Grundordnung geben.

Verbindungen zur internationalen rechtsextremen Szene hingegen weisen sehr wohl auf die nur gespielte vordergründige Zurückhaltung hin. So trafen sich Mitglieder der »Jungen Nationaldemokraten« am 11. November 2000 in Mailand zu einer Demonstration mit der italienischen »Forza Nuova«.[23] »Forza Nuova«, 1997 gegründet von zwei ehemaligen Terroristen, die zunächst in Beirut, später in London im Exil gelebt hatten,[24] ist mit Sektionen in ganz Italien vertreten und präsentiert sich auf dem Internet etwa mit dem Foto einer Schar junger Leute, deren Arme zum »deutschen Gruß« erhoben sind.[25]

Thematisch – jedenfalls nach dem Angebot im Internet zu urteilen – bewegen sich sowohl die NPD als auch ihre Jugendorganisation noch immer auf einer Ebene, die für Jugendliche wenig Attraktivität besitzt.[26] Dies gilt auch für die online-Ausgabe des NPD-Organs »Deutsche Stimme«. Weit interessanter muss demgegenüber für diese Klientel der Zugang zur »Kameradschaft Gera« sein, die per Link die Verbindung zur »Deutschen Stimme« anzeigt. Die gegenseitige Vernetzung wird deutlich, wenn der User die ineinander verzahnten Linksammlungen Revue passieren lässt. Über die »Kameradschaft Gera« eröffnet sich vom »Bündnis Rechts« über das »Deutsche Rechtsbüro« und die nicht mehr zu öffnende Seite der »Skinheads Potsdam« (Burzum 88) bis zu den »Nationalen Zellen«, dem »Völkischen Nationalist« und dem »Whitesonly«-Link ein breites Spektrum. Inzwischen nutzt auch die »Kameradschaft

Gera«, wie zahlreiche andere Szeneorganisationen, einen russischen Provider, der vor unliebsamen Eingriffen gegen die Homepages schützen soll.[27]

Der Weg von der »Kameradschaft Gera« führt über das »National Journal« zur Homepage von »Radio Germania«[28], dem wichtigsten Medium rechtsextremer Ideologie und Musik in Deutschland. 1998 richtete das eigentlich als Radio-Station konzipierte Medium seine eigene Website ein, um Texte und »Informationen für die Reichshauptstadt« zu verbreiten. Sendebeschränkungen und schließlich der Ausschluss aus dem Kabelnetz veranlassten den Betreiber von »Radio Germania«, aber auch des »Nationalen Infotelefons Preußen«, Mike Penkert, intensiver das Internet zu nutzen. Die Seite arbeitet mit visuellen Inserts, so dreht sich etwa die Zahl 88 unter dem Begrüßungsslogan »Willkommen bei Radio Germania«. Auch die Zahl 14 ist vertreten: über den »Eingangs«-Button der alten »Radio-Germania«-Internetadresse leitet der Weiterführungslink den User zum neuen Zugang, dessen Unterverzeichnis »radio14« lautet.[29] Per Link können Texte über Rudolf Heß (»Sein Leben und Wirken«) erreicht werden oder die Homepage des rechtsextremen Liedermachers und ehemaligen Mitglieds der »Wiking-Jugend«, Frank Rennicke. Laut Mitteilung des Web-Servers »ostara«, dem Internet-Anbieter mit dem wohl größten Link-Angebot auch zu amerikanischen Webseiten, auf denen die radikalste antisemitische Propaganda betrieben wird, wurde Rennicke im März 2001 wegen Volksverhetzung verurteilt und sein gesamtes Vermögen eingezogen.[30]

Die Webseite der im Berliner »Verlag der Freunde« erscheinenden Zeitschrift »Sleipnir« hingegen ist nicht mehr über »Radio Germania« zugänglich.[31] Dieses bereits mehrmals beschlagnahmte revisionistische Organ, das seine geschichtsverfälschenden Thesen lange Zeit über Internet verbreitete, ist nach der Verhaftung und Verurteilung seines Machers Andreas Röhler wegen Volksverhetzung im April 2000 nur noch in einfachster Form und inhaltlich äußerst beschränkt im Netz präsent. Dort verzeichnete Zugangslinks zu »Sleipnir« führen entweder zu einer Fehlermeldung oder enthalten allenfalls Hinweise auf »Gäste« – darunter die einschlägigen revisionistischen Adressen, allerdings ohne die Möglichkeit, diese per Link auch anzuklicken.[32] Der Versuch, »Sleipnir« über den Link auf der Internetseite »Kameradschaft 2/130« vom »Siegener Bärensturm« zu öffnen, misslang insofern, als sich mit einem Klick auf das

Logo von »Sleipnir« »signal-online« meldete. Es handelt sich um die Internetseite des wichtigsten deutschen Theorieorgans der »Neuen Rechten«, des Nachfolgers von »Europa vorn« von Manfred Rouhs. Auch »Signal« bietet Zugang zur Musik der Skinhead-Subkultur.[33]

Die Website der »Kameradschaft 2/130« auf dem Server »14words« bezeichnet sich als »radikahl [sic], national, unbelehrbar« und nimmt sich des Themas Zwangsarbeiterentschädigung an: »Die BRDregierung [sic] macht sich lächerlich! Es besteht kein Interesse an deutschen Zwangsarbeitern! Wir können nur hoffen, dass viele deutsche Firmen weiter standhaft bleiben und nicht der Initiative beitreten!« Es werden Links zu einer ganzen Reihe von Gesinnungsgenossen angeboten, darunter zum »Thüringer Heimatschutz« und zum ehemaligen RAF-Terroristen Horst Mahler, der inzwischen zum Rechtsextremen mutiert und Mitglied der NPD geworden ist.[34]

»Kameradschaften« wie der »Siegener Bärensturm« oder Gruppierungen in Gera, Jena, Schwerin und anderen Orten bieten nicht nur rechtsextremes Gedankengut und Links zu einschlägigen online-Angeboten im Netz, im Mittelpunkt steht die Vernetzung über die Musikszene. Ein Großteil der Texte der hier vertretenen Musikgruppen bedient rassistische und antisemitische Vorurteile oder ruft gar offen zum Mord an Ausländern und Andersdenkenden auf. Über das Netz finden Lieder der Neonazi-Band »Zillertaler Türkenjäger« Verbreitung. Auf dem Cover ihrer CD »12 Doitsche Stimmungshits« hängen der farbige Schauspieler und Viva-Moderator Mola Adebisi sowie der Sänger der »Toten Hosen« Campino am Galgen, und nach der Melodie des harmlosen Hits »Kreuzberger Nächte« wird mit entsprechendem Text (gegen »Zecken und Ali-Banden« mit »Tritten in die Schnauze«) unverhohlen zu Gewalt gegen Türken und Autonome aufgerufen. Die rechtsextreme »Nachrichtenagentur« NIT (Nachrichten, Informationen und Theorie) meldete im Januar 1999 online, die »Stuttgarter Nachrichten« hätten berichtet, dass die CD über 400 000-mal verkauft worden sei. Die Autoren von NIT vermuten allerdings einen Druckfehler, die Zahl erschiene ihnen doch übertrieben.[35]

Am 2. März 2001 informierte NIT im Übrigen in einer Sondersendung online – mit Hilfe entsprechender Software (real-audio-player) abzuhören – über das »Aussteigerprogramm« für Rechtsextreme der Bundesregierung, darin wird der Verfassungsschutz als politischer »Inlandsgeheimdienst« und als »Aufwiegler und Brandstifter« bezeichnet, von dem

»keine Integrität zu erwarten« sei, er sei »kein Wohltäter, sondern ein Repressionsinstrument der Herrschenden«. Vehement wird vor dem Ausstieg aus der Szene gewarnt. Niemand würde Repressalien zu erwarten haben, der »einfach aufhört«, wer aber mit Hilfe des Programms der Bundesregierung aussteige, sei ein »Verräter«. Am Ende zog der Sprecher folgendes Fazit: »Das Programm ist keine Möglichkeit.«[36]

Inhaber der Homepage NIT und des Nationalen Infotelefons ist der ehemalige Hamburger Landesvorsitzende der verbotenen »Freiheitlichen Deutschen Arbeiterpartei« und Funktionär der »Jungen Nationaldemokraten« André Goertz. Goertz pflegt auch enge Verbindungen zum die Szene dominierenden Skinhead-Magazin »Rock Nord«,[37] dessen online-Ausgabe Devotionalien, einen Chatroom, in dem man sich mit »Heil« begrüßt, sowie Interviews mit einschlägigen Bands bietet.[38]

Die laute und aggressive Musik der Skinhead-Bands hat inzwischen zugunsten umgetexteter Schlagermelodien an Aktualität eingebüßt. Darin liegt aber gerade die Gefahr: Ausländerfeindliche und antisemitische Inhalte lassen sich mit Schunkelmusik leichter transportieren und sind bei weitem einprägsamer als jene, die mit wenig melodiöser Musik verbreitet werden. Die »Zillertaler Türkenjäger« haben gar das Kinderlied »Zehn kleine Negerlein« zu einem Song mit rassistischem Inhalt umgetextet.[39] Die Gruppe »Die Härte« hetzt nach gleichem Muster. Die Melodie von »Hurra, hurra, die Schule brennt« dient der Verbreitung von einschlägigem Inhalt mit dem Refrain »hurra, hurra, ein Nigger brennt«.[40]

Zahlreiche Musikvertriebe bieten per Internet solche Titel, aber auch die gesamte Palette der Skinhead-Musik. Das Angebot reicht vom »Horst-Wessel-Lied« über Neonazi-Skinhead-Musik der in Deutschland verbotenen »Blood&Honour«-Bewegung bis zu Stilrichtungen wie »Black-Metal« oder »Dark Wave«. Über »White Power Music MP3« etwa lassen sich entsprechende Titel herunterladen, angepriesen werden auch Tattoos mit Motiven des Ku-Klux-Klans und Interviews mit rechtsextremen Rockbands wie mit den Mitgliedern der serbischen Band »Trijumf Volje« (Triumph des Willens) oder der 1997 gegründeten deutschen Gruppe »Nordfront« über ihr neues Album »Werft sie raus«.[41] Die Link-Seite der »White Power Music MP3« ist ebenso wie der Zugang zum Chatforum und das »Gästebuch« nicht mehr frei zugänglich, sondern über einen Weiterleitungsverweis offensichtlich nur noch per Zugangscode abrufbar.

Die Entwicklungen in den letzten Jahren haben gezeigt, dass sich das rechtsextreme Spektrum zu einer Gegenkultur, einer Bewegung auszuweiten beginnt, die sich an sozialdarwinistischen Auffassungen orientiert, die freiheitlich-demokratische Staatsform bekämpft, weil sie als fremd bestimmt empfunden wird. Gegen den vermeintlichen Feind wird nicht nur propagandistisch, sondern auch mit Gewalt vorgegangen. Immer wieder finden sich Aufforderungen zur Gewalt auch im Internet. So stellte die Gruppe »Lichtensteinische Arier«, die sich mit Aktionen in St. Gallen und an anderen Schweizer Orten brüstete, Anleitungen zur Herstellung von Sprengstoff ins Netz und machte mit einer auf der Homepage veröffentlichten Fotografie eines Schwarzen, der an einem Baum hängt, ihre Intention nur allzu deutlich. In dieselbe Richtung ging auch die Warnung auf der unter dem Pseudonym »Feax88« gestalteten und über einen amerikanischen Gratisanbieter zugänglichen Homepage der Gruppe: »Achtung: Zugang zu dieser Site ist Juden, Türken und Schwulen und vor allem Niggers untersagt.« Hacker verstopften daraufhin mit E-Mails die Homepage und tauschten Hakenkreuz, Fürstenkrone und Adolf-Hitler-Konterfei mit dem Davidstern.[42]

Rechtsextreme Internetseiten, vor allem von amerikanischen Servern aus, liefern Anleitungen zum Bombenbau und zu Terroranschlägen,[43] stellen Listen von Antifaschisten und unliebsamen Personen ins Netz, die damit für jeglichen Übergriff freigegeben sind, verlinken sich mit arabischen Terroristen und hetzen gegen die türkischen Retter eines von Rechtsextremen in München im Januar 2001 angegriffenen Griechen.[44] Inzwischen sind auch rechtsextreme Hacker am Werk. Sie greifen Websites politischer Gegner an oder versenden »E-Mail-Bomben«, d. h. mit Hunderten, manchmal gar Tausenden gleichzeitig ankommenden Mails, die oft nur kurze Parolen oder Hinweise wie »you have been warned« enthalten, werden die elektronischen Posteingänge unliebsamer Institutionen, Politiker und Bürger verstopft und die jeweiligen Server zum Zusammenbruch gebracht.[45] Die Rechtsextremen haben die Kriegsführung via Internet, die »electronic warfare« entdeckt.

Wolfgang Kremer, Abteilungsleiter der Abteilung Rechtsextremismus beim Bundesverfassungsschutz, erklärte gegenüber der Süddeutschen Zeitung: »Wir erleben die Anfänge einer Ideologie-Guerilla der rechtsextremistischen Internetnutzer.«[46] Nicht zuletzt haben solche Taktiken dazu geführt, dass bundesdeutsche Behörden vor terroristischen Ansätzen im rechtsextremen Spektrum warnen. Das Gewaltpotenzial wird zudem gefördert durch Computerspiele der schlimmsten Art, die schließlich von Neonazis zu politischen Waffen hochgerüstet werden, wenn sie etwa das Moorhuhn-Spiel zu einer antisemitischen Hetzkampagne umfunktionieren.

Gary Rex Lauck (inzwischen: Gary Lauck), Führer der in Lincoln/Nebraska ansässigen »NSDAP-Auslandsorganisation« (NSDAP-AO), der sich inzwischen auch als Internet-Provider über den Service-Betreiber »Earthlink« betätigt, über den – laut »Nationalem Infotelefon« – ein »zensurfreier« Zugang zum Netz möglich sei,[47] verbreitet etwa über seine Internetseiten rechtsextreme Versionen bekannter Computerspiele wie eine Abwandlung der populären »Moorhuhn-Jagd«, die Lauck unter dem Label »Jagd auf Juden« zum Herunterladen zur Verfügung stellte. Erfolgreich konnte sich die Bochumer Herstellerfirma des Originalspiels im Herbst 2000 gegen diesen Missbrauch wehren. In aller Stille, um der Neonazi-Variante keine weitere Aufmerksamkeit zu verschaffen, wurde eine Urheberrechtsklage in den USA durchgesetzt; Lauck musste das Spiel vom Netz nehmen.[48] In Laucks Version trugen die Moorhühner Gebetskäppchen und Schläfenlocken, Heißluftballons waren mit Hakenkreuzen versehen, und die Spieler wurden mit »Adolf Hitler Sieg Heil«-Rufen begrüßt.[49] Punkte sammeln konnte der Spieler nur für abgeschossene »jüdische Moorhühner«. Ziel des Spiels »KZ-Rattenjagd« ist laut Anleitung: »Vernichten Sie so viele Ratten wie möglich.«[50] Ratten stehen hier synonym für Juden in Assoziation des NS-Films »Der ewige Jude«.

Computerspiele wie »KZ-Manager« oder der »Anti-Türken-Test«, die ebenfalls von Laucks Homepage herunterzuladen sind, müssen urheberrechtliche Restriktionen nicht befürchten. Sie sind von rechtsextremen Urhebern und kursierten bereits in der zweiten Hälfte der 80er Jahre auf Mailboxen und wurden auf Schulhöfen gratis oder gegen geringe Gebühr verteilt.[51] Lauck ist allerdings nicht der Einzige, der diese Art Spiele im Netz anbietet, auch der inzwischen in erhebliche finanzielle und technische Schwierigkeiten geratene rechtsextreme Provider »front14« hatte »KZ-Manager«, »KZ Ratten Jagd«, »Nazi-Moorhuhn«, »Nazi-Doom« und »White-Power Doom« im Angebot. Die Labels der Spiele befinden sich noch auf der Homepage, die Spiele allerdings lassen sich nicht mehr öffnen.

Die »American Skinheads« bieten über ihre Homepage das Spiel »Wolfstein 3 D« zum Herunterladen an. Um erste Eindrücke zu vermitteln, sind einige Standfotos aus dem Spielverlauf auf der Internetseite abgebildet. Der Spieler sammelt Punkte, wenn er Schwarze erschießt, Juden findet und sie in die Gaskammern treibt. Vor einer Wand mit »White Power«-Plakaten steht im Bildvordergrund eine Dose mit Zyklon B, auf dem folgenden Standbild werden »Parasiten« beseitigt.[52]

Wirksame Gegenstrategien gegen solche brutalen Machwerke und die rechtsextreme Agitation im Netz überhaupt müssen in erster Linie von den Providern ausgehen, d. h. die Provider nehmen entsprechende Webseiten vom Netz. Die Entwicklungen in den letzten Monaten und der z. T. erschwerte bzw. gar nicht mehr mögliche Zugang zu einzelnen Homepages haben gezeigt, dass eine solche Vorgehensweise die Propagandamöglichkeiten im Internet wenigstens erschwert. Dieser Erfolg ist nicht zuletzt auf den öffentlichen Druck der seit zehn Jahren aktiven Schweizer Organisation »Aktion Kinder des Holocaust« (AKdH) zurückzuführen. Auf Intervention der AKdH hat der amerikanische Großprovider Yahoo-Geocities bis März 2001 insgesamt 44 deutschsprachige Internetseiten mit nazistischem Inhalt gelöscht. Yahoo wurde außerdem von der Aktion aufgefordert, die Versteigerung von NS-Devotionalien – wie Wehrmachtsuniformen, NS-Literatur und anderes Material aus der NS-Zeit – im Internet zu beenden. Nachdem französische Menschenrechtsvertreter gegen diese Geschäftspraxis geklagt hatten, wurde der Handel von Yahoo eingestellt.[53] Weil die Aktionen der Schweizer Organisation bisher oft nur regional greifen, sind die Mitarbeiter bemüht, ihre Aktivitäten auch international durchzusetzen.[54] Die Organisation stellt eine Liste derjenigen Provider ins Netz, die »Neo-Nazi Seiten hosten«, und versucht auf diese Weise, Druck auf die Anbieter auszuüben. Nachdem sich in letzter Zeit viele rechtsextreme Betreiber nach Russland orientieren, um ihre Seiten ungehinderter ins Netz speisen zu können, engagiert sich die »Aktion Kinder des Holocaust« nun auch dort. Im Januar 2001 gelang es ihr, einen russischen Provider davon zu überzeugen, die Seite des »NS-Sturm« zu löschen.[55]

Eine andere Strategie verfolgt das »Nizkor-Project« des Kanadiers Ken McVay, das inzwischen über ein umfangreiches, im Internet zugängliches Archiv verfügt. Mit weltweit mehreren hundert Helfern werden die Aktivitäten der rechtsextremen Szene auf dem World Wide Web dokumentiert, aber auch Quellen und Forschungsergebnisse bereitgestellt, die der rechten Propaganda im Netz und der pseudowissenschaftlichen Argumentation der »Revisionisten« seriöse historische Erkenntnisse entgegensetzen. Ähnlich arbeiten der »Informationsdienst gegen Rechtsextremismus« oder die Jugendinitiative »Step 21« gegen Fremdenfeindlichkeit und Intoleranz. Sie hat sich unter der Schirmherrschaft von Bundespräsident Johannes Rau im Januar 2001 formiert, um Strategien gegen »Hass-Seiten« im Internet zu entwickeln. Die Jugendlichen wollen zusammen mit Experten einen »Verhaltenscodex mit Spielregeln für Toleranz und Fairplay im globalen Netz« entwerfen. Unter der Webadresse »fairlink.de« wird über Inhalte und Strategiemöglichkeiten informiert und diskutiert. Formuliert werden sollen auch Forderungen an politische und wirtschaftliche Institutionen, solche Strategien schließlich auch umzusetzen.[56]

Es besteht durchaus die Gefahr der noch intensiveren Vernetzung der rechtsextremen Szene via Internet, allerdings sind die jeweils angebotenen Links, die enge Zusammenarbeit suggerieren, nicht selten auf einem völlig veralteten Stand oder führen zwar zur nächsten einschlägigen Homepage, ohne die Konsequenz einer damit auch automatisch geschlossenen engen Verbindung der Linkpartner. Darüber hinaus sind nicht selten ansprechend und mit modernster Technik umgesetzte virtuelle Seiten das Werk eines Einzelnen oder allerhöchstens von wenigen Personen, deren Sympathisantenkreis klein ist. Visuell weniger ansprechend aufbereitete Homepages wie etwa jene der NPD oder der DVU, die altbacken und langweilig erscheinen, stehen hingegen für Parteien, die mehrere tausend Mitglieder haben. Daher fällt die Einschätzung und Bewertung der rechtsextremen Seiten, ihres Umfeldes und ihrer Nutzer, die politisch mit dem Spektrum sympathisieren, so schwer. Weder gibt es aussagekräftige Untersuchungen über das Konsumverhalten, noch können die von den Betreibern oft selbst angegebenen Nutzerzahlen einigermaßen relevante Aussagen liefern.

Die Beobachtung der rechtsextremen Agitation im Internet ist zu einer zentralen Aufgabe des Verfassungsschutzes und derjenigen Institutionen geworden, die sich gesellschaftspolitisch und wissenschaftlich mit dem Phänomen Rechtsextremismus auseinander setzen. Dabei ist auch der Frage nachzugehen, inwieweit die dort verbreitete Propaganda und die politischen Indoktrinationsversuche zur Verbreitung der rechtsextremen Weltanschauung beitragen, also Auswirkungen etwa gerade auf die subkulturellen Jugendszenen haben. Da diesem Medium die Schnelllebigkeit immanent ist, also die Vorgänge dort einem permanenten Wandel unterliegen und das Rezeptionsverhalten wegen der Anonymität der Nutzer nur schwer zu erforschen ist, gibt es bisher darauf noch keine schlüssige Antwort.[57]

Sicher jedenfalls ist, dass die Vernetzungsstrategien des internationalen Rechtsextremismus durch das Internet gewisse Erfolge verbuchen können. Das hilft der Szene intern, sagt aber noch nichts über Rekrutierungserfolge aus. Die Gefahr des Internets liegt daher nicht so sehr in textualer Vermittlung ideologischer Visionen des rechtsextremen Lagers, sondern vielmehr in der Bereitstellung einschlägiger Devotionalien und Kleidung und von Musik, die zu den zentralen Elementen einer Jugendkultur gehört. Nicht zuletzt besteht die Wirkung in der Attraktivität bekannter Computerspiele, die, mit neuen ideologischen Botschaften versehen, zu rechtsextremen Indoktrinationsmitteln mutiert sind und spielerisch Feindbilder und Vorurteile verbreiten.

Anmerkungen

1 Verfassungsschutzbericht Bundesministerium des Innern (BMdI) 1996 ff.; Verfassungsschutz-online, 16. 1. 2001, eingesehen am 7. 3. 2001.
2 Diese Information wurde dankenswerterweise von Toby Axelrodt, American Jewish Committee, zur Verfügung gestellt.
3 Internetseite »Nuevorden«, eingesehen am 8. 3. 2001.
4 Freundlicher Hinweis von Margret Chatwin, die den Informationsdienst gegen Rechtsextremismus betreibt, www.idgr.de.
5 Internetseite »Radio Islam«, eingesehen am 6. 3. 2001.
6 Vgl. zum Antisemitismus als verbindendes Element des Rechtsextremismus im Internet Juliane Wetzel, Antisemitismus im Internet, in: Das Netz des Hasses. Rassistische, rechtsextreme und neonazistische Propaganda im Internet, hrsg. vom Dokumentationsarchiv des Österreichischen Widerstands, Wien 1997, S. 78–105.
7 Vgl. Juliane Wetzel, Internet: Die internationale Rechte und der arabische Antizionismus, erscheint demnächst in einer Publikation des Zentrums für Antisemitismusforschung.
8 Der so genannte Lüftl-Report wurde von Walter Lüftl, dem Präsidenten der österreichischen Bundesingenieurskammer bis 1992, verfasst. Lüftl leugnet in dem Bericht, der erstmals 1991 in der neonazistischen Zeitschrift »Halt« veröffentlicht wurde, die Existenz von Gaskammern zur Ermordung von Menschen in den NS-Vernichtungslagern; vgl. »Revisionistische« Autoren und ihre Publikationen, zusammengestellt von Wilhelm Lasek, in: Brigitte Bailer-Galanda/Wolfgang Benz/Wolf-

gang Neubauer (Hrsg.), Die Auschwitzleugner. »Revisionistische« Geschichtslüge und historische Wahrheit, Berlin 1996, S. 354 f.

9 Internetseite von »Radio Islam«, eingesehen am 6. 3. 2001.

10 Ebd.

11 Internetseite »Vierteljahreshefte für freie Geschichtsforschung«, eingesehen am 23. 8. 1999.

12 Internetseite »Vrij Historisch Onderzoek«, eingesehen am 12. 2. 2001.

13 Internetseite »National Journal«, eingesehen am 13. 3. 2001.

14 Ebd.

15 Internetseite »National Journal«, eingesehen am 2. 8. 1999.

16 Blick nach rechts, Online-Ausgabe (www.bnr.de/rechts/rechts.htm) »Die Rechten im Netz«.

17 Verfassungsschutzbericht BMdI, 1999, Internetausgabe, April 2000, S. 73.

18 Ebd., S. 89.

19 Vgl. zum »Thule-Netz« Rainer Fromm/Barbara Kernbach, Rechtsextremismus im Internet. Die neue Gefahr, München 2001, S. 81–86.

20 Internetseite »Thule-Netz«, eingesehen am 15. 3. 2001.

21 Internetseite »Junge Nationaldemokraten«, eingesehen am 12. 3. 2001.

22 Internetseite »Kameradschaft Gera«, eingesehen am 19. 1. 2001.

23 Internetseite »Junge Nationaldemokraten«, eingesehen am 19. 1. 2001.

24 L'Espresso online vom 4. 1. 2001.

25 Internetseite »Forza Nuova«, eingesehen am 13. 3. 2001.

26 Internetseite »Junge Nationaldemokraten«, eingesehen am 19. 1. 2001.

27 Internetseite »Kameradschaft Gera«, eingesehen am 19. 1. 2001.

28 Vgl. zum Umfeld von »Radio Germania« Juliane Wetzel, Das Internet als Propagandamedium der Rechtsextremen, in: Peter Widmann u. a., Gewalt ohne Ausweg? Strategien gegen Rechtsextremismus und Jugendgewalt in Berlin und Brandenburg, Berlin 1999, S. 259–278, hier: S. 262–268.

29 Internetseite »Radio Germania«, eingesehen am 9. 3. 2001.

30 Internetseite »ostara«, eingesehen am 8. 3. 2001.

31 Internetseite »Radio Germania«, eingesehen am 9. 3. 2001.

32 Verfassungsschutzbericht BMdI, 1998, S. 69.

33 Vgl. Fromm, Kernbach, Rechtsextremismus (Anm. 19), S. 94 f.

34 Internetseite »Kameradschaft 2/130«, eingesehen am 7. 3. 2001.

35 »NIT«-online, eingesehen am 7. 3. 2001.

36 Nationales Infotelefon über »NIT«-online, gehört am 7. 3. 2001.

37 Vgl. auch Fromm, Kernbach, Rechtsextremismus (Anm. 19), S. 136 ff.

38 Internetseite »Rock Nord«, eingesehen am 7. 3. 2001.

39 Vgl. die tageszeitung (taz), 25. 6. 1997; Verfassungsschutzbericht BMdI, 1999, Internetausgabe, April 2000, S. 29.

40 Verfassungsschutzbericht BMdI, 1999, Internetausgabe, April 2000, S. 29.

41 Internetseite »White Power MP3«, eingesehen am 7. 3. 2001. Das Interview mit Nordfront steht als Meldung unter März 2001.

42 Vgl. www.infosec.ch/faelle/f_fall807.htm; www.raben-net.ch/aks/pressespiegel3/rechtsextremismus.htm; Tages Anzeiger Zürich vom 9. 1. 1999; ebd. vom 13.1. und 20. 1. 1999.

43 Vgl. u. a. den »Gifhorner Reichssturm«, der den »Bau von elektronischen Zündern«

und »Zündern für Brief- und Paketbomben« per Internet verbreitete, blick nach rechts vom 14. 12. 2000.

44 Süddeutsche Zeitung, 20./21. 1. 2001. »Garfield«, bekannt aus dem »Thule-Netz«, polemisierte gegen die türkischen Retter unter der Schlagzeile »Deutscher bewusstlos geprügelt«. Der Tathergang wird auf den Kopf gestellt und eine Rechtfertigung für den Übergriff der Skinheads auf den Griechen gesucht: »Ausländer belästigt ein deutsches Mädel.«

45 Im November 2000 wurde das E-Mail-Postfach der Firma, die www.juden.de hostet, mit 17 000 E-Mails von einer Absenderadresse mit dem Namen Adolf Hitler bombardiert, vgl. Internetseite www.juden.de, eingesehen am 19. 1. 2001.

46 Süddeutsche Zeitung, 8. 1. 2001.

47 Internetseite des »Informationsdienst gegen Rechtsextremismus«, Oktober 2000.

48 Ebd., Meldung vom 20. 10. 2000 nach einer AP-Meldung.

49 Telepolis. Magazin der Netzkultur – online, Meldung vom 28. 10. 2000.

50 Internetseite NSDAP-AO, eingesehen am 5. 3. 2001.

51 Vgl. Wolfgang Benz, KZ-Manager im Kinderzimmer. Rechtsextreme Computerspiele, in: ders. (Hrsg.), Rechtsextremismus in Deutschland. Voraussetzungen, Zusammenhänge, Wirkungen, Frankfurt a. M. 1994, S. 219–227.

52 Internetseite der »American Skinheads«, eingesehen am 9. 3. 2001.

53 Internetseite »Internet World Nachrichten«, Meldung vom 6. 2. 2001.

54 Internetseite www.akdh.ch, eingesehen am 8. 3. 2001; vgl. auch Spiegel Online vom 12. 2. 2001, »Private Nazi-Jäger durchstreifen das Netz« von Lutz Kosbab.

55 Information per E-Mail der AkdH am 19. 1. 2001.

56 Internetseite www.fairlink.de, eingesehen am 13. 3. 2001; vgl. auch Internetseite www.juden.de, eingesehen am 19. 1. 2001.

57 Vgl. erste Ansätze bei Bernd Nickolay, Rechtsextremismus im Internet. Ideologisches Publikationselement und Mobilisierungskapital einer rechtsextremen sozialen Bewegung, Würzburg 2000.

Peter Widmann
Die Aufklärungsfalle
Wem der Entlarvungsjournalismus nützt

Aus den Fernsehsendungen des Jahres 2000 über Rechtsextremismus, Rechtspopulismus und Fremdenfeindlichkeit ließe sich leicht eine dichte Chronik fertigen. Die Kamerafahrt begänne im Januar am Wiener Ballhausplatz, wo Jörg Haider dem Vorsitzenden der Österreichischen Volkspartei, Wolfgang Schüssel, zum Einzug in das Kanzleramt verhalf. Ihr Ende fände sie im Dezember vor dem Rathaus der sächsischen Kleinstadt Sebnitz, wo Bundespräsident Johannes Rau die Medien bat, sich zu entschuldigen – dafür, dass sie eine Stadt zu Unrecht als Hort mörderischer Fremdenfeindlichkeit dargestellt hatten.

Dazwischen sähe man Aufnahmen vom Brandenburger Tor in Berlin, das Ende Januar Anhänger der NPD als Kulisse einer Demonstration gegen das Mahnmal für die ermordeten Juden Europas nutzten. Auch eine Synagoge in der thüringischen Hauptstadt Erfurt käme ins Bild, die am 20. April zwei junge Männer zur Feier von Hitlers Geburtstag in Brand setzen wollten. Darauf würden Szenen aus dem Stadtpark in Dessau folgen, wo drei Jugendliche den Mosambikaner Alberto Adriano im Juni zu Tode traten, und Bilder eines Düsseldorfer S-Bahnhofes, an dem eine Splitterbombe im Juli neun Menschen verletzte und ein Ungeborenes ums Leben brachte. Anschließend würde man Paul Spiegel, den Vorsitzenden des Zentralrats der Juden in Deutschland, zusammen mit Bundeskanzler Gerhard Schröder vor der Düsseldorfer Synagoge erkennen. Von Spiegels Zweifel an der Richtigkeit des Wiederaufbaus jüdischen Lebens im Nachkriegsdeutschland wäre die Rede und von Schröders Anstiftung zu einem »Aufstand der Anständigen«, nachdem in der Nacht zum Tag der Deutschen Einheit Brandsätze in den Eingang des Gotteshauses geworfen worden waren.

Wollte man die Chronik in die Länge ziehen, könnte man zu jeder Szene Kommentare, Reportagen und Talkshows hinzufügen. Unzählige Bilder kämen zusammen, doch bei aller Verschiedenheit des Materials könnte man Regelmäßigkeiten ausmachen. Bestimmte Bildelemente, Stilmittel und Botschaften würden, wenn auch nicht in jedem Beitrag, so doch immer wieder auftauchen. Passagen in Schwarzweiß würden zum Beispiel die farbigen Bildfolgen von Zeit zu Zeit unterbrechen, Filmausschnitte aus der nationalsozialistischen Zeit, die marschierende SA-Männer oder Soldaten der Wehrmacht zeigten. Ohne dass ein Kommentator es aussprechen müsste, könnte man die Frage hören: Sind wir schon wieder so weit? Großaufnahmen von Stiefeln, rasierten Köpfen und Aufnähern mit germanischen Symbolen wären ebenso oft zu sehen wie Moderatoren, die mit ernster Miene in die Runden ihrer Talkshows blickten. Bei genauerem Hinsehen würde man auch die Lust ahnen, mit der Rechtsextreme ihr Spiel mit Symbolen und Parolen zelebrieren. Man könnte die Symbiose zwischen Provokateuren und Empörten erkennen, die mediale Darstellungen des Rechtsextremismus mitgestaltet.

Beziehungsmuster

Die Bezeichnung von Journalisten als »Berichterstatter« täuscht vor, die Tätigkeit des Berufsstandes ließe sich einfach beschreiben: Der Journalist bilde die politische und gesellschaftliche Wirklichkeit in seinem Medium ab. Tatsächlich ist das Verhältnis zwischen dem Berichterstatter und dem Gegenstand seiner Recherche komplizierter. Was Journalisten für berichtenswert halten, beruht auf ihren Interpretationen und ist nicht naturgegeben. Journalisten gestalten Wahrnehmungsmuster mit, anhand derer eine Gesellschaft die vieldeutige Wirklichkeit sortiert. In der Sprache der Soziologie schaffen sie »Frames«, Interpretationsrahmen, die den einzelnen Informationen Ort und Wert geben. Die Frames wirken auf die Menschen zurück, über die Journalisten berichten, und beeinflussen deren Wahrnehmungsmuster und Strategien. Viele Ereignisse, über die Journalisten berichten, existieren also nicht unabhängig von der Berichterstattung.

Anfang der 90er Jahre haben Journalisten die Entwicklung des Rechtsextremismus beeinflusst. Sie erfanden das Phänomen zwar nicht, gaben aber Gewalttätern und Aktivisten das Gefühl, Teil einer Bewegung zu sein. Erst die Berichterstattung schuf eine Kohärenz rechtsextremer Gegenkultur.[1] Zudem motivierte die Berichterstattung über fremdenfeindliche Ausschreitungen weitere Gewalttaten. Angriffe und Mordanschläge wie in Hoyerswerda, Rostock, Mölln oder Solingen haben Nachahmungstäter als Anlass genommen, selbst zu Gewalt zu greifen. Nach jedem dieser Ereignisse erhöhte sich die Zahl der Gewalttaten.[2]

Auch im Jahr 2000 trugen Nachahmungstaten dazu bei, die Zahl der gemeldeten rechtsextremistischen, fremdenfeindlichen und antisemitischen Straftaten auf den vorher nicht gekannten Höchststand von 15 951 zu bringen. Der Nachahmungseffekt wirkte Sicherheitsexperten zufolge vor allem nach dem Düsseldorfer Sprengstoffanschlag am 27. Juli 2000, dessen Opfer zum Großteil jüdische Zuwanderer waren.[3] Das Bundeskriminalamt zählte ein Drittel der einschlägigen Straftaten allein im August und September 2000.[4]

Rechtsextreme registrieren mediale Muster. Sie inszenieren Ereignisse bewusst, damit Journalisten reagieren. Sie nutzen Symbole, Parolen und Orte, die als Schlüsselreize wirken. Eine solche Provokation war der Marsch von NPD-Anhängern durch das Brandenburger Tor am 29. Januar 2000. Die Marschierenden aktualisierten den kollektiven Bildvorrat zur nationalsozialistischen Zeit. Die Anspielung auf den Fackelzug uniformierter Hitler-Anhänger durch das Brandenburger Tor am Abend des 30. Januar 1933 dürften sie bewusst einkalkuliert haben. Vor dem Brandenburger Tor als Symbol des vereinigten Deutschland und seiner Hauptstadt zogen die NPD-Anhänger mit eigenen Symbolen auf, mit schwarz-weiß-roten Fahnen, Springerstiefeln und rasierten Schädeln. Die Provokation war erfolgreich. Zeitungen druckten Bilder des Aufmarsches, Politiker und Journalisten diskutierten die Grenzen des Demonstrationsrechts.

Dass ein großer Teil der Berichterstatter Abscheu gegen den Rechtsextremismus zum Ausdruck bringt, beeindruckt die Provokateure kaum. Extremisten deuten die Interpretationsrahmen der Medien für ihre Zwecke um. Negative Öffentlichkeit bestätigt ihre Selbstwahrnehmung als unerschrockene Outlaws. Gerade für diejenigen, die auf eine bürgerliche Biographie keinen Wert legen, wird die Ächtung zur Auszeichnung. Die Medien sind ihrer Sicht nach Teil des »Systems«, das sie bekämpfen. Die Berichterstattung bestätigt ihnen, dass sie gefährliche Gegner sind.

Rollenmuster

Rechtsextremismus wurde im Sommer des Jahres 2000 zum wichtigsten Gegenstand der öffentlichen Debatte in der Bundesrepublik. Die Gewalttaten nahmen Journalisten auch als Anlass, sich ihrem eigenen Metier zuzuwenden. Sie diskutierten, ob sie das Thema angemessen behandelten. Dabei sprach sich eine Mehrheit der Journalisten dafür aus, die Berichterstattung solle ein Teil des Kampfes gegen den Rechtsextremismus sein. Damit setzten sie sich ab von dem bekannten professionellen Credo des Fernsehjournalisten Hanns Joachim Friedrichs, der gefordert hatte, ein Journalist solle »sich nicht gemein machen mit einer Sache, auch nicht mit einer guten«[5].

Am 13. August 2000 veröffentlichte der Berliner Tagesspiegel das Ergebnis einer Umfrage unter 29 Chefredakteuren. Die Befragten leiteten Zeitungs-, Radio- und Fernsehredaktionen und sollten die Berichterstattung zum Rechtsextremismus bewerten.[6] Eine der Fragen lautete: »Ist die Berichterstattung wirkungsvoll?« Nur ein einziger Befragter, Gerhard Weis, der Generalintendant des Österreichischen Rundfunks, zog in Zweifel, ob die Wirksamkeit ein professioneller journalistischer Maßstab sein könne: »Eigentlich sollte sich öffentlich-rechtlicher Rundfunk diese Frage gar nicht stellen.« Die anderen akzeptierten die Wirksamkeit als legitime Kategorie. Die Fernsehmoderatorin Sabine Christiansen etwa meinte: »Die Medien müssen die momentanen Bemühungen von Politik und Gesellschaft, eine möglichst große Zahl von Menschen gegen die Verfassungsfeinde zu vereinen, massiv unterstützen.« Andreas Petzold, der Chefredakteur des Stern, stimmte ihr zu: »Die Geschichten können gar nicht aufgeregt genug sein.« Er forderte Reportagen, die »den Leser emotional erreichen und klarmachen, welche Folgen der neue braune Wahnsinn hat«. Die 29 Befragten dürften für ihren Berufsstand repräsentativ gewesen sein. Wenige Tage vor der Befragung hatte der Intendant des Westdeutschen Rundfunks, Fritz Pleitgen, angekündigt, in seinem Sender werde sich eine eigene Redaktionsgruppe auf das Thema Rechtsextremismus konzentrieren, um eine größere Aufklärung der Bevölkerung zu erreichen.[7] Zur gleichen Zeit erklärte der Vorsitzende des Deutschen Journalistenverbandes, Siegfried Weischenberg, in der Frankfurter Rundschau: »Man kann von den Medien nicht verlangen, das Problem zu lösen, aber sie können zum Entstehen einer breiten gesellschaftlichen Bewegung gegen rechts beitragen.«[8] Am 30. Oktober 2000 teilte der Deutsche Journalisten-Verband mit, in einem »Bündnis gegen rechte Gewalt« sollten auf dem bevorstehenden Verbandstag »alle Journalistinnen und Journalisten in Deutschland aufgefordert werden, auf Gewalt gegen ausländische Mitbürger, Andersdenkende und Minderheiten hinzuweisen und diese hart zu verurteilen«.[9]

Dass der Vorsatz nicht nur öffentliche Erklärungen prägte, sondern auch die journalistische Arbeit, spiegelt die Äußerung Rainer Fromms, des Mitautors der ZDF-Dokumentation »Hass und Propaganda. Rechtsextreme im Internet«: »Natürlich können wir in Fernsehbeiträgen wie unserem die Akzeptanz und Duldung des Rechtsextremismus eines Teils der Bevölkerung nicht verhindern, aber immerhin bewirken, dass der eine oder andere wenigstens ein schlechtes Gewissen bekommt.«[10]

Die Ausrichtung von Beiträgen auf eine erhoffte pädagogische Wirkung ist keine neue Entwicklung. Der Rechtsextremismusforscher Hans-Gerd Jaschke, der auch als Fernsehautor tätig war, stellte schon 1992 fest, viele Redaktionen seien sich darin einig, dass Berichte über Rechtsextremismus aufrütteln sollen. Jaschke unterstellte einem Teil der Journalisten Misstrauen gegenüber dem Publikum: »Auf der Strecke bleibt das Angebot an den Zuschauer, selbst zu urteilen, eigene Maßstäbe zu entwickeln auf der Basis sachlicher Information.«[11]

Argumentationsmuster

Besonders der Fernsehjournalismus hat inzwischen ein festes Repertoire von Darstellungsmitteln hervorgebracht, um die Zuschauer aufzurütteln. Der Verweis auf den Nationalsozialismus etwa ist gängige Routine einschlägiger Reportagen und Talkshows. Rechtsextreme erscheinen dabei als Wiedergänger der Nationalsozialisten. Journalisten suchen nach Parallelen von Geschichte und Gegenwart. Symbole und Parolen, die aus dem Vorrat der NS-Bewegung stammen, finden ihre besondere Aufmerksamkeit, während andere Aspekte des Rechtsextremismus in den Hintergrund treten.

Ein typisches Beispiel dafür war eine Reportage, die der Sender Freies Berlin am 13. März 2000 in seinem dritten Programm ausstrahlte. Schon der Titel der Sendung verwies auf die nationalsozialistische Vergangenheit: »Die Rechten marschieren wieder.« Die Autoren berichteten über den Marsch von 400 NPD-Aktivisten durch die Berliner Mitte am Tag zuvor. In der ersten Szene des Films waren die Marschierenden zu sehen. Der Kommentar zu den Bildern bezeichnete ihre Demonstration als »altbekanntes, bedrohliches Fanal«. Springerstiefel in Großaufnahme kamen ins Bild, anschließend Szenen aus einem Versammlungssaal. Junge Männer erhoben den Arm zum Hitler-Gruß. Ein Ausschnitt aus einem Interview mit dem NPD-Vorsitzenden Udo Voigt folgte. Voigt forderte die »Wiederherstellung Deutschlands in seinen historischen Grenzen«. Bedrohlich wirkende Musik setzte ein, und historische Aufnahmen vom Einmarsch der Wehrmacht in Österreich erschienen. Wieder sah man das Gesicht Voigts, das langsam von den Zügen Hitlers überblendet wurde. Die Musik, ein Staccato zweier sich wiederholender Töne, begleitete die Bilder der Rechtsextremen durch den halbstündigen Film. Wie in einem Psychothriller unmittelbar vor dem Eintritt der Katastrophe signalisierte sie die drohende Gefahr.

Die Reportage spiegelte den Genuss, mit dem Rechtsextremisten die Fixierung der Journalisten auf NS-Bezüge nutzen. Oliver Schweigert etwa, Vertreter der NPD-nahen »Freien Kameradschaften«, konnte sich mit seinen Gesinnungsgenossen der ausführlichen Würdigung sicher sein, die seine »Mahnwache für Horst Wessel« fand. Bereitwillig gab er Auskunft und zeigte sich sicher, dass er bereits eine »schweigende Mehrheit« in der Bevölkerung hinter sich habe.

Im zweiten Teil des Films wandten sich die Autoren den Überlebenden des Holocaust und ihren Kindern zu. Aufnahmen aus der jüdischen Schule an der Großen Hamburger Straße in der Berliner Mitte waren zu sehen, unter anderem die einer laufenden Schülerin. Sie und ihre Mitschüler, so der Kommentar zu dem Bild, dächten »an ihre Eltern und das Leid ihrer Großeltern, von denen viele nicht wegrennen konnten«. Nach einem Schnitt war die Glatze eines Skinheads zu sehen. Wie um den Spuk zu bannen, endete die Reportage mit einem akustischen Gegenpol zu den bedrohlichen Tönen der vorhergegangenen Szenen: Im Rahmen einer Kundgebung gegen den NPD-Aufmarsch spielte eine Gruppe Klezmer-Musik.

Dem gleichen Muster folgte die Dokumentation »Hass und Gewalt. Rechtsextreme im Internet«, die das ZDF am 2. August 2000 ausstrahlte. Der Film begann mit einem Ausschnitt aus dem im Internet abrufbaren

Computerspiel »White Power Doom«. Der Spieler muss dabei mit einer Schusswaffe auf Personen zielen, deren Physiognomie denen der Juden der Stürmer-Karikaturen gleicht. Die Autoren stellten den Computerbildern Aufnahmen vom Bayerischen Platz in Berliner Bezirk Schöneberg entgegen. Dort erinnert eine Freiluftausstellung an die nationalsozialistische Verfolgung der Juden. Schilder an Laternenmasten haben die Daten der Ausgrenzung zum Gegenstand. So lautet etwa eine Aufschrift »Arischen und nichtarischen Kindern wird das Spielen miteinander untersagt. 1938«. Einblendungen der Schilder unterbrachen die Reportage regelmäßig und setzten das Gezeigte in Bezug zum Nationalsozialismus.

Neben den NS-Bezügen ließ sich in derselben Reportage ein zweites gängiges Muster von Rechtsextremismus-Darstellungen im Fernsehen beobachten: Der Einsatz von Extremisten als Experten in eigener Sache. David Irving, den man nach dem Urteil des britischen Obersten Gerichts vom April 2000 einen Rassisten, Antisemiten, Holocaust-Leugner und vorsätzlichen Fälscher nennen darf, warb für seine Internet-Adresse. Er saß entspannt auf einer Terrasse am Kaffeetisch und erzählte von seinen Büchern, die im Netz als »free downloads« zur Verfügung stehen. Wolle beispielsweise ein Student in Kalifornien, so Irving, eine Arbeit zu Hitler und dem Holocaust schreiben, könne er seine Werke per Computer durchforsten. Seine Gegner böten das nicht.

In der dreißigminütigen Sendung kamen auch andere zu Wort, die den Holocaust für eine Fälschung halten. Mark Weber vom »Institute for Historical Review« im kalifornischen Costa Mesa erklärte, es fehle jeder Beweis, dass Hitler den Völkermord befohlen habe. Der NPD-Aktivist Steffen Hupka gab Auskunft über die Bemühungen seiner Partei, Jugendliche »aufzuklären«. William Pierce von der »National Alliance« führte das Kamerateam durch die Räume seiner Organisation in West Virginia. Pierce ist der Autor des Romans »The Turner Diaries«, der den Rechtsradikalen Timothy McVeigh dazu inspiriert haben dürfte, im April 1995 ein Behördengebäude in Oklahoma City zu sprengen und 168 Menschen zu töten. Der kauzig, aber freundlich wirkende ältere Herr erklärte, die weiße Rasse befinde sich in einem Überlebenskampf.

Über die Bedeutung des Internet für die rechtsextreme Szene gaben die Interviews so wenig Aufschluss wie darüber, ob die Propaganda im Netz gefährlicher sei als in traditionellen Medien. In einem dem Bildmedium Fernsehen nahe liegenden Kurzschluss erschien das Spektakuläre als das

Wirksame. Die bizarren Auftritte der Interviewten dienten weniger der Analyse als der Lust am Abwegigen, an der Sensation und am Gruseln. Als Trophäen der Recherche ausgestellt sollten sie die investigativen Fähigkeiten der Journalisten belegen.

Weil sich der Film auf die politische Exotik konzentrierte, musste er auch die Frage aus dem Auge verlieren, ob die abweichende Minderheit mit der Bevölkerungsmehrheit in irgendeiner Beziehung steht. Die Extremisten figurierten als unheimliche Verrückte, die von außen Gefahr über die Gesellschaft bringen. Entsprechend gipfelte die Dokumentation in Sätzen, die aus einem Vampirfilm stammen könnten: »Sie haben die Hinterzimmer längst verlassen. Sie sind mitten unter uns.«

Haider: Ein Musterfall

Im Umgang des deutschen Fernsehens mit dem österreichischen Rechtspopulisten Jörg Haider kamen die gängigen Muster zusammen, die sich in der Darstellung des Rechtsextremismus ausgeprägt haben: Ein auf Entlarvung und Aufrütteln ausgerichteter Journalismus, regelmäßige Verweise auf die NS-Vergangenheit und die Hoffnung, man könne Haider als Experten zur Bewertung seiner eigenen Rolle heranziehen.

Die Aufmerksamkeit der deutschen Medien für Haider verstärkte sich in den letzten Januartagen des Jahres 2000. Seine Freiheitliche Partei war aus den Nationalratswahlen am 3. Oktober 1999 mit 26,9 % als zweitstärkste Kraft hervorgegangen und war damit die erfolgreichste rechtspopulistische Partei Europas. Haider konnte Wähler in derselben Größenordnung mobilisieren wie die traditionellen Volksparteien. Nachdem monatelange Verhandlungen zwischen Sozialdemokraten und der konservativen Österreichischen Volkspartei kein Ergebnis gebracht hatten, zeichnete sich Ende Januar 2000 ein Regierungseintritt der Freiheitlichen ab.

Der warnende Unterton der Berichterstattung verlieh Haider eine dämonische Dimension. Innerhalb weniger Tage verwandelte sich der Regierungschef des Bundeslandes Kärnten vom regionalen Politiker zur Persönlichkeit von europäischer Bedeutung. Am 4. Februar 2000 legitimierten die 14 Regierungen der Europäischen Union diese Wahrnehmung zusätzlich, als sie ihre bilateralen Beziehungen zu Österreich mit dem Regierungseintritt der FPÖ einfroren – aus Sorge über die Beteiligung »ausländerfeindlicher und europafeindlicher Kräfte« an der Wiener Regierung, wie es der deutsche Außenminister Joschka Fischer formulierte.[12]

Mit der Debatte, ob Haider im deutschen Fernsehen auftreten solle, begann ein Schauspiel, in dem der FPÖ-Chef die Rolle der meist abwesenden Hauptperson hatte. Haider selbst trug zum Spannungsbogen wenig bei. Für den Fortgang der Handlung sorgten Journalisten, die über Journalisten berichteten. Die dramatische Phase begann, als am 29. Januar die Einladung Haiders zur ARD-Talkshow »Sabine Christiansen« bekannt wurde. Diskutieren werde er dort, meldete die Presse, mit dem Präsidiumsmitglied des Zentralrats der Juden, Michel Friedman, Bundesinnenminister Otto Schily, dem Europaabgeordneten Daniel Cohn-Bendit, dem FDP-Generalsekretär Guido Westerwelle und dem CSU-Politiker Michael Glos.[13]

Die Moderatorin Sabine Christiansen rechtfertigte Haiders Einladung mit der Erwartung, der FPÖ-Politiker würde zur Bewertung seiner Rolle beitragen. Das Thema, zu dem sich die Talkmasterin von Haider sachdienliche Hinweise erhoffte, lautete: »Affären, Skandale, Wählerfrust – Chance für rechte Populisten?« Ein Sprecher von Christiansens Produktionsfirma erklärte, dass mit »Haider erörtert werden soll, ob wir uns in Deutschland davor fürchten müssen, dass Rechtspopulisten wie er politisch Boden gewinnen können angesichts des jetzigen Stimmungsbildes«.[14]

Das Vorhaben, Haider dem deutschen Publikum vorzuführen, scheiterte. Die Redaktion lud Haider am Morgen des Sendetages wieder aus. Als Grund nannten Christiansens Mitarbeiter die Absage Michel Friedmans. Das Präsidiumsmitglied des Zentralrats der Juden fürchtete, Haider aufzuwerten: »Mit ihm da zu sitzen, das adelt ihn.«[15] Nach Friedmans Absage erklärte auch Bundesinnenmister Schily, er komme nur, wenn ein hochrangiger Vertreter einer jüdischen Organisation in der Runde vertreten sei. Christiansens Rechercheure fanden jedoch für Friedman keinen Ersatz – obwohl sie 18 prominente Juden gefragt hatten, wie sie mitteilten.[16] Der Programmdirektor der ARD, Günter Struve, rechtfertigte die Ausladung mit den gleichen Gründen wie die Redaktion: »Man konnte Haider nicht eine Bühne bieten, wenn ihm nicht von einem argumentationskräftigen und legitimierten Vertreter einer jüdischen Gemeinschaft Paroli geboten wird.«[17]

Die zentrale Rolle des Nationalsozialismus als Maßstab jeder Gefahrenabschätzung erklärt das Handeln der Redakteure. Steht Haider im Verdacht, sich vom Nationalsozialismus unzureichend abzugrenzen, so die Logik, muss man ihn mit Repräsentanten der NS-Opfer konfrontieren. Die Ansicht ist auch unter anderen Talkshow-Redakteuren weit verbreitet, und so kommt kaum ein Fernsehgespräch über rechten Populismus oder Extremismus ohne jüdischen Teilnehmer aus. Journalisten unterstellen Juden zu diesen Themen ein angeborenes Expertentum. Von ihnen erwarten sie die Entlarvung der Gefahrenbringer und erwecken den Eindruck, antidemokratische Bewegungen seien vor allem das Problem dieser Minderheit. Christiansen führte den Gedanken zum Ende: Weigern sich jüdische Repräsentanten, darf man mit Extremisten, auch mutmaßlichen, nicht reden.

Die Tageszeitungen berichteten ausführlich über das Hin und Her. Haider verbuchte einen Publizitätserfolg, ohne sich zu seiner Ausladung zu äußern. Je hektischer und hilfloser die Beteiligten wirkten, desto bedeutender und souveräner erschien der Abwesende. Die Dramatisierung sorgte für eine gute Einschaltquote: Auch ohne Haider sahen 6,5 Millionen Menschen Christiansens Sendung am 30. Januar.[18]

Einen neuen Höhepunkt erreichte die Debatte, als der Talkmaster Erich Böhme vier Tage nach Christiansens Sendung ankündigte, er lade Haider ein. Böhme stellte sich als der erfahrenere Altmeister dar. Er werde, erklärte er, den »Mädels« – gemeint waren die Moderatorinnen Sabine Christiansen und Maybrit Illner – »überhaupt mal zeigen, wie man eine solche Talkshow macht«[19]. Böhme zog für Haider den geplanten Beginn seiner Show »Talk in Berlin« beim Privatsender n-tv um zwei Wochen vor: »Wenn die öffentlich-rechtlichen Sender bei Haider eine Beißhemmung kriegen, dann werden wir das halt machen.« Der Moderator war sich sicher, er könne seinen Gast entlarven: »Der Haider demaskiert sich selbst – hoffe ich.«[20] Er kündigte an, er werde den »Mythos Haider entzaubern«, »ihm seine Zitate vorhalten und den Zuschauern zeigen, wer er ist«.[21] Damit wolle er Haider »zwingen zu bekennen, worauf er hinauswill«.[22] Eine Isolation Haiders lehnte Böhme ab: »Der Mann gehört nicht ausgesperrt, der gehört verhört.«[23] Der Moderator ließ keinen Zweifel, dass Haiders Entlarvung der Zweck der Sendung sei. In der Frankfurter Rundschau sagte er wenige Tage vor der Sendung über seinen Gast: »Ich finde ihn abscheulich.«[24] Geschickt nutzte er die Presse als Werbemedium und stellte einen Schaukampf in Aussicht.

Die Frage, ob sich Böhmes Absicht mit seriösem Journalismus vertrage, diskutierten die Kommentatoren der Tagespresse nicht. Einige Autoren unterstützten Böhme vielmehr. In der Süddeutschen Zeitung hatte Alexander Gorkow bereits Christiansens Haider-Einladung verteidigt:»Natürlich ist Haider wie gemacht fürs Fernsehen, und dort muss er gestellt werden, weshalb es richtig war, ihn einzuladen.«[25] In einem SZ-Gastkommentar befand der RTL-Chefredakteur Hans Mahr:»Gott sei Dank gibt's Erich Böhme!«, denn:»Den Kampf aufnehmen und Jörg Haider stellen, die Ängste hinter dem Phänomen Haider berücksichtigen – das müssen sich Politiker wie Medien hinter die Ohren schreiben.«[26]

Die Spannung vor der Sendung steigerten auch Presseberichte über die Sicherheitsvorkehrungen, die in Berlin die Polizei für Haiders Ankunft traf. Der Tagespiegel meldete, für den Staatsschutz gelte»Sicherheitsstufe 1 plus«.[27] Die Polizei, hieß es in der Berliner Zeitung, schließe ein Attentat auf den FPÖ-Vorsitzenden nicht aus. Deshalb riegle man das Hotel weiträumig ab, aus dem der Sender die Talkshow übertragen werde. Die Studio-Zuschauer sollten Sicherheitsschleusen passieren und die Fahrtroute Haiders vom Flughafen zum Hotel geheim bleiben.[28] Die Nervosität stieg, als stünde die Ankunft eines umschwärmten Popstars bevor.

Die Sendung fand in einem turbulenten Rahmen statt. Zwar zeichnete die Produktionsfirma das eigentlich als abendliche Live-Sendung geplante Gespräch wegen der gewachsenen Sicherheitsbedenken schon am Nachmittag auf, doch nachdem die Berliner Boulevardzeitung B. Z. diesen Umstand publik gemacht hatte, zogen zur Aufzeichnung rund 300 Demonstranten zum Hotel. Transparente wie»Kein 4. Reich mit Haider«, »Faschisten bekämpfen« oder»Nazi-Haider in den Knast«, und Sprechchöre wie»Nazis raus« oder»Ob Ost, ob West, nieder mit der Nazi-Pest« sollten Haider empfangen. Die Demonstranten versuchten, Absperrungen niederzureißen und zum Hotel vorzudringen.[29]

Als n-tv die Sendung am Abend des 6. Februar 2000 ausstrahlte, waren 1,43 Millionen Zuschauer vor den Bildschirmen. Mit 4,3 % überschritt der Marktanteil die für den Sender gewohnten Zahlen bei weitem. Zu Beginn der Sendung begrüßte Böhme Haider als den»derzeit umstrittensten Politiker Europas«. Etliche Anhänger Haiders konnten sich unter das Studiopublikum mischen. Regelmäßig unterbrachen sie das Gespräch mit lauten Beifallsbekundungen für Haider und Pfui-Rufen für seine Kontrahenten.

Böhme hatte die Runde der Gäste so zusammengestellt, dass möglichst widersprüchliche Standpunkte aufeinander prallen konnten. Als Gegner Haiders traten der Publizist Ralph Giordano und der OSZE-Medienbeauftragte Freimut Duve auf. CSU-Landesgruppenchef Michael Glos dagegen kam als Kritiker der Abgrenzungspolitik gegen die ÖVP-FPÖ-Regierung, auf die sich die EU-Regierungen geeinigt hatten. Die Versuchsanordnung entsprach der Logik des Krawalljournalismus. Fachleute zur österreichischen Innenpolitik waren nicht eingeladen.

Auch Böhmes Talkshow brauchte den Nationalsozialismus als Maßstab der Gefahr. Böhme hielt Haider dessen einschlägige Äußerungen vor, sein Lob der NS-Beschäftigungspolitik, seine Sympathiebekundung für die Waffen-SS und den Begriff »Straflager«, den Haider für die KZ verwandt hatte. Haider reagierte darauf mit drei Strategien. Er gestand zum einen pauschal Fehler ein und verwies darauf, dass er sich bereits bei denen entschuldigt habe, deren Gefühle er verletzt habe. Zum anderen dementierte er einen Teil der Äußerungen, und da weder Böhme noch seine Gäste genaue Belege hatten, mussten sie sich damit zufrieden geben. Auf einen dritten Teil der Anschuldigungen ging Haider nicht ein und griff dafür übergangslos politische Gegner an. Da Böhme nicht nachfragte – dazu hätte er das Tempo aus dem Gespräch nehmen müssen –, konnte Haider die Schnelligkeit des Mediums Fernsehen für sich nutzen. Inhalte, die mit der Haltung Haiders zum Nationalsozialismus nichts zu tun hatten, kamen nicht zur Sprache, sieht man von der pauschalen Ankündigung Haiders ab, er werde das in Österreich grassierende Parteibuchwesen abschaffen.

Die Hoffnung, Haider sei ein Experte für die Bewertung seiner eigenen Rolle, kleidete Böhme in die Frage an den FPÖ-Chef: »Was sind Sie? Sind Sie ein Neonazi, sind Sie ein Neofaschist, sind Sie ein Nationalist, sind Sie ein Populist oder sind Sie einfach nur der nette Jörg, der den Leuten ein bisschen nach dem Mund redet?« Haider antwortete: »Ich bin ein ganz normaler freiheitlicher Reformpolitiker. Das ist ganz was Einfaches. (...) Ich versuche, dieses politische System zu reformieren.« Der gängige Versuch, die zu analysierenden Akteure als Analytiker vorzuführen, scheiterte damit besonders deutlich. Am Ende erfuhr Böhme nicht mehr, als ihm der Besitzer einer Zigarettenfabrik über die Gesundheitsschädlichkeit des Rauchens erzählt hätte.

Die Reaktionen der Tagespresse auf die Sendung schwankten zwischen

Spott und Entsetzen. Eckhard Fuhr sah in der Frankfurter Allgemeinen
Zeitung den »Absturz der ›Talk in Berlin‹-Premiere in die intellektuelle
Trostlosigkeit«, Jörg Thoman berichtete im selben Blatt über eine »auf
ganzer Linie gescheiterte Haider-Demontage«.[30] In der Süddeutschen
Zeitung qualifizierte Herbert Riehl-Heyse die Sendung, die seiner Ansicht nach »am Rande eines Desasters entlangschrammte«, als »außeror-
dentlich peinlich«.[31] Die Frankfurter Rundschau sah »eine Pleite für Politik im Fernsehen«, die Böhme als »journalistischen Minderleister«
ausgewiesen habe.[32] Auch die Beteiligten zeigten sich unglücklich. Ralph
Giordano bereute sein Kommen und sprach von einem »unguten Tag«. Er
kritisierte die Gesprächsführung und erklärte: »Ich hatte große Probleme,
überhaupt zu kommen, und hätte viel früher gehen sollen.«[33] Erich
Böhme sagte in einem Interview mit dem Tagesspiegel über Haider:
»Lächelnd hatte er sich alles sagen lassen und dann seinen Kram abge-
spult. Was er soll und darf. Ich kann ihm ja nicht das Maul zubinden.«[34]
Haider äußerte sich zufrieden über die Sendung, habe er doch alles sagen
können, was er sagen wollte.[35]

Neben Böhme haben auch andere deutsche Journalisten Haider interviewt. Wenige Tage vor seiner Sendung war Haider sowohl im »Heute-
Journal« des ZDF aufgetreten als auch in der ARD-Sendung »Farbe bekennen«. Der Spiegel hatte den FPÖ-Vorsitzenden ebenso interviewt wie
die Zeit.[36] Die Interviews fanden im Vergleich zu Christiansens und Böhmes Sendungen weniger Aufmerksamkeit, fehlte ihnen doch der tage-
lange Vorlauf und die Inszenierung des öffentlichen Showdowns.

Populismus und Infotainment

Böhmes »Talk in Berlin« unterschied sich von vielen anderen Fernsehsendungen über Extremismus und Populismus nur in der Anschaulichkeit
des Scheiterns. Der Entlarvungsgestus, die Fixierung auf Parallelen zum
Nationalsozialismus und die Hoffnung, das Vorführen des zu Entlarven-
den bringe allein schon Erkenntnisgewinn, unterminieren auch in anderen Sendungen die journalistische Seriosität. Der Entlarvungsgestus ver-
hindert fruchtbare Fragestellungen und engt die Recherche auf die
Aspekte ein, die sich als Beleg dessen eignen, was die Journalisten schon
von vornherein zu wissen glauben. Er verhindert, dass die Autoren ange-

messene Maßstäbe zur Bewertung ihres Themas finden. Der reflexhafte Verweis auf NS-Parallelen spiegelt die Fixierung auf das schnell Sichtbare ebenso wie den Drang nach Symbolen mit Wiedererkennungswert. Die Präsentation einzelner Rechtsextremer oder Populisten als politische Exoten personalisiert das Thema vordergründig und kann aus Journalisten Propagandahelfer machen.

Die gängigen Darstellungsmuster dürften für Journalisten vor allem deshalb so attraktiv sein, weil sich mit ihrer Hilfe pädagogische Mission und der quotenfördernde Effekt vereinen lassen: Sie erlauben die dramatische Inszenierung. Rechtsextreme und Populisten nutzen den Rahmen, den der Anspruch der Aufklärung und der Zwang zur Quote schaffen. Sowohl die Populisten, die ein bürgerliches Publikum anzusprechen versuchen, als auch die rechtsextremen Ideologen wissen, dass sie als Auslöser von Skandalen und Empörung Unterhaltungswert besitzen. Insofern sind sie in der Sphäre des Infotainments, der kurzweiligen Vermittlung von Politik, in ihrem Element.

Nicht von ungefähr feierte Haider in einer Talkshow einen rhetorischen Triumph, und damit im klassischen Format des Infotainments. Politische Talkshows präsentieren sich als Arena der Analyse, sind aber eine Spielart der Fernsehunterhaltung. Gegensätzliche Meinungen prallen dort aufeinander, ohne dass sich Behauptungen belegen ließen. Charisma, Rhetorik und politische Symbolik sind die gültigen Währungen. In den Talkshows spielen Moderatoren Journalisten, ahmen den Gestus kritischer Recherche nach, können aber das damit verbundene Versprechen auf Aufklärung von Sachverhalten nicht einhalten. Sie müssen im Rahmen der Talkshow an jedem Zusammenhang scheitern, dessen Erörterung Mühe und Geduld kosten würde oder Präzision verlangte.

Die Talkshow übersetzt die Ästhetik des Video-Clips in das politische Gespräch. Gefordert sind kurze Antworten auf kurze Fragen. Darum bietet sie dem Populisten gute Gegebenheiten. Seine einfachen Diagnosen sind in ihrem Rahmen so wenig nachzuprüfen wie seine einfachen Lösungen. Insofern wurde Böhmes Sendung zum Lehrfilm über die Bedingungen des Infotainments. Sie veranschaulichte, wie Journalisten, wenn sie sich zuerst am Unterhaltungswert orientieren, die Bühne errichten, auf der ein Populist zum Helden wird.

Anmerkungen

1 Rainer Erb, »Die Leute sind immer dann abgesprungen, wenn null Publicity war.«, in: Forschung Aktuell 39–41(1993), TU Berlin, S. 20–24.

2 Hans Bernd Brosius/Frank Esser, Massenmedien und fremdenfeindliche Gewalt, in: Jürgen W. Falter/Hans-Gerd Jaschke/Jürgen R. Winkler (Hrsg.), Rechtsextremismus. Ergebnisse und Perspektiven der Forschung. Sonderheft 27(1996) der Politischen Vierteljahresschrift, S. 204–218.

3 Das erklärten im Januar 2001 Teilnehmer der »Informationsgruppe Rechtsextremismus«, in der Vertreter der Verfassungsschutzbehörden, der Kriminalämter, des Militärischen Abschirmdienstes, der Bundesanwaltschaft und des Bundesinnenministeriums vertreten sind, vgl. Der Tagesspiegel, 17. 1. 2001. Die Zahl für das Jahr 2000 gab das Bundesinnenministerium in einer Pressemitteilung am 2. 3. 2001 bekannt.

4 Bundesinnenminister Otto Schily in: Die Woche, 9. 2. 2001.

5 Zitiert nach Berliner Zeitung, 5. 4. 1995.

6 Der Tagesspiegel, 13. 8. 2000.

7 Frankfurter Rundschau, 12. 8. 2000.

8 Ebd.

9 Pressemeldung des Deutschen Journalisten-Verbandes vom 30. 10. 2000.

10 Frankfurter Rundschau, 2. 8. 2000.

11 Hans-Gerd Jaschke, Fremdenfeindlichkeit, Rechtsextremismus und das Fernsehen. Eine medienkritische Betrachtung, in: Institut für Sozialforschung (Hrsg.), Aspekte der Fremdenfeindlichkeit. Beiträge zur aktuellen Diskussion, Frankfurt a. M./New York 1992, S. 59.

12 Berliner Zeitung, 5. 2. 2000.

13 Ebd., 29. 1. 2000.

14 Der Tagesspiegel, 21. 1. 2000.

15 Süddeutsche Zeitung, 31. 1. 2000.

16 Ebd., 1. 2. 2000.

17 Der Tagesspiegel, 3. 2. 2000.

18 Süddeutsche Zeitung, 1. 2. 2000.

19 Frankfurter Allgemeine Zeitung, 4. 2. 2000.

20 Der Tagesspiegel, 3. 2. 2000.

21 Frankfurter Rundschau, 4. 2. 2000.

22 Berliner Zeitung, 4. 2. 2000.

23 Frankfurter Allgemeine Zeitung, 4. 2. 2000.

24 Frankfurter Rundschau, 4. 2. 2000.

25 Süddeutsche Zeitung, 31. 1. 2000.

26 Ebd., 4. 2. 2000.

27 Der Tagesspiegel, 5. 2. 2000.

28 Berliner Zeitung, 5. 2. 2000.

29 Ebd., 7. 2. 2000; die tageszeitung (taz), 7. 2. 2000.

30 Frankfurter Allgemeine Zeitung, 8. 2. 2000.

31 Süddeutsche Zeitung, 8. 2. 2000.

32 Frankfurter Rundschau, 8. 2. 2000.

33 Ebd.

34 Der Tagesspiegel, 9. 2. 2000.

35 Berliner Zeitung, 7. 2. 2000.

36 »Heute-Journal«, ZDF, 3. 2. 2000; »Farbe bekennen«, ARD, 4. 2. 2000; Der Spiegel, 31. 1. 2000; Die Zeit, 3. 2. 2000.

Marion Neiss
Tatort Friedhof
Der Kampf gegen Gräber

Langeweile kennzeichnet den Alltag der Jugendlichen in Nassau. War die Langeweile der Grund für die Schändung des dortigen jüdischen Friedhofs im Oktober 1994, auf dem die Täter fünf Grabsteine komplett zerstörten und auf zahlreichen anderen Hakenkreuze und nationalsozialistische Parolen hinterließen? Ein tatverdächtiger Schüler konkretisierte, was er unter Langeweile versteht: »Fünf Tage Schule, freitags Disco, samstags Disco. Und sonst?«[1] Kriegsschauplatz jüdischer Friedhof?

Laut Feststellung der Deutschen Presseagentur wurden im Jahr 1999 insgesamt 817 Straftaten mit antisemitischem Charakter registriert. Darunter wurden 47 Fälle von Störungen der Totenruhe und »andere Formen der Schändung jüdischer Friedhöfe und Gedenkstätten«[2] gezählt. Die größten Verwüstungen verübten die Täter am Wochenende um den 3. Oktober 1999 auf dem jüdischen Friedhof in Berlin-Weißensee; sie hinterließen 103 umgestürzte und zum Teil zertrümmerte Grabmale. Schon eine Woche später legten Unbekannte an der Friedhofsmauer zwei Molotowcocktails, die jedoch nicht explodiert waren. Die Polizei gab an, dass sich ein Zusammenhang zwischen den Grabschändungen und der Sprengsatzlegung nicht erkennen ließe. Bislang konnten weder Friedhofsschänder noch Brandstifter ermittelt werden.

Der Friedhof im Berliner Bezirk Weißensee, der 1880 eingeweiht wurde, ist die größte jüdische Begräbnisstätte Europas, auf der etwa 110 000 Menschen ihre letzte Ruhe gefunden haben. Zum einen bedingt durch die jüdische Tradition, das Grab des Verstorbenen für die Ewigkeit anzulegen, und zum anderen aufgrund der Vertreibungs- und Vernichtungspolitik des Nationalsozialismus, gibt es für viele Grabstätten keine Angehörigen mehr, die Inschriften der Steine sind verwittert, oft nicht mehr lesbar, und die Grabstätten sind verwaist. Neben dem immensen ideellen

Schaden, der bei der Zerstörung der über 100 Grabsteine angerichtet wurde, war auch die finanzielle Belastung zur Wiederaufrichtung der Stelen von der jüdischen Gemeinde Berlin nicht zu leisten. Nach den Verwüstungen auf dem Weißenseer Friedhof erklärten sich in Berlin einige Steinmetze bereit, unentgeltlich die Wiederaufrichtung der Grabmäler zu übernehmen. Als die Presse über diesen Akt der Solidarität berichtete, erhielt einer der Steinmetze anfangs anonyme Morddrohungen, und am 19. November drangen Unbekannte in sein Lager ein und zerstörten Rohmaterial im Wert von 60 000 DM. Auch hier blieben die Täter bis heute unbekannt. Es drängt sich sehr stark der Eindruck auf, dass zwischen der Friedhofsschändung am 3. Oktober, dem versuchten Brandanschlag am 11. Oktober und dem Einbruch in den Steinmetzbetrieb ein Zusammenhang besteht.

Die Störung der Totenruhe ist eine strafbare Handung und wird nach Paragraph 168 des Strafgesetzbuches mit einer Freiheitsstrafe bis zu drei Jahren geahndet. Das gleiche Strafmaß gilt nach Paragraph 304 für Beschädigungen und Zerstörungen von Grabmälern. Die Vorbereitung eines Sprengstoffanschlages, wie in Weißensee geschehen, kann eine Freiheitsstrafe von einem Jahr bis zu zehn Jahren nach sich ziehen.[3]

Der Tatort Friedhof macht es den Ermittlungsbehörden nicht leicht, die Schänder zu finden, da die einzigen Spuren, die Täter hinterlassen, meist nur die Zerstörungen selber sind. Eine Spurensicherung ist in diesem mehr oder weniger öffentlichen Raum äußerst schwierig. Vor allem wenn Schändungen erst einige Tage später entdeckt werden, haben die Witterungsverhältnisse oft alle möglichen Spuren beseitigt. Hinzu kommt, dass die Übergriffe auf jüdische Grabstätten meist in der Nacht geschehen, sich somit auch keine Zeugen für die Tat finden lassen. Aber selbst als 1998 die Grabplatte des ehemaligen Vorsitzenden der Berliner Jüdischen Gemeinde, Heinz Galinski, durch einen Sprengstoffanschlag zerstört wurde, konnten die Ermittlungsbehörden die Täter nicht stellen, ebenso wenig wie die Brandstifter des Potsdamer jüdischen Friedhofs im Januar 2001. Trotz eines Bekennerschreibens[4] und der Übernahme der Ermittlungen durch die Generalbundesanwaltschaft, mit der man ein Zeichen setzen wollte, dass »es dem Staat mit der Verfolgung solcher Anschläge bitterernst ist«[5], wurden die Täter bislang nicht ermittelt. Die Aufklärungsquote von Friedhofsschändungen ist insgesamt äußerst gering. Konnten 1957 noch 53 % aller Überfälle auf jüdische Friedhöfe aufgeklärt werden,[6] sank die erfolgreiche Täterermittlung bis Mitte der 80er Jahre auf 30 bis 35 %[7] und liegt heute bei etwa 10 bis 15 %.[8]

Die Suche nach den Tätern verläuft meist dann ergebnislos, wenn Jugendliche, die sich aus Langeweile und nach Alkoholgenuss auf jüdischen Friedhöfen austoben, keine Nazisymbole oder antisemitischen Schmierereien hinterlassen, sondern sich mit der Demolierung der Grabsteine »begnügen«. So war es eher ein Zufallserfolg, der zur Ermittlung der beiden 21- und 22-jährigen Täter in Beerfelden (Odenwald) führte. Ihren Aussagen zufolge sei während der vorausgegangenen Zechtour an diesem Abend einfach nicht viel losgewesen, da »mußte noch was passieren«.[9] Die fehlende »action«, die sie Samstagnacht[10] auf ihrer Kneipentour in Michelstadt vermissten, holten sie auf dem Heimweg nach, als sie den Beerfelder jüdischen Friedhof passierten, dort ausstiegen und die elf Grabsteine der Anlage demolierten. Nach Überzeugung des Gerichts handelten die Täter nicht aus antisemitischer oder rechtsradikaler Gesinnung.[11]

Jugendliche und Heranwachsende, die »Unfug« machen oder provozieren wollen, sind sich dennoch der Brisanz ihrer Tat bewusst, wenn sie gezielt gegen jüdische Friedhöfe vorgehen. Auch wenn man ihnen kein rechtsradikales Gedankengut nachweisen will, wird in ihrem Vorgehen deutlich, dass ihnen latenter Antisemitismus oder Xenophobie innewohnt. In ihrer vorgegebenen Frustration über die Sinnlosigkeit von Schule und Alltag, die sie mit Gewaltattacken abzubauen suchen, richten sie ihre Aggressionen nicht etwa planlos auf das nächstliegende Objekt, sondern versichern sich, dass sie weder auf Gegenwehr stoßen werden noch auf eigenem Terrain Schaden anrichten können.

Den eigenen kleinen Dorffriedhof zu zerstören würde bedeuten, sich mit den Hinterbliebenen anzulegen und möglicherweise aus Unwissenheit über die verwandtschaftlichen Verhältnisse die Steine der eigenen Sippe zu schänden. Hingegen sind sich die Täter schon beim ersten Schritt auf einen jüdischen Friedhof sicher, dass sie hier das Schlachtfeld als Sieger verlassen, dass kein Irrtum hinsichtlich der Geschädigten möglich ist. Zuweilen vergewissern sie sich auch selbst über die Akzeptanz ihrer Tat: »Wir Glatzen machen nur das, was andere auch wollen, sich aber nicht trauen.«[12]

Frustration und Langeweile mögen für einen kleinen Teil der Friedhofsschänder die Motivation ihrer Handlungen sein, häufiger jedoch sind es rechtsradikale Heranwachsende, die aus ihrer politische Gesinnung keinen Hehl machen und auf jüdischen Grabstätten rechtsextremes Gedankengut plakatieren. Wenn die Täter denn doch gestellt werden können, geschieht dies häufig im Zuge der Ermittlungen wegen anderer Straftaten.

So konnte die Schändung des jüdischen Friedhofs 1979 in Freiburg erst aufgeklärt werden, als die Polizei drei Jugendliche fasste, die man diverser Einbrüche verdächtigte. Bei der Durchsuchung der Wohnung nach weiterem Diebesgut fanden die Beamten antisemitische Schriften, und die Beschuldigten gaben an, der »Kampfgruppe Priem«[13] anzugehören. Im Laufe der Vernehmungen gestanden sie schließlich, Weihnachten 1979 den jüdischen Friedhof in Freiburg geschändet zu haben. Als 1994 der jüdische Friedhof in Busenberg (bei Pirmasens) verwüstet wurde, führten damals schon Spuren zur »Aktion Sauberes Deutschland« (ASD), einer neonazistischen Organisation, die 1986 gegründet worden war. Nachweisen konnte man den Aktivisten der ASD jedoch nichts. Erst nach der erneuten Schändung des Busenberger Friedhofs 1997 konnte eine Sonderkommission der Kriminalpolizei die Täter aus dem Kreis der ASD ermitteln. Auf ihre Spur geführt hatten zahlreiche Flugblätter, die bei der Staatsanwaltschaft und einigen Polizeidienststellen in die Briefkästen gesteckt wurden. Schließlich gaben die Schriftvergleiche der Flugblätter mit den Schmierereien an der Leichenhalle des Neustädter jüdischen Friedhofs den entscheidenden Hinweis auf die Täter in den Reihen des ASD,[14] aus denen sich bereits die Schänder des jüdischen Friedhofs 1995 in Jebenhausen rekrutiert hatten.[15]

Aus der rechtsradikalen Organisation »Nationale Alternative« kamen die Friedhofsschänder von Müncheberg (Brandenburg). Sie hatten im September 1992 mit roter Lackfarbe die Grabsteine des jüdischen Friedhofs mit Hakenkreuzen und SS-Runen besprüht und auf der Friedhofsmauer die Parole »Kauft nicht bei Juden« hinterlassen. Die Tat, so einer der geständigen Angeklagten, sei aus Hass auf die Linken begangen worden, denen man zeigen wollte, »dass wir noch da sind«.[16] Gegen den Hauptangeklagten, Sven Ruda, der sich als »Landesgeschäftsleiter der Nationalen Alternative« von Müncheberg verstand, liefen bereits Ermittlungen wegen Munitionsdiebstahl aus NVA-Beständen. Ruda räumte zwar ein, mit den übrigen Angeklagten zur Tatzeit auf dem Friedhof gewesen zu sein, bestritt jedoch, sich an der Schändung des Friedhofs beteiligt zu haben.

Da er sich darüber hinaus der Strafbarkeit dieser Handlung nicht bewusst gewesen sei, wäre er auch nicht eingeschritten, als zwei seiner Kumpane die Grabsteine besudelten. Mit generöser Überheblichkeit erklärte er sich jedoch bereit, den »jüdischen Friedhof in Berlin ein oder zwei Jahre zu pflegen«.[17] Ruda wurde wegen Volksverhetzung, Verwendung von Kennzeichen verfassungswidriger Organisationen, Störung der Totenruhe und gemeinschädlicher Sachbeschädigung zu einem Jahr und sieben Monaten Haft verurteilt.[18]

Keine Mitgliedschaft in einer rechtsradikalen Organisation konnte den vier Friedhofsschändern von Wangen (Bodensee) nachgewiesen werden, wohl aber ein enger Kontakt zur »Nationalen Offensive« und zur »Heimattreuen Vereinigung Deutschland«. Drei der vier Angeklagten wurden neben den Übergriffen auf den jüdischen Friedhof in Wangen 1992 und den KZ-Friedhof in Birnau (Bodensee) auch zwei Anschläge auf Asylbewerberunterkünfte vorgeworfen. Trotz ihres engen Kontaktes zu den beiden rechtsextremistischen Organisationen gaben die Angeklagten an, nicht aus politischen Gründen gehandelt zu haben, sondern ihre Motive seien »Frust und Neid« gewesen. Frust ganz im Allgemeinen und Neid auf die Asylbewerber, »die Häuser kriegen«,[19] während, so ein Angeklagter, er selbst in einer kleinen Wohnung leben muss. Einer der Verteidiger der Angeklagten war Martin Mußgnug, Mitbegründer und zeitweiliger Vorsitzender der NPD. Drei der vier Täter wurden zu Haftstrafen zwischen zwei und vier Jahren verurteilt.[20]

Betrachtet man die Texte, die von den Tätern auf den geschändeten Friedhöfen hinterlassen werden, wird deutlich, dass jüdische Friedhöfe nicht mehr nur ausschließlich mit nationalsozialistischen Symbolen und antisemitischen Parolen beschmiert werden. Für Losungen wie »Zecken raus« »Ausländer verpisst euch«, »Türken raus« oder »Ausländerfreie Zone« dienen Grabsteine und Einfriedungsmauern mittlerweile als Projektionsfläche für politische Agitationen und ausländerfeindliche Propaganda.

Insgesamt ist die Zahl der Übergriffe auf jüdische Friedhöfe in den letzten zehn Jahren gestiegen, ähnlich der Zahl von Straftaten mit antisemitischem Charakter. Ging der Verfassungsschutzbericht im Jahr 1990 noch von 208 Straftaten mit antisemitischem Hintergrund und 18 Schändungen jüdischer Friedhöfe aus,[21] erhöhte sich die Zahl 1994 auf 1366 antisemitisch ausgerichtete Straftaten mit 68 Friedhofsschändungen,[22] zwei Jahre später, 1996, sank die Zahl auf 846 antisemitische Straftaten ab, und der Verfassungsschutzbericht registrierte für dieses Jahr 26 Übergriffe auf jüdische Beerdigungsstätten.[23] Von 1997 bis 1999 verzichteten die jährlichen Verfassungsschutzberichte sowohl auf die Zahlenangabe von Straftaten mit antisemitischem Charakter als auch auf Angaben von Schändungen jüdischer Friedhöfe.[24] Lediglich intern wurden diese Straftaten vom Bundesministerium des Innern festgehalten und auf Anfrage mitgeteilt.[25] Dies mag an dem sprunghaften Anstieg von 8730 Straftaten im Jahr 1996[26] auf 11 719 Straftaten[27] (1997) liegen, die mit »zu vermutendem rechtsradikalen Hintergrund« begangen wurden. Auch bei den Schändungen jüdischer Friedhöfe ist davon auszugehen, dass die Täter – von wenigen Ausnahmen abgesehen – dem rechtsradikalen Milieu angehören. Dies bedeutet jedoch nicht unbedingt, dass sie sich in rechtsradikale Parteien oder Organisationen eingebunden haben.

Bei der insgesamt geringen Zahl der aufgeklärten Friedhofsschändungen wird deutlich, dass die Zugehörigkeit zu rechtsextremen Organisationen oder Parteien nur eine sekundäre Rolle spielt. Die Schändungen jüdischer Friedhöfe, denen rassistische oder fremdenfeindliche Motivationen zugrunde liegen, werden vor allem von Gruppen Jugendlicher begangen, deren Gemeinsamkeit eine rechtsradikale Weltanschauung ist und die sich spontan bilden.

Die Täter bezeichnen sich selbst als »Nazis« oder »Rechte«, ohne genau definieren zu können, was dies konkret bedeutet. So waren zwei der vier Friedhofsschänder im rheinhessischen Gau-Algesheim (1998) durch »Heil Hitler«-Rufe und ausländerfeindliche Parolen aufgefallen.[28] Auch die Täter, die im August 1990 annähernd 100 Grabsteine auf dem jüdischen Friedhof von Hechingen (Baden-Württemberg) umstießen und mit Hakenkreuzen beschmierten, wurden wenig später festgenommen. Die Sonderkommission »Jüdischer Friedhof« des Landeskriminalamtes Baden-Württemberg wies den vier Tätern, die sich selbst als Skinheads bezeichneten, weitere Schändungen der jüdischen Friedhöfe Stuttgart-Bad Cannstadt und Tübingen im Sommer 1990 nach sowie Übergriffe auf die württembergischen KZ-Friedhöfe in Vaihingen/Enz und Markgröningen-Unterrexingen im Oktober 1990. Die vier Täter wurden im Februar 1991 zu Freiheits- bzw. Jugendstrafen zwischen zwei Jahren und neun Monaten und drei Jahren und neun Montaten ohne Bewährung verurteilt.[29] Einen Schaden von ca. 50 000 DM verursachten zwei junge Männer aus der gewaltbereiten Skinhead-Szene auf dem jüdischen Friedhof in Karlsruhe 1992,[30] die schon nach 24 Stunden gefasst werden konnten. Rechtsextreme Propagandaschriften wurden bei dem Täter sichergestellt, der 1992 den Friedhof in Gelsenkirchen schändete und darüber hinaus sechs Brandanschläge auf unterschiedliche Einrichtungen verübte.[31] Eine »negative Einstellung zu Juden und Ausländern«[32] gaben die beiden Minderjährigen als Motiv ihres Übergriffes auf den jüdischen Friedhof von Bad Kissingen 1994 an. Die sechs Männer und zwei Frauen im Alter zwischen 16 und 20 Jahren, die man der Schändung des jüdischen Friedhofs im brandenburgischen Guben im März 2000 verdächtigte, waren der Polizei schon länger durch rechtsradikale Vorfälle bekannt. Drei der Täter wurden schließlich zu Geld- und Haftstrafen verurteilt.[33] Die »Frustration« hatte einen mehrfach wegen rechtsextremistischer Vergehen aufgefallenen 20-Jährigen veranlasst, ganz »spontan« den jüdischen Friedhof in Georgsmünd aufzusuchen und die Grabsteine mit antisemitischen Parolen zu besprühen.[34] Nach der Tat betrank sich der 20-Jährige in einem nahe gelegenen Wirtshaus und fuhr anschließend mit seinem Wagen in einen Straßengraben. Die Beamten, die den Unfall aufnahmen, fanden die roten Spraydosen und brachten dadurch den Fahrer mit der Tat in Verbindung. Der 20-Jährige, dessen schnelle Ermittlung ganz zufällig geschah, war bereits wegen rechtsextremer Gesinnung aufgefallen, er gehörte jedoch keiner Organisation an.

Meist jedoch werden die Täter aber nicht als überzeugte Rechtsradikale betrachtet, sondern eher als Mitläufer, Nachahmungstäter oder irregeleitete Jugendliche, die keine gefestigte Ideologie haben und eher »anpolitisiert« sind, als eine manifeste politische Überzeugung zu vertreten. Dieser Meinung schließen sich auch oft Politiker an, die die Tat gerne als unpolitischen Akt »wirrer Einzeltäter«[35] betrachten. So wurden z. B. die Jugendlichen, die den Hechinger jüdischen Friedhof verwüsteten, vom Gerichtspsychiater als »unsichere, orientierungslose Heranwachsende«[36] bezeichnet. Sie selbst hingegen betrachteten sich als Skins, die den Polizeibehörden bekannt waren.

Die Grabschändungen durch Jugendliche und Heranwachsende, die sich der rechtsextremen Szene – latent oder manifest – zugehörig fühlen, sind zielgerichtete Aktionen, und die Aussagen der Täter, die Langeweile, der Frust oder reichlicher Alkoholgenuss habe sie zur Tat motiviert, sind vordergründige Argumente. Der Tragweite ihrer Tat als eine symbolische

Handlung sind sie sich sehr bewusst, denn gerade in diesen Kreisen hat das Totengedenken besondere Bedeutung.

Dies wurde im Februar 2001 wieder deutlich, als Neonazis des 71. Todestages des ehemaligen SA-Sturmführers Horst Wessel mit einer Kranzniederlegung auf einem Berliner Friedhof gedenken wollten. Bereits ein Jahr zuvor hatten »autonome Totengräber« versucht, dieser Wallfahrtsstätte rechter Jugendlicher ein Ende zu setzen, und gruben den vermeintlichen Schädel Wessels aus, den sie in die Spree warfen.[37] Dies war nun ein Jahr später wiederum Anlass für die Neonazi-Szene, des »ersten Jahrestages der Schändung« mit einer Mahnwache zu gedenken. Zur gleichen Zeit wurde in Celle ein Mitglied der »Kameradschaft 73« verhaftet, der auf die dortige Synagoge und die Friedhofsmauer ein Plakat mit der Abbildung Horst Wessels geklebt hatte, das die Parole trug: »Ewig lebt der Toten Tatenruhm.«[38]

Mit der in den rechtsradikalen Kreisen zu beobachtenden Wertschätzung des Grabes als Gedächtnisort, die mit der Kranzniederlegung zelebriert wird und sich gegen ein Vergessen des Verstorbenen wendet, wird deutlich, welch bedeutende Rolle dem Begräbnisort als Teil der Selbstvergewisserung der eigenen kollektiven Identität beigemessen wird. Die zielgerichtete Zerstörung jüdischer Grabstätten, Parolen wie »Juden raus!« oder »Juda verrecke« und Bekennerschreiben »Kein Judengrab auf deutschem Boden«[39] lassen keinen Zweifel daran, dass die Täter dem politischen Programm der Nationalsozialisten eines »judenreinen« Deutschlands hinterherlaufen.

Anmerkungen

1 Süddeutsche Zeitung, 1. 8. 1995.
2 Information des Bundesministeriums des Innern (BMdI) vom 6. 4. 2000. Lt. Schreiben des BMdI an Adolf Diamant waren dem Innenministerium 30 Friedhofsschändungen bekannt. Vier weitere Schändungen, Alsheim (bei Mainz), Fischbach (bei Augsburg), Nürnberg und Fulda, wurden nicht vermerkt. Vgl. hierzu: Schreiben des BMdI vom 18. 1. 2000 an Adolf Diamant, Diamant-Archiv im Zentrum für Antisemitismusforschung, TU Berlin; vgl. hierzu auch: Adolf Diamant, Geschändete jüdische Friedhöfe in Deutschland 1945–1999, Potsdam 2000, der insgesamt 35 geschändete Friedhöfe auflistet, zwei Vorfälle jedoch doppelt benennt, S. 84 f.
3 § 310 des Strafgesetzbuches.

4 Am Tatort war ein Bekennerschreiben der »Nationalen Bewegung« gefunden worden, die nach Angaben des Innenministers des Landes Brandenburg nur im Potsdamer Raum bekannt sei.

5 Justizminister Karl Schelter (CDU) in: Der Tagesspiegel, 13. 1. 2001.

6 Die Friedhofsschändungen. Eine Betrachtung aufgrund statistischer Erhebungen, in: Allgemeine Wochenzeitung der Juden in Deutschland, 20. 12. 1957.

7 Rainald Becker/Alexander Venneckel, Schändungen und Zerstörungen jüdischer Friedhöfe in Deutschland, Diplomarbeit an der Gesamthochschule Duisburg, Duisburg 1985, Kap. II 9.

8 Klaus Neidhard (Bundeskriminalamt) in der ZDF-Fernsehsendung »Länderspiegel« am 14. 3. 2000.

9 Frankfurter Rundschau, 5. 9. 1995.

10 Die Tat geschah am 28. 5. 1994.

11 Ebd.

12 So die Ansicht eines 22-jährigen Skinheads, in: Der Spiegel Nr. 48, 24. 11. 1997.

13 Arnulf Priem (geb. 1948) gründete 1974 die neonazistische »Kampfgruppe Priem«, die 1987 in der Gruppe »Wotans Volk« aufgeht. Priem wird 1990 Vorsitzender des Landesverbandes der »Deutschen Alternative«, die im Dezember 1992 verboten wird. Priem wurde wegen Bildung einer bewaffneten Organisation und Verunglimpfung des Staates 1995 zu $3^{1}/_{2}$ Jahren Haft verurteilt.

14 Frankfurter Rundschau, 20. 12. 1997.

15 Vgl. hierzu Jens Mecklenburg (Hrsg.), Handbuch deutscher Rechtsextremismus, Berlin 1996, S. 286.

16 Der Tagesspiegel, 16. 12. 1993.

17 Ebd., 12. 4. 1994.

18 Frankfurter Rundschau, 5. 4. 1996.

19 die tageszeitung (taz), 18. 6. 1993.

20 Ebd., 18. 6. 1993 und 19. 6. 1993.

21 Verfassungsschutzbericht 1990, vgl. hierzu Diamant, der 24 Schändungen verzeichnet. Diamant, Geschändete jüdische Friedhöfe, S. 66 f.

22 Verfassungsschutzbericht 1994.

23 Ebd. 1996. Hier zählt Diamant 33 Schändungen, vgl. Diamant, (Anm. 2), S. 79 f.

24 Für das Jahr 1997 gibt Diamant die Zahl 42, für 1998 34 und für 1999 37 Schändungen an. Letztere Zahl muss jedoch auf 35 korrigiert werden, da zwei Übergriffe doppelt aufgeführt sind. Vgl. hierzu: Diamant (Anm. 2), S. 80 ff.

25 Der Verfassungsschutzbericht gibt für das Jahr 2000 die geschändeten jüdischen Friedhöfe und Gedenkstätten insgesamt mit 56 Fällen an. Verfassungsschutzbericht 2000, S. 25.

26 Ebd. 1996.

27 Ebd. 1997.

28 Allgemeine Zeitung Mainz, 3. 6. 1998.

29 Verfassungsschutzbericht Baden-Württemberg 1990, S. 99.

30 dpa, 8. 10. 1992.

31 Frankfurter Rundschau, 10. 11. 1992.

32 dpa, 20. 5. 1994.

33 Frankfurter Rundschau, 21. 3. 2000, und Der Tagesspiegel, 7. 9. 2000.

34 Süddeutsche Zeitung, 4. 4. 2000.

35 Roman Herzog nach dem Sprengstoffanschlag auf Galinskis Grab, die tageszeitung (taz), 21. 12. 1998.

36 Der Spiegel, 8. 10. 1990.

37 Die »autonomen Totengräber« schändeten jedoch das Grab von Ludwig Wessel, dem Vater von Horst Wessel. Das Grab des Horst Wessel wurde bereits 1945 eingeebnet. Berliner Zeitung, 8. 2. 2001.

38 Cellesche Zeitung, 28. 2. 2001. Dieser Sinnspruch ist der Edda-Dichtung entnommen. Die vollständige Strophe lautet: »Besitz stirbt, Sippen sterben, du selbst stirbst wie sie; eins weiß ich, das ewig lebt: des Toten Tatenruhm.« Die Edda. Götterdichtung, Spruchweisheit und Heldengesänge der Germanen. Übertragen von Felix Genzmer, Köln 1981, S. 131.

39 So die Friedhofsschänder von Bad Hersfeld 1979, Frankfurter Rundschau, 7. 12. 1979

Claudia Curio
Chronik rechtsextremer Gewalt in Deutschland seit 1990

Die folgende Chronik legt den Schwerpunkt auf einen Aspekt des Rechtsextremismus, der seit der Wiedervereinigung in Deutschland drastisch an Bedeutung gewonnen hat: die Gewalt gegen Personen. Die beiden Jahre mit den meisten rechtsextremen Gewalttaten waren 1992 (2232) und 1998 (1324). Zugunsten dieses Schwerpunktes mussten andere Aspekte des Rechtsextremismus zwangsläufig vernachlässigt werden. Wahlergebnisse rechtsextremer Parteien sind nur bei außergewöhnlichen Wahlerfolgen dokumentiert, auf Daten zu rechtsextremistischen Aktivitäten im publizistischen, propagandistischen und organisatorischen Bereich ist ganz verzichtet worden.

Auch für den Bereich rechtsextremer Gewalt gegen Personen kann die Chronik keinen Anspruch auf Vollständigkeit erheben. Von der Vielzahl an Übergriffen gegen Ausländer, politisch Andersdenkende und soziale Randgruppen, die seit der Wiedervereinigung von Personen mit rechtsextremer Gesinnung verübt wurden, konnten nur die schwersten Fälle berücksichtigt werden. Anschläge gegen Asylbewerberheime sind in der Regel nur aufgeführt, wenn Bewohner verletzt wurden.

Die Zahlen geschändeter jüdischer Friedhöfe entstammen der bislang zuverlässigsten verfügbaren Quelle, den Statistiken von Adolf Diamant.[1]

Die Gesamtzahlen für rechtsextreme Straftaten und Gewalttaten, die Zahlen der Rechtsextremisten und der rechtsextremistischen Organisationen sind den jährlichen Verfassungsschutzberichten entnommen. Diese Zahlen sind mit Vorsicht zu benutzen, sind doch die Erfassungskriterien für rechtsextremistisch, fremdenfeindlich und antisemitisch motivierte Straftaten und die Führung der Statistiken über die Jahre nicht einheitlich und die Zahlen tendenziell nach unten »bereinigt«. Es ist von einer großen Dunkelziffer von Straftaten auszugehen, die nicht in den Verfassungsschutzberichten auftauchen, weil sie entweder nicht die sehr engen Erfassungskriterien des Bundesamtes für Verfassungsschutz erfüllen oder nicht einmal zur Anzeige kommen.

Viele Fälle erscheinen auch nicht in der Tagespresse, die von der Autorin als Quelle für die Einzeltaten herangezogen wurde. Bezüglich der Todesfälle durch rechtsextreme Gewalt ist die in Der Tagesspiegel und in der Frankfurter Rundschau im September 2000 veröffentlichte Liste verwendet worden.[2] Als Grundlage für die Jahre 1990–93 konnte die von Angelika Königseder zusammengestellte Chronik des Rechtsextremismus[3] benutzt werden.

Auf diese Chronik sei auch für die Jahre 1945–1989 verwiesen.

1990

31. 3. In Nienburg (Niedersachsen) greifen ca. 20 Skinheads einen Tamilen an. Vier Passanten, die ihm Hilfe leisten wollen, werden schwer verletzt.

28. 4. In Nordhausen (DDR) kommt es anlässlich eines Rockkonzerts nahe der innerdeutschen Grenze zu schweren Ausschreitungen durch Skinhead-Gruppen.

Mai Der militante Neonazi Thorsten Heise versucht in Nörten-Hardenberg (Niedersachsen), einen libanesischen Asylbewerber mit dem Auto zu überfahren.

7. 10. Ein Pole wird in Lübbenau (Brandenburg) von drei jungen Deutschen verprügelt und erstochen.

8. 10. Drei Rechtsextremisten misshandeln in Lübbenau (Brandenburg) drei Polen.

25. 11. Der Mosambikaner Amadeu Antonio Kiowa wird in Eberswalde (Brandenburg) von Rechtsextremisten zu Tode geprügelt und stirbt im Dezember des Jahres. Warum die Polizisten, die die Tat beobachteten, nicht eingriffen, kann nicht abschließend geklärt werden.

Skinheads werfen Steine und Molotowcocktails auf die türkische Moschee in Herten (Nordrhein-Westfalen).

11. 12. Drei als Schläger gedungene Skinheads schlagen in Berlin-Lichtenberg einen Deutschen zusammen, dieser stürzt sich in Panik zu Tode. Einer der drei Schläger ist wegen rechtsextremer Propagandadelikte vorbestraft.

28. 12.   Ein 17-jähriger Kurde wird von einem Skinhead in Hachenburg (Rheinland-Pfalz) erstochen. Der Täter gehört zum Umfeld der rechtsextremen »Taunusfront«.

31. 12.   In Flensburg (Schleswig-Holstein) tritt ein betrunkener Skinhead einen Obdachlosen zu Tode.

Zwei Skinheads, Mitglieder der FAP, erstechen einen Bundeswehrsoldaten in Rosdorf (Niedersachsen).

Der Verfassungsschutz registrierte für das Jahr 1990 1380 rechtsextrem motivierte Gesetzesverletzungen, darunter 128 Gewalttaten. 24 jüdische Friedhöfe wurden geschändet. Es sind 69 rechtsextremistische Organisationen (exklusive »Republikaner«) registriert sowie ca. 32 300 organisierte bzw. nicht organisationsgebundene Rechtsextremisten. Der Verfassungsschutzbericht des Jahres 1990 bezieht noch nicht die neuen Bundesländer ein.

1991

14. u. 30. 1.   Brandanschläge auf die zentrale Aufnahmestelle für Asylbewerber in Eisenhüttenstadt (Brandenburg).

24. 2.   Bei einem Überfall von Rechtsextremen auf das Flüchtlingsheim in Leisnig (Sachsen) werden mehrere Personen verletzt, die gesamte Einrichtung wird demoliert.

5. 3.   Etwa 30 Rechtsextremisten schlagen die Bewohner eines Asylbewerberheims in Klötze (Sachsen) zusammen und verletzen drei Asylbewerber schwer.

31. 3.   Ein Mosambikaner stirbt in Dresden nach dem Sturz aus der Straßenbahn, nachdem er von einer Horde Skinheads bedroht worden war.

8. 4.   Zahlreiche gewalttätige Aktionen von Rechtsextremisten entlang der polnischen Grenze anlässlich der Einführung des visafreien Verkehrs mit Polen.

13. 4.   Mehrere Neonazis überfallen am deutsch-polnischen Grenzübergang in Görlitz (Brandenburg) ein polnisches Ehepaar in seinem Auto. In den nächsten Wochen kommt es häufiger zu Übergriffen auf polnische Reisende.

22. 4.   Dritter Brandanschlag auf das Asylbewerberheim in Schwalbach (Hessen) innerhalb einer Woche.

3. 5.   Bei einem Überfall von bewaffneten Rechtsextremisten in Wittenberge (Brandenburg) werden zwei Namibier verletzt, einer davon lebensgefährlich.

8. 5.   Ein Punk wird bei Gifhorn (Niedersachsen) von 15 Skinheads angegriffen und vor ein Auto gestoßen. Er stirbt ein dreiviertel Jahr später an seinen Verletzungen.

Ein 21-jähriger Bundeswehrsoldat schießt in München auf fünf Ausländer, zwei werden schwer verletzt.

9. 5.   Rechtsextreme überfallen in Zittau (Sachsen) ein Ferienheim für strahlengeschädigte Kinder aus Tschernobyl.

Ein russischer Tourist wird in Berlin von Rechtsextremisten in der Straßenbahn durch Messerstiche lebensgefährlich verletzt.

1. 6.   In Leipzig werfen Skinheads einen 43-jährigen Mann aus der fahrenden Straßenbahn, er stirbt an den Folgen seiner Verletzungen.

Der Dresdner Neonazi-Führer und Mitinitiator des »Verbandes der sächsischen Werwölfe«, der »Schutzstaffel Ost« und der »Wehrsportgruppe Peiper«, Rainer Sonntag, wird in Dresden im Zuge eines Streites im Zuhältermilieu erschossen.

4. 6.   Ein Obdachloser wird von einem Angehörigen der örtlichen Skinhead-Szene in Kästorf (Niedersachsen) erstochen. Der Rechtsextremist bezeichnet sein Opfer als »Abschaum«.

16. 6.   In Friedrichshafen (Baden-Württemberg) wird ein junger Mann aus Angola von einem Rechtsextremisten erstochen. Die rechtsextreme Szene feiert den Täter als den »Helden von Friedrichshafen«.

20. 7.   Skinheads verletzen in Hamburg einen Türken lebensgefährlich.

In Northeim (Niedersachsen) überfallen Skinheads drei Ausländer in ihrem Auto und verletzen sie schwer.

8. 8.   Skinheads stürmen den Wohnwagen einer Prostituierten in Leipzig und schießen auf vier Zuhälter, von denen zwei verletzt werden.

9. 8.   Ein 15-jähriger Pole wird in Berlin-Lichtenberg von Skinheads durch Messerstiche schwer verletzt.

16./17. 8.   Auf Asylbewerberheime in Zittau, Leisnig (Sachsen) und Aschersleben (Sachsen-Anhalt) werden von Rechtsextremisten Brandsätze geworfen.

24. 8. Rechtsextreme verletzen mehrere Bewohner des Ausländerwohnheims in Wurzen (Sachsen) und zerstören die gesamte Einrichtung.

17.–22. 9. Ausschreitungen von Rechtsextremisten gegen ein Ausländerwohnheim und ein Heim für Asylbewerber in Hoyerswerda (Sachsen), bei denen über 30 Personen zum Teil schwer verletzt werden. Anwohner spenden den Tätern Beifall.

In der gesamten Bundesrepublik kommt es während der folgenden Wochen zu Brandanschlägen und Überfällen auf Ausländer und Wohnheime von Asylbewerbern, bei denen über 100 Personen verletzt werden.

19. 9. Ein Mann aus Ghana stirbt bei einem Brandanschlag auf ein Asylbewerberheim in Saarlouis (Saarland). Zwei weitere Asylbewerber werden durch die Brandsätze verletzt.

21. 9. Mehrere Ausländer werden bei Überfällen auf Asylbewerberunterkünfte im sächsischen Thiendorf und in Jesteburg (Niedersachsen) verletzt.

25. 9. Zwei Nigerianer werden bei einem Brandanschlag auf das Asylbewerberheim in Münster (Nordrhein-Westfalen) schwer verletzt.

September Skinheads überfallen in der Nähe von Magdeburg zwei türkische Blumenverkäufer in deren Auto, verprügeln sie mit einem Knüppel und verletzen einen der Männer mit einer Leuchtspurpistole lebensgefährlich.

28./29. 9. Die Polizei registriert an diesem Wochenende 43 Übergriffe gegen Ausländer, 22 davon in Nordrhein-Westfalen.

29. 9. Zehn Personen überfallen in München einen Rumänen und verletzen ihn so schwer, dass er am 10. 12. stirbt.

Die DVU erhält bei der Bremer Bürgerschaftswahl 6,2 % der Stimmen, in Bremerhaven stimmen 10,26 % der Wähler für die Partei.

30. 9. In Cottbus greifen Rechtsextremisten Passanten an, von denen einer durch Messerstiche schwer verletzt wird.

Ende September Von Jahresbeginn bis 30. 9. wurden bundesweit 506 Angriffe auf Asylbewerber und deren Unterkünfte registriert, davon allein im September mehr als 200.

2. 10. Ein 47-jähriger Türke wird in der Fußgängerzone von Mönchengladbach (Nordrhein-Westfalen) von einem Ausländerhasser niedergestochen.

3. 10. Zwei libanesische Kinder werden bei einem Brandanschlag auf das Asylbewerberheim in Hünxe (Nordrhein-Westfalen) lebensgefährlich verletzt.

Zwei verletzte Asylbewerber und 100000 DM Sachschaden sind bei einem Brandanschlag auf das Asylbewerberheim in Bremen-Schwachhausen zu beklagen.

4. 10. Sieben Ausländer werden schwer verletzt, als 150 mit Steinen und Molotowcocktails bewaffnete Personen ein Asylbewerberheim in Zwickau (Sachsen) angreifen.

5. 10. Etwa 20 Rechtsextremisten unter Führung eines Mitglieds des NPD-Ortsverbandes Brühl überfallen in Brühl (Baden-Württemberg) drei Nigerianer, die dabei schwer verletzt werden.

5./6. 10. Etwa 50 Fälle von Übergriffen auf Ausländerwohnheime oder Ausländer werden an diesem Wochenende bundesweit registriert, dabei werden mehrere Personen zum Teil schwer verletzt.

8. 10. Rechtsextreme schlagen in Karlsruhe (Baden-Württemberg) drei Rumänen krankenhausreif. Die Polizei registriert an diesem Tag 40 gegen Ausländer gerichtete Gewaltaktionen.

12. 10. In Kaufbeuren (Bayern) werden vier Türken schwer verletzt, als sie sich vor einem von Rechtsextremisten gelegten Brand in ihrem Haus durch einen Sprung aus dem Fenster zu retten versuchen.

In Greifswald (Mecklenburg-Vorpommern) verletzen etwa 30 Rechtsextremisten einen marokkanischen Studenten durch Schläge.

13. 10. Das Asylbewerberheim in Immenstadt (Bayern) wird bei einem Brandanschlag völlig zerstört. Zwei Kurden werden schwer verletzt, als sie sich durch einen Sprung aus dem Fenster retten wollen. Drei Skinheads haben das Heim in Brand gesteckt.

14. 10. Ein Vietnamese wird in Berlin-Hellersdorf von Skinheads auf offener, belebter Straße am helllichten Tag lebensgefährlich verletzt. Niemand kommt ihm zu Hilfe.

16. 10. Sieben Ausländer und ein deutsches Kind erleiden schwere Rauchvergiftungen bei einem Brandanschlag auf ihr Haus in Bad Vilbel (Hessen).

22. 10. In Trier (Rheinland-Pfalz) schlagen fünf Skinheads in einem Linienbus zwei deutsche Fahrgäste zusammen, als diese sich schützend vor zwei Schwarze stellen.

26. 10. Ein 19-jähriger Türke wird in Berlin von drei Rechtsextremen mit Baseballschlägern lebensgefährlich verletzt. Er stirbt am 12. 11. an den Folgen des Angriffs.

2. 11. In Hagen (Nordrhein-Westfalen) wird ein albanischer Asylbewerber durch Messerstiche in den Bauch schwer verletzt.

4. 11. Etwa 200 Berliner Fußballfans randalieren nach einem Spiel zwischen dem Greifswalder SC und dem FC Berlin und greifen ein Asylbewerberheim in Greifswald (Mecklenburg-Vorpommern) an. Dabei werden mehrere Asylbewerber und 15 Polizisten verletzt.

5. 11. Brandanschlag auf ein überwiegend von Ausländern bewohntes Gebäude in Nürnberg (Bayern), sieben Bewohner werden verletzt, 21 müssen evakuiert werden.

9. 11. Jugendliche Gewalttäter schießen einem Mosambikaner in Weimar (Thüringen) mit einem Luftdruckgewehr ins Gesicht.

13. 11. Sechs Vermummte überfallen eine vietnamesische Familie in ihrer Wohnung in Leipzig. Der Vater wird schwer verletzt.

November Nach einem Bericht des BKA nahm die Gewalt gegen Ausländer im Laufe des Jahres 1991 in West- und Ostdeutschland erheblich zu. Im Januar wurden drei Angriffe gegen Personen, vier Brandanschläge und 19 »sonstige Straftaten« registriert, im Oktober 54 Angriffe gegen Personen, 167 Brandstiftungen und 683 »sonstige Straftaten«.

17. 11. Vier Dresdner Skinheads wollen einen 34-Jährigen zwingen, den Hitler-Gruß zu zeigen und »Heil Hitler« zu rufen. Als er sich weigert, werfen ihn die Angreifer in die Elbe, wobei er lebensgefährliche Verletzungen erleidet.

20. 11. Ausschreitungen von rechtsextremistisch eingestellten Fußballfans während eines EM-Qualifikationsspiels der deutschen Fußball-Nationalmannschaft in Brüssel, bei denen 799 Fans festgenommen werden.

23. 11. Bei Auseinandersetzungen zwischen Türken und Skinheads in Ostberlin wird einer der Skinheads lebensgefährlich verletzt.

1. 12. Ein Deutscher wird von sieben Jugendlichen in Hohenselchow (Brandenburg) mit Baseballschlägern zusammengeschlagen, weil er als »Automatenknacker« gilt. Drei Tage später stirbt er an den Folgen der Misshandlung.

12. 12. Ein junger Polizist in Zivil wird von einem Angehörigen der Wehrsportgruppe »I. Werwolf-Jagdeinheit Senftenberg« in Meuro (Brandenburg) erschossen, weil die vier Rechtsextremisten das Auto des Opfers stehlen wollen.

Der Verfassungsschutzbericht registrierte für 1991 1483 Gewalttaten und 2401 weitere Gesetzesverletzungen mit erwiesenem oder zu vermutendem rechtsextremistischem Hintergrund. 39 800 Mitglieder von insgesamt 76 rechtsextremistischen Gruppierungen (exklusive die »Republikaner«) bzw. unorganisierten Rechtsextremisten wurden gezählt. 13 Schändungen jüdischer Friedhöfe wurden angezeigt. Erstmals wurden die neuen Bundesländer in die Statistiken des Bundesamtes für Verfassungsschutz einbezogen. Der »Nationaldemokratische Hochschulbund«, die Hochschulorganisation der NPD, verwendete in einer Publikation erstmals den Begriff der »national befreiten Zonen«, der in den folgenden Jahren ein Schlagwort der rechtsextremen Szene wird.

1992

4./5. 1.   Acht Menschen werden bei Überfällen von Skinheads in mehreren thüringischen Städten zum Teil schwer verletzt.

6. 1.   Ein Libanese wird bei einem Brandanschlag auf das Asylbewerberheim in Waldkirch bei Freiburg im Breisgau (Baden-Württemberg) lebensgefährlich verletzt, 20 weitere Asylbewerber müssen mit Rauchvergiftungen in ein Krankenhaus eingeliefert werden.

17. 1.   Drei Skinheads schneiden einem 19-jährigen polnischen Touristen in Berlin-Moabit einen Teil der Zunge ab.

18. 1.   Ein 50-jähriger Mann schießt in Saalfeld (Thüringen) auf GUS-Soldaten. Drei Soldaten versuchen ihn aufzuhalten, aber der Angreifer fährt mit dem Auto in die Gruppe und verletzt die Soldaten schwer.

28. 1.   Drei junge Männer zünden ein iranisches Restaurant in Kassel (Hessen) an und misshandeln die Wirtin.

31. 1.   Eine dreiköpfige Familie aus Sri Lanka stirbt bei einem Brandanschlag auf ihr Wohnheim in Lampertheim (Hessen).

15. 3.   Ein rumänischer Flüchtling wird bei einem Angriff deutscher Jugendlicher auf ein Asylbewerberheim in Saal bei Rostock (Mecklenburg-Vorpommern) totgeschlagen.

18. 3.   Ein Deutscher wird in Buxtehude (Niedersachsen) von zwei Skinheads zu Tode gequält, nachdem er Hitler als Verbrecher bezeichnet hatte.

19. 3.   Ein Obdachloser ertrinkt im Hafenbecken von Flensburg

(Schleswig-Holstein), nachdem ein Rechtsextremist ihn ins Wasser gestoßen hatte. Der Täter hatte »Ausländer raus« gerufen, worauf sich der
Obdachlose als Sinto zu erkennen gegeben hatte.

28. 3.   In Worms (Rheinland-Pfalz) verletzen zwei Rechtsextremisten
einen 15-jährigen Türken mit Messerstichen schwer.

4. 4.   Bei einem Brandanschlag auf ein Asylbewerberheim kommt in
Hörstel (Nordrhein-Westfalen) ein deutscher Bewohner ums Leben.

5. 4.   Bei den Landtagswahlen in Baden-Württemberg erringen die
»Republikaner« 10,9 % der Wählerstimmen. Dies ist das beste Wahlergebnis für die Partei seit der Gründung 1983. Die »Republikaner« bilden
somit die drittstärkste Fraktion im Landtag.

Mit 6,3 % der Stimmen wird die DVU bei den Landtagswahlen in Schleswig-Holstein nach SPD und CDU drittstärkste politische Kraft.

24. 4.   Ein DVU-Sympathisant ersticht in Berlin-Marzahn einen Vietnamesen.

9. 5.   In einer Diskothek in Wendisch Rietz (Brandenburg) schlagen
Skinheads einen Nigerianer zusammen und werfen ihn bewusstlos in
einen See. Er wird von einem Ordner gerettet, liegt aber drei Wochen lang
im Koma.

Ein Punk wird bei einem Skinhead-Überfall auf ein Fest in Magdeburg
mit einem Baseballschläger ermordet, acht Personen werden schwer verletzt.

25. 5.   Skinheads fügen einem Sudanesen in Potsdam schwere Kopfverletzungen zu.

25.–29. 5.   Anhaltende Proteste von bis zu 400 Personen vor dem Asylbewerberheim in Mannheim (Baden-Württemberg) gegen den vermeintlichen »sexuellen Missbrauch deutscher Frauen« durch Asylbewerber.

1. 7.   Ein Obdachloser wird in Neuruppin (Brandenburg) von drei
Skinheads erstochen, die sich zuvor zum »Penner Klatschen« verabredet
hatten.

5. 7.   Bei Auseinandersetzungen zwischen Rechtsextremisten und Asylbewerbern in Zittau (Sachsen) wird ein deutscher Jugendlicher getötet,
mehrere Asylbewerber werden zum Teil schwer verletzt. Nach den
Kämpfen greifen die Deutschen ein Asylbewerberheim an.

8. 7.   Ein Kosovo-Albaner wird von sieben Skinheads mit einem Baseballschläger erschlagen, nachdem diese seine Unterkunft in Ostfildern-
Kemnat (Baden-Württemberg) gestürmt haben. Zuvor hatten die Täter

sich Hitler-Reden angehört. Ihr Motto war »Polacken klatschen«. Ein anderer Kosovo-Albaner wird schwer verletzt.

1. 8. Ein Obdachloser wird in Bad Breisig (Rheinland-Pfalz) von zwei Skinheads erstochen.

3. 8. Ein Pole wird nach dem Besuch einer Diskothek in Stotternheim (Thüringen) von Skinhead-Ordnern totgeschlagen.

22.- 28. 8. Hunderte von Ausländerfeinden randalieren – unter dem Beifall der örtlichen Bevölkerung – vor einem Asylbewerberheim in Rostock-Lichtenhagen (Mecklenburg-Vorpommern) und setzen es in der Nacht zum 25. 8. in Brand, wodurch 115 vietnamesische Gastarbeiter und ein Fernsehteam in Lebensgefahr geraten.

Die Vorfälle in Rostock lösen eine erneute Welle der Gewalt gegen Ausländer und Asylbewerber aus.

24. 8. Ein Obdachloser stirbt in Koblenz (Rheinland-Pfalz), als ein Skinhead, Angehöriger der »Deutschen Front Coblenz«, auf eine Gruppe von Punks, Obdachlosen und Drogenabhängigen schießt.

29. 8. Ein Obdachloser wird in Berlin-Charlottenburg von einen Ku-Klux-Klan-Anhänger zusammengeschlagen und stirbt einige Tage später an einem Schädelbruch.

Zwei jugendliche Arbeitslose werfen Molotowcocktails in ein Asylbewerberheim in Bad Lauterberg (Sachsen-Anhalt).

29. 8.–2. 9. Schwere Krawalle vor dem Asylbewerberheim in Cottbus (Brandenburg).

30. 8. Bombenanschlag auf das Mahnmal für die in der NS-Zeit deportierten Juden an der Berliner Putlitzbrücke. Bei den kurze Zeit später gefassten rechtsextremen Tätern werden zahlreiche Waffen, Sprengstoffe u.Ä. gefunden. Das Mahnmal ist sowohl vorher als auch nachher Ziel weiterer Anschläge und Schmieraktionen.

September Täglich zahlreiche Brandanschläge auf Asylbewerberheime und Ausländerwohnheime in ganz Deutschland. Juli: 126, August: 235, September: 536, Oktober 364, November 344, Dezember 283.

3. 9. Brandanschlag durch jugendliche Täter auf das Asylbewerberheim in Ketzin (Brandenburg). Das Gebäude brennt völlig aus.

3./4. 9. Es kommt zu Straßenschlachten zwischen Rechtsextremisten und der Polizei vor dem zentralen Aufnahmelager für Asylbewerber in Eisenhüttenstadt (Brandenburg).

5. 9.   Bei Übergriffen von Skinheads in Hamminkeln (Nordrhein-Westfalen) werden zwei Flüchtlinge verletzt, einer davon schwer.

8.–12. 9.   Ausschreitungen vor dem Asylbewerberheim in Quedlinburg (Sachsen-Anhalt) unter dem Beifall der Anwohner.

15.–22. 9.   Brandanschläge und gewalttätige Übergriffe auf das Asylbewerberheim in Wismar (Meckenburg-Vorpommern). Der brutalste Angriff erfolgt am 19. 9. und muss mit zwei Hundertschaften Polizei abgewehrt werden.

19. 9.   Laut BKA wurden 1992 bereits 2200 Straftaten gegen Ausländer registriert.

26. 9.   Bei einem Brandanschlag durch zwei Rechtsextreme auf die »jüdische Baracke« in der Gedenkstätte des ehemaligen KZ Sachsenhausen (Brandenburg) wird die Baracke zur Hälfte zerstört.

2. 10.   Etwa 20 Jugendliche werfen Brandsätze in ein Behindertenwohnheim in Leipzig.

7. 10.   Skinheads verletzen einen Deutschen in Köthen (Sachsen-Anhalt) mit Messerstichen, weil sie ihn für einen Ausländer halten.

10. 10.   Skinheads schlagen in Saarbrücken einen Mann brutal zusammen. Sie hatten beschlossen, »Schwule abzuklatschen«.

11. 10.   Bei einem Überfall von Neonazis auf ein Lokal in Geierswalde (Sachsen) wird eine Aushilfskellnerin so schwer verletzt, dass sie 13 Tage später stirbt.

12. 10.   Zwei schlafende Polen werden auf einem Autobahnparkplatz bei Ortrand (Brandenburg) in ihrem Kleintransporter überfallen und schwer verletzt.

15. 10.   Ein 50-jähriger Italiener wird in Saarbrücken von Rechtsextremisten, die ausländerfeindliche Parolen grölen, schwer verletzt.

Ein schleswig-holsteinischer Polizeibeamter wird wegen Misshandlung eines Asylbewerbers aus Estland vom Dienst suspendiert.

19. 10.   Ein 37-jähriger Peruaner wird in Berlin-Charlottenburg auf der Straße zusammengeschlagen und erstochen.

22. 10.   Zwei libanesische Kinder im Alter von zwei Wochen bzw. acht Monaten erleiden bei einem Brandanschlag auf das Asylbewerberheim in Adenstedt (Niedersachsen) Rauchvergiftungen.

Bei einem Brandanschlag auf ein türkisches Restaurant in Hameln (Niedersachsen) werden zehn Kinder von Asylbewerbern, die in den Räumen über der Gaststätte untergebracht waren, verletzt.

24. 10. In Gülzow und Westerrönfeld (Schleswig-Holstein) werden Asylbewerber verletzt.

Oktober In Frankfurt an der Oder (Brandenburg) verletzt ein 20-jähriger Skinhead einen Nigerianer lebensgefährlich durch einen Messerstich.

1. 11. Ein bezugsfertiges Asylbewerberheim in Dolgenbrodt (Brandenburg) wird von Rechtsextremen in Brand gesteckt. Dorfbewohner hatten die Brandstifter mit der Tat beauftragt und ihnen Geld gezahlt.

5. 11. In Wolgast (Mecklenburg-Vorpommern) wird ein 22-jähriger Südafrikaner von zwei Jugendlichen schwer verletzt.

7. 11. Ein Obdachloser wird bei Lehnin (Brandenburg) von zwei Anhängern der »Nationalen Offensive« und der »Nationalistischen Front« umgebracht.

13. 11. Ein Mann wird in einem Lokal in Wuppertal (Nordrhein-Westfalen) von zwei Rechtsextremisten ermordet, nachdem er sich als Jude ausgegeben hatte. Der Wirt des Lokals hatte die Schläger daraufhin mit antisemitischen Sprüchen zur Gewalttat animiert.

18. 11. Angaben der Bundesregierung zufolge verdoppelte sich die Zahl der Gewalttaten gegen Ausländer von August bis September. Im August wurden 416 Straftaten registriert, im September 1061.

21. 11. Ein Angehöriger der linken Hausbesetzerszene wird von Rechtsextremisten in Berlin-Friedrichshain erstochen, nachdem er ihren Aufnäher »Ich bin stolz, ein Deutscher zu sein« kritisiert hatte.

23. 11. Drei Türkinnen sterben bei einem Brandanschlag auf ihr Haus in Mölln (Schleswig-Holstein), neun andere werden verletzt.

17. 12. In Berlin-Mitte wird ein 35-jähriger Ägypter von Rechtsextremisten erschossen.

Die katholische Josefs-Gesellschaft in Köln berichtet von zunehmender Gewalt gegen Behinderte.

18. 12. In Oranienburg (Brandenburg) wird ein Mann von zwei Skinheads erschlagen, die ihn grundlos angreifen, als er abends nach seinem neuen Auto schauen will.

27. 12. Ein Türke stirbt auf der Autobahn in der Nähe von Meerbusch (Nordrhein-Westfalen), nachdem ein polizeibekannter rechtsextremer Hooligan sein Auto verfolgt und gerammt hat. Das Opfer flüchtet aus Angst auf die Straße und wird von einem Auto erfasst.

Zwei Skinheads verletzen in Frankfurt am Main einen Straßenbahnfahrer schwer, weil er zwei Türken Auskunft erteilte.

Laut Bundesamt für Verfassungsschutz wurden 1992 2939 Gewalttaten mit erwiesenem oder zu vermutendem rechtsextremistischem Hintergrund registriert. Im September erreichte die Gewalt mit 536 Vergehen ihren Höhepunkt. Ca. 41 900 Personen (exklusive die »Republikaner) waren in 82 rechtsextremistischen Organisationen zusammengeschlossen bzw. rechtsextremistisch aktiv. 59 jüdische Friedhöfe wurden geschändet.

1993

18. 1. Fünf »Babyskins« verprügeln in Arnstadt (Thüringen) einen Parkwächter und lassen ihn auf einer viel befahrenen Straße liegen, wo er von mehreren Autos überrollt wird und tödliche Verletzungen erleidet.

19. 2. Ein Jugendlicher wird von Skinheads während eines Überfalls auf linke Jugendliche in Hoyerswerda (Sachsen) umgebracht. Die Skinheads verprügeln ihn und kippen ein Auto auf ihn. Polizei und Sanitäter treffen zu spät ein und werden vom Gericht in die Verantwortung für den Tod des jungen Mannes einbezogen.

9. 3. Ein Türke stirbt in Mülheim an der Ruhr (Nordrhein-Westfalen) an einem Herzanfall, nachdem er von zwei deutschen Mitgliedern der »Republikaner« angepöbelt und mit einer Gaspistole bedroht worden war.

24. 4. Ein Wehrpflichtiger wird bei einem Überfall von 40 Skinheads auf eine Diskothek in Obhausen (Sachsen-Anhalt) mit einem Baseballschläger tödlich verletzt.

16. 5. In einem Intercity zwischen Ingolstadt und München greifen sechs Männer einen Behinderten an und rufen dabei rechtsextreme Parolen.

29. 5. Fünf Türken sterben nach einem Brandanschlag auf ihr Haus in Solingen. Acht Bewohner erleiden zum Teil schwere Verletzungen.

Der Brandanschlag von Solingen löst eine erneute Gewaltwelle gegen Ausländer und Asylbewerber in ganz Deutschland aus (April: 155, Mai: 206, Juni: 283, August: 144, September: 118, Oktober 140, November: 126 Anschläge).

5. 6. In Fürstenwalde (Brandenburg) quälen zwei junge Rechtsextremisten einen Arbeitslosen zu Tode.

8. 6. Brandanschläge auf von ausländischen Familien bewohnte Häuser und türkische Lokale in Hamburg, Wülfrath (Nordrhein-Westfalen) und im badischen Oberhausen-Rheinhausen. Mindestens 15 Personen werden verletzt und es entsteht zum Teil hoher Sachschaden.

15. 6.   Ausländerfeindlich motivierte Brandstiftungen in einem von Italienern bewohnten Haus im südbadischen Waldshut-Tiengen und im Haus einer marokkanischen Familie im nordrhein-westfälischen Wegberg.

19. 6.   Rechtsextremisten schlagen in Arnstadt (Thüringen) einen Jugoslawen und einen Griechen brutal zusammen.

29. 6.   Ein rumänischer Asylbewerber wird im thüringischen Mühlhausen erstochen.

30. 6.   Brandanschläge auf Wohnungen türkischer Familien in Köln und in Erbendorf (Oberpfalz). Zwei Personen werden verletzt.

3. 7.   Elf Skinheads stoppen in Borkheide (Brandenburg) einen 17-jährigen Mopedfahrer und verletzen ihn lebensgefährlich.

10. 7.   Etwa 30 rechtsextreme Jugendliche überfallen in Ilsenburg (Sachsen-Anhalt) zwei junge Männer und verletzen einen dabei lebensgefährlich.

16. 7.   Ein Obdachloser wird in Marl (Nordrhein-Westfalen) von einem Skinhead als »Judensau« beschimpft und misshandelt. Er stirbt einige Monate später im Krankenhaus, ohne das Bewusstsein wieder erlangt zu haben.

28. 7.   Nahe Strausberg (Brandenburg) wird ein Arbeitsloser von drei Skinheads aus einer fahrenden S-Bahn gestoßen und stirbt.

11. 8.   Rechtsextremisten überfallen im sächsischen Hoyerswerda zehn Griechen, von denen drei schwer verletzt werden.

14. 8.   Etwa 500 Neonazis führen in Fulda (Hessen) einen Rudolf-Heß-Gedenkmarsch durch. Die hessische Polizei gerät wegen ihrer Passivität in die Kritik, der verantwortliche Staatssekretär wird entlassen.

27. 8.   Rechtsextreme überfallen in Lotte bei Osnabrück (Niedersachsen) einen 24-jährigen Türken und verletzen ihn schwer.

2. 10.   Im thüringischen Suhl werden drei Menschen bei Ausschreitungen zwischen rechts- und linksextremen Jugendlichen anlässlich eines Überfalls von Skinheads auf zwei Angolaner schwer verletzt.

24. 10.   In Lüneburg (Niedersachsen) schießt ein Arbeiter auf einen 26-jährigen Libanesen und verletzt diesen dabei lebensgefährlich.

30. 10.   Skinheads greifen im thüringischen Oberhof einen farbigen amerikanischen Rennrodler an und verletzen einen weiteren, der seinem Teamkollegen zu Hilfe eilte.

Dezember   Ein 17-jähriger Neonazi greift in Leipzig russische Touristen an und schießt einem Russen mit einer Gaspistole ins Gesicht.

7. 12.   Ein Gambier wird in einem Zug von Hamburg nach Buchholz von einem 54-jährigen Ausländerhasser erstochen.

Der Verfassungsschutz hat 1993 10561 kriminelle Aktivitäten mit bewiesenem oder vermutetem rechtsextremen Hintergrund registriert, darunter 2232 Gewalttaten. 311 Brandanschläge und 3 Sprengstoffanschläge wurden gezählt. Ca. 64 500 Mitglieder von 77 rechtsextremen Organisationen (Zahlen beinhalten in diesem Jahr erstmals die »Republikaner«) sowie unorganisierte Rechtsextreme wurden gezählt. Es gab 52 Schändungen jüdischer Friedhöfe.

1994

2. 1.   Vier Rechtsextreme, ein Polizist und ein Türke werden während einer Auseinandersetzung zwischen Rechtsextremisten und jungen Ausländern in Frankfurt am Main verletzt.

13. 1.   Drei Jugendliche attackieren am Erfurter Hauptbahnhof eine 23-jährige schwangere Frau aus Nigeria und treten ihr in den Unterleib.

14. 1.   In Frankfurt am Main misshandeln zwei Unbekannte einen Rollstuhlfahrer und brüllen dabei »Scheißbehinderte«, »Heil Hitler« und »Deutschland den Deutschen«.

16. 1.   Vier Personen werden während eines Brandanschlags auf ein Asylbewerberheim in Ludwigshafen (Rheinland-Pfalz) verletzt.

26. 1.   Ein 38-jähriger Obdachloser wird in Karlsruhe (Baden-Württemberg) von Rechtsextremisten im Schlaf angezündet und erleidet schwere Verletzungen.

Februar   Skinheads greifen einen Busfahrer in Kiel mit dem Messer an und schneiden ihm eine Fingerkuppe ab. Er war einem von den Schlägern attackierten Sudanesen zu Hilfe gekommen.

7. 2.   Unbekannte verüben einen Brandanschlag auf ein Asylbewerberheim in Geisenheim (Hessen).

27. 2. u. 1. 3.   Das Dokumentationszentrum »Alte Synagoge« in Essen

(Nordrhein-Westfalen) ist innerhalb von zwei Tagen zweimal Ziel von Anschlägen.

1. 3. Drei junge Männer greifen in einer Straßenbahn in Halle (Sachsen-Anhalt) einen Ghanaer an, beleidigen, schlagen und treten ihn.

10. 3. In Duisburg (Nordrhein-Westfalen) feuert ein führendes FAP-Mitglied mit einer Leuchtpistole auf ein Wohnhaus von deutschstämmigen Spätaussiedlern.

12. 3. Eine Gruppe von Rechtsextremen überfällt einen von »linken« Gästen frequentierten Jugendclub in Flößberg (Sachsen), zertrümmert die Einrichtung und verletzt elf Personen, sieben davon schwer.

13. 3. Ein 17-Jähriger sticht in Hamm (Nordrhein-Westfalen) auf einen Stadtstreicher ein und verletzt ihn lebensgefährlich.

Ein 17-jähriger Neonazi verletzt in Hamm (Nordrhein-Westfalen) einen Obdachlosen durch Tritte, Schläge und Messerstiche lebensgefährlich.

16. 3. Ein ausländerfeindlicher Pyromane legt ein Feuer in einem von Ausländern bewohnten Haus in Stuttgart. Sieben Personen kommen ums Leben, viele werden verletzt.

23. 3. 20 Jugendliche misshandeln acht Berliner Schüler, die auf Exkursion auf Rügen (Mecklenburg-Vorpommern) sind. Hauptziele der Attacke sind ein dunkelhaariger deutscher Junge und einige ausländische Schüler.

25. 3. In Lübeck (Schleswig-Holstein) wird eine Synagoge von vier ausländerfeindlich und antisemitisch motivierten Männern in Brand gesteckt. Fünf zur Tatzeit in dem Gebäude befindliche Personen können sich retten. Es entsteht erheblicher Sachschaden.

13. 4. In Ludwigslust (Mecklenburg-Vorpommern) werden vier afrikanische Asylbewerber misshandelt. Jugendliche auf Motorrädern jagen sie und greifen sie mit Steinen und Stöcken an. Zwei der Flüchtlinge werden schwer verletzt.

19. 4. In Göttingen (Niedersachsen) greifen vier Rechtsextreme einen jungen Israeli mit einem Beil an. Weil der Angreifer zu betrunken ist, um die Waffe zu führen, erleidet das Opfer nur leichte Verletzungen.

20. 4. Glatzköpfige Jugendliche werfen zwischen Ruhland und Hoyerswerda (Sachsen) einen Vietnamesen aus dem Zug. Er bricht sich beide Sprunggelenke.

Jugendliche greifen ein Ausländerwohnheim in Leipzig an. Sie schießen mit Gaspistolen auf die Bewohner.

In Bielefeld (Nordrhein-Westfalen) werfen sechs Jugendliche einen Brandsatz in ein Haus, in dem Türken wohnen. Die Bewohner können sich in Sicherheit bringen, es entsteht erheblicher Sachschaden.

30. 4.   Rechtsextreme randalieren in einer Jugendbegegnungsstätte in Potsdam und verletzen fünf Jugendliche.

12. 5.   Rechtsextremisten jagen Ausländer durch die Magdeburger Innenstadt. Mindestens sechs Menschen werden verletzt, ein Afrikaner schwer.

17. 5   Nach Berichten des BKA sind rechtsextreme Brandanschläge zunehmend gegen Wohnungen und Geschäfte von Ausländern gerichtet. 1992 waren in 70 % aller Fälle Asylbewerberheime das Ziel der Anschläge, 1993 fiel der Prozentsatz auf 45 %.

28. 5.   In Leipzig geraten Skinheads mit einem Nachbarn in Streit und treten ihn zu Tode.

6. 6.   Vier Neonazis verletzen einen Asylbewerber in Luckenwalde (Brandenburg). Sie entkommen unerkannt.

31. 6.   In Frankfurt am Main wird ein Mann aus Uganda vor den Augen vieler Passanten getreten und krankenhausreif geschlagen.

2. 7.   In Bielefeld wird ein Brandanschlag auf ein von Türken bewohntes Haus verübt, es entsteht hoher Sachschaden.

7. 7.   Ein 17-Jähriger wird in Berlin von Rechtsextremisten aus einer S-Bahn gestoßen und verletzt.

18. 7.   Etwa 15 Jugendliche attackieren ein Asylbewerberheim bei Cottbus (Brandenburg).

21. 7.   Drei Polizisten schlagen in Neustadt (Niedersachsen) einen israelischen Studenten krankenhausreif.

23. 7.   23 Skinheads schänden das Mahnmal für das KZ Buchenwald (Thüringen).

Drei Skinheads vergewaltigen und erwürgen in Berlin eine Prostituierte.

26. 7.   Ein polnischer Bauarbeiter ertrinkt in Berlin in der Spree nach einer Auseinandersetzung mit jungen Deutschen, die ihn als »Polacken« beschimpfen, in die Spree treiben und daran hindern, ans Ufer zurückzuschwimmen.

6. 8.   In Velten (Brandenburg) wird ein Mann von vier Skinheads von seinem Fahrrad gestoßen und getreten. Sie sind auf einem Raubzug. Als Reaktion darauf, dass der Mann kein Geld dabei hat, erschlägt einer ihn mit einem Schraubenschlüssel.

15. 8. Eine chinesische Familie wird von zwei Jugendlichen durch die Straßen von Erfurt (Thüringen) gejagt. Die Familie kann eine Polizeiwache erreichen, die Verfolger werden verhaftet.

21. 8. In Gotha (Thüringen) wird ein 41-jähriger Aserbaidschaner von zwei Jugendlichen bewusstlos geschlagen.

3. 9. Auf ein Asylbewerberheim in Romrod (Hessen) wird ein Brandanschlag verübt.

13. 9. Rechtsextreme Jugendliche greifen drei junge Asylbewerber in Madgeburg an und verletzen sie. Einer der Angegriffenen wird ins Krankenhaus eingeliefert.

17. 9. Rechtsextremisten werfen einen Ghanaer aus der Berliner S-Bahn. Er erleidet einen Schädelbasisbruch und verliert ein Bein. Die mutmaßlichen Täter werden später aus Mangel an Beweisen freigesprochen, der Ghanaer gerät in Verdacht, den Überfall vorgetäuscht zu haben. Derselbe Mann wird 1997 erneut Opfer einer rechtsextremen Attacke.

Oktober Bei einem nächtlichen Einsatz in Frankfurt am Main misshandeln drei Polizisten drei festgenommene Nordafrikaner mit Schlägen und Tritten.

20. 10. Fremdenfeindliche Jugendliche greifen ein Haus in Wurzen (Sachsen) an, das von Portugiesen bewohnt wird. Fünf Personen werden verletzt.

4. 11. Ein Behinderter wird in Zittau (Sachsen) von Rechtsextremen zusammengeschlagen.

20. 11. In Zittau (Sachsen) wird ein Punk während einer Auseinandersetzung zwischen rechts- und linksextremen Jugendlichen von einem Skinhead erstochen.

30. 11. Ein Jugendlicher verletzt in Greifswald (Mecklenburg-Vorpommern) einen Sudanesen mit einem Messer lebensgefährlich.

18. 12. Bei einem Brandanschlag auf ein Asylbewerberheim in Rosendahl-Holzwick (Nordrhein-Westfalen) werden eine Frau und zwei Kleinkinder aus dem ehemaligen Jugoslawien verletzt.

Der Verfassungsschutz hat 1994 7952 Gesetzesverletzungen mit vermutetem oder erwiesenem rechtsextremem Hintergrund registriert, davon 1489 Gewalttaten. Es werden 82 rechtsextreme Organisationen und schätzungsweise 56600 Mitglieder solcher Organisationen sowie unorganisierte Rechtsextreme gezählt. Das Bundeskriminalamt registrierte

1147 antisemitisch motivierte Straftaten. 66 jüdische Friedhöfe sind geschändet worden, was den Höchstwert zwischen 1945 (bis 1990 sind nur die alten Bundesländer erfasst) und 2000 darstellt.

1995

7. 1.   Zehn Rechtsextremisten greifen in Riesa (Sachsen) einen 17-Jährigen aus der linken Szene und dessen Freundin an. Sie demolieren deren Auto und schlagen den Mann. Dieser ersticht in Notwehr den 18-jährigen Haupttäter.

12. 2.   In Haldensleben (Sachsen-Anhalt) überfallen Rechtsextremisten eine Wohngemeinschaft linker Jugendlicher. Ein junger Mann wird mit einem Baseballschläger zusammengeschlagen und erleidet schwere Kopfverletzungen.

15. 2.   In Velbert (Nordrhein-Westfalen) wird ein Obdachloser von sieben Rechtsextremisten getötet, die auf »Pennerklatsche« sind.

25. 3.   Anlässlich eines Skinhead-Konzertes in Triptis bei Gera (Thüringen) werden 231 Personen aus zehn Bundesländern festgenommen. Es werden u. a. Schreckschusswaffen, Hieb- und Stichwaffen und Propagandamaterial beschlagnahmt.

5. 5.   In Sonneberg (Thüringen) wird bei Auseinandersetzungen zwischen rechts- und linksextremen Jugendlichen ein Angehöriger der rechtsextremen Szene erstochen.

25. 5.   Ein Bundeswehrsoldat wird an einem See bei Hohenstein-Ernsttal (Sachsen) von Skinheads verprügelt, er stirbt später an den Kopfverletzungen.

18. 6.   In Kusel (Rheinland-Pfalz) überfallen Rechtsextreme ein Asylbewerberheim und verletzen zwei Männer aus Ex-Jugoslawien mit Messern.

Juni   Ein österreichischer Rechtsextremist versendet eine Briefbombe an eine dunkelhäutige Fernsehmoderatorin. Deren Assistentin wird verletzt. Ein Mitarbeiter des stellvertretenden Bürgermeisters von Lübeck – dieser hatte sich kritisch zu den milden Urteilen im Lübecker Synagogenprozess geäußert – wird ebenfalls durch eine Briefbombe verletzt.

11. 7.   In Berlin-Schöneberg wird ein Türke von einem Ausländerfeind beschimpft. Der Angreifer versucht, den Türken mit Brennspiritus zu übergießen und anzuzünden, was ihm aber nicht gelingt.

16. 7. Am Leißnitzsee bei Beeskow (Brandenburg) werfen Rechtsextreme Molotowcocktails auf ein mit acht Personen besetztes Motorboot. Eine Frau muss mit Brand- und Schnittverletzungen ins Krankenhaus gebracht werden.

Glatzköpfige Jugendliche jagen einen Jordanier durch die Straßen von Dresden und schlagen ihn brutal zusammen.

20. 7. In Rübke (Niedersachsen) setzen Ausländerfeinde das Haus einer Familie aus Ex-Jugoslawien in Brand und hinterlassen rechtsextreme Schmierereien. Das Haus brennt bis auf die Grundmauern nieder.

21. 7. Im niedersächsischen Böhmke wird eine türkische Moschee durch Brandstiftung stark beschädigt.

9. 8. Zwei Jugendliche greifen in einer Magdeburger Straßenbahn eine Gruppe geistig und körperlich Behinderter an, schlagen einen und würgen einen anderen, während sie ihre Opfer als »Genfehler« und »unnütz« bezeichnen.

In Gera (Thüringen) werden zwei Mosambikaner von Ausländerfeinden niedergeschlagen, einer der beiden erleidet schwere Bauchverletzungen.

12. 8. Zwei Unbekannte, einer davon Skinhead, schlagen einen israelischen Jugendlichen in Potsdam zusammen.

7. 9. Ein Homosexueller wird in Amberg (Bayern) von Skinheads zusammengeschlagen und danach in die Vils geworfen. Er ertrinkt.

22. 9. In Friedrichshain (Brandenburg) schlagen und treten mehrere Täter drei indische Asylbewerber bewusstlos. Die Opfer erleiden zum Teil lebensgefährliche Verletzungen. Die Angreifer begründen später ihre Tat mit »rechter Einstellung« und Ausländerhass.

23. 9. Unter »Sieg Heil«- und »Ausländer raus«-Rufen greifen drei Unbekannte, vermutlich Skinheads, in Hamburg einen Chilenen an. Einer der Täter fügt dem Opfer schwere Gesichtsverletzungen zu.

Oktober Im »Nationalsozialistischen Propagandablatt« erscheint ein Mordaufruf gegen den Generalbundesanwalt Kay Nehm. Der Aufruf steht in Zusammenhang mit mehreren im März durchgeführten Razzien gegen Rechtsextremisten.

Ende Oktober Drei rechtsextreme Jugendliche überfallen in Nordhausen (Thüringen) einen Mann aus Togo und schlagen ihn mit einem Baseballschläger zusammen. Er wird schwer verletzt.

Am Ende des Jahres 1995 gab es in der Bundesrepublik 96 rechtsextremistische Gruppierungen und insgesamt 46100 Mitglieder solcher Zusammenschlüsse bzw. unorganisierte Rechtsextremisten. Es wurden 7896 Straftaten mit erwiesenem oder zu vermutendem rechtsextremem Hintergrund, davon 837 Gewalttaten, registriert. Das Bundeskriminalamt zählte 957 antisemitisch motivierte Straftaten. 43 jüdische Friedhöfe wurden geschändet.

1996

9.1.   Ein weißrussischer Asylbewerber wird von Polizisten in Neubiberg (Bayern) krankenhausreif geschlagen.

15.1.   Im Flecken Zechlin (Brandenburg) versucht ein 19-Jähriger, mit seinem Pkw eine junge Türkin zu überfahren. Der Täter bezeichnet sich selbst als »deutsch-national« und äußert, dass Ausländer in Deutschland »nichts zu suchen« hätten.

18.1.   In Lübeck (Schleswig-Holstein) wird ein Ausländerwohnheim in Brand gesetzt. Zehn Menschen werden getötet, 36 zum Teil schwer verletzt. Zunächst richten sich die Ermittlungen gegen einen libanesischen Asylbewerber, dieser wird jedoch aus Mangel an Beweisen 1997 freigesprochen. Seit 2000 wird erneut gegen vier bereits kurz nach der Tat in Verdacht geratene Rechtsextremisten ermittelt.

15.2.   Ein Punk wird in Brandenburg an der Havel (Brandenburg) von einem Skinhead zu Tode geprügelt.

15.3.   Ein Aussteiger aus der rechtsextremistischen Szene wird in Dorsten-Rhade (Nordrhein-Westfalen) von dem Neonazi Thomas Lemke erschossen, weil er über diesen bei der Polizei ausgesagt hatte.

Einen knappen Monat vorher erstach Lemke eine junge Frau aus Bergisch Gladbach wegen ihres »Nazis raus«-Aufnähers. Bereits im Juli 1995 hatte Lemke eine 25-Jährige getötet.

24.3.   Die »Republikaner« erhalten bei den baden-württembergischen Landtagswahlen 9,1% der Stimmen und 14 Mandate (1992: 10,9%, 15 Mandate).

Drei Rechtsextremisten dringen in Halberstadt (Sachsen-Anhalt) in die Wohnung eines Jugendlichen ein, misshandeln ihn und ritzen ihm mit einem Messer mehrere Hakenkreuze auf den Körper.

10. 4. Ein 16-jähriger Neonazi attackiert in Essen (Nordrhein-Westfalen) in einer Fußgängerzone eine Türkin mit einem Messer. Sie erleidet schwere Stichverletzungen.

8. 5. Drei junge Männer aus der rechtsextremen Szene töten in Leipzig-Wahren einen Geschäftsmann aus »Lust und Spaß«.

16. 6. Ein karibischstämmiger Brite wird in Mahlow (Brandenburg) von zwei Rechtsextremen als »Nigger« beschimpft und mit dem Auto verfolgt. Die Rechtsextremisten werfen einen Feldstein auf das Auto ihres Opfers und verursachen so einen Unfall, bei dem das Opfer lebensgefährlich verletzt wird. Seither ist der Brite querschnittsgelähmt.

17. 6. In Brandenburg an der Havel (Brandenburg) wird ein Pakistani bei einem Angriff von fünf Jugendlichen mit einer Gaspistole im Gesicht erheblich verletzt. Der Haupttatverdächtige ist bereits durch rechtsextremistische Propagandadelikte aufgefallen.

19. 7. Ein 44-jähriger Elektriker wird in Eppingen (Baden-Württemberg) von einer rechtsgerichteten Jugendbande ausgeraubt und zu Tode geprügelt.

29. 7. Friedhelm Busse, der ehemalige Vorsitzende der verbotenen FAP, wird in München zusammen mit anderen festgenommen. Gegen sie besteht der Verdacht, eine Jugendgruppe, die sie den »Linken« zurechneten, überfallen und mehrere Personen verletzt zu haben.

Juli Vier Rechtsextreme legen einen Brand in einem Düsseldorfer Asylbewerberheim. Die Bewohner können sich in letzter Minute vor der entstehenden Feuerwalze ins Freie retten.

Unter rechtsextremem Gebrüll überfallen Jugendliche einen Campingplatz in Leisten bei Parchim (Mecklenburg-Vorpommern) und verletzen sechs Betreuer einer nordrhein-westfälischen Jugendgruppe schwer.

1. 8. Ein Deutscher wird in Eisenhüttenstadt (Brandenburg) von einer Gruppe Jugendlicher zu Tode getreten, die sein Geld haben wollen. Zwei der Täter sind wegen rechtsextremer Propagandadelikte gerichtlich bekannt.

2. 8. Rechtsextreme überfallen einen Campingplatz in Kromlau (Sachsen) und misshandeln zwei Urlauber.

22. 8.   Vier Skinheads verletzen in einer Parkanlage in Bielefeld (Nordrhein-Westfalen) einen Obdachlosen schwer.

August   Nachdem eine 30-köpfige Skinhead-Bande jahrelang eine Region im nördlichen Niedersachsen terrorisiert hat, setzt die Polizei eine Ermittlungssonderkommission ein. Die Skinheads hatten immer wieder Feste und Privatpartys überfallen, ihnen werden Schlägereien und Sachbeschädigungen vorgeworfen.

Sommer   Sowohl in den neuen Bundesländern als auch vereinzelt in den alten Bundesländern kommt es mehrfach zu Überfällen rechtsextremer Banden auf Campingplätze.

30. 9.   Ein italienischer Arbeiter wird in Trebbin (Brandenburg) von einem rechtsextremen Skinhead lebensgefährlich verletzt. Er trägt schwere bleibende Schäden davon.

12. 10.   In Sternhagen (Brandenburg) überfallen bewaffnete Täter zwischen 16 und 22 Jahren mit Baseballschlägern und Schlagringen ein Jugendzentrum (sie hatten sich zum »linke Zecken Klatschen« verabredet) und verletzen den Leiter schwer.

23. 10.   In Leipzig wird ein syrischer Asylbewerber erstochen, nachdem er deutschen Frauen beistehen wollte, die von zwei Skinheads als »Türkenschlampen« beschimpft worden waren.

9. 11.   Ein parlamentarischer Untersuchungsausschuss zum »Hamburger Polizeiskandal«, der 1994 bzw. 1995 zum Rücktritt des damaligen Innensenators Werner Hackmann (SPD) und des Polizeidirektors Heinz Krappen geführt hatte, stellt in seinem Abschlussbericht fest, dass der Hamburger Polizei systematische Misshandlungen und Menschenrechtsverletzungen gegen Ausländer und linke Demonstranten vorzuwerfen sind.

Der Verfassungsschutz zählte 1996 108 rechtsextremistische Gruppierungen und insgesamt 45 300 organisierte und unorganisierte Rechtsextremisten. Es wurden 8730 Straftaten mit erwiesenem oder zu vermutendem rechtsextremistischem Hintergrund registriert, davon 781 Gewalttaten. Das Bundeskriminalamt zählte 719 antisemitische Straftaten. Es wurden 33 Schändungen jüdischer Friedhöfe registriert. Laut Mitteilung der Bundesregierung auf eine PDS-Anfrage vom April 1997 haben in Deutschland 1996 109 Asylbewerberheime gebrannt.

1997

1. 1.   In der Neujahrsnacht wird ein 14-jähriges Mädchen von einer rechtsgerichteten Jugendclique in Mahlow (Brandenburg) schwer misshandelt. Unter anderem wird ihr der Kopf kahl geschoren und ein Hakenkreuz auf die Brust gesprüht. Sie wird so schwer verletzt, dass sie in ein Krankenhaus eingeliefert werden muss.

17. 1.   In Leipzig werden ein evangelischer Vikar und sein »links« aussehender Sohn von Skinheads krankenhausreif geprügelt und beraubt.

31. 1.   Ein Vietnamese wird in Fredersdorf (Brandenburg) von einem rassistischen Deutschen totgeschlagen.

8. 2.   In Magdeburg wird ein Punk von einem Angehörigen der rechtsextremen Skinhead-Szene durch Messerstiche und Tritte auf den Kopf ermordet.

13. 2.   Zwei junge Männer misshandeln und ertränken in Caputh (Brandenburg) einen Italiener.

19. 2.   Der Berliner Neonazi Kay Diesner verübt einen Mordversuch auf einen Funktionär der Berliner Landesgeschäftsstelle der PDS.

23. 2.   Kay Diesner erschießt auf dem Autobahnparkplatz Roseburg (Schleswig-Holstein) einen Polizisten und verletzt einen weiteren schwer.

17. 3.   Eine Gruppe von Bundeswehrsoldaten macht betrunken Jagd auf Ausländer in Detmold (Nordrhein-Westfalen) und schlägt einen Italiener und zwei Türken zusammen.

29./30. 3.   Bei zwei Überfällen auf linksalternative Projekte durch Rechtsextreme werden drei Menschen schwer verletzt: In Chemnitz (Sachsen) wird die Einrichtung eines als links geltenden Clubs demoliert, in Breechen (Mecklenburg-Vorpommern) wird ein von Umweltaktivisten errichtetes Hüttendorf von etwa 30 rechtsextremistischen Schlägern überfallen.

13. 4.   Drei portugiesische Bauarbeiter werden in Berlin-Weißensee von fünf Rechtsextremisten verprügelt. Einer der Arbeiter erleidet schwere Kopfverletzungen, ein zweites Opfer wird leicht verletzt.

17. 4.   In Berlin-Treptow ersticht ein Neonazi zwei »Kameraden« nach einem Streit.

20. 4.   Anlässlich des Geburtstages von Adolf Hitler werden bundesweit rechtsextreme Ausschreitungen registriert, die zahlreiche Verletzte fordern.

22. 4.   Vier junge Männer gehen in Sassnitz (Mecklenburg-Vorpommern) »Assis klatschen«. Sie misshandeln und erschlagen einen Arbeitslosen.

1. 5.   In Babenhausen (Hessen) verüben Unbekannte einen Brandanschlag auf das Grundstück eines Juden und beschmieren die Gebäude mit rechtsextremen Parolen.

8. 5.   Ein Arbeitsloser wird in seiner Wohnung in Königs Wusterhausen (Brandenburg) von einer Gruppe junger Rechtsextremisten als »Bulgarensau« und »Ausländerschwein« beschimpft und zu Tode geprügelt.

25. 5.   Die St.-Vicelin-Kirche in Lübeck (Schleswig-Holstein) wird durch Brandstiftung zerstört. Drei Täter beschmieren die Wände des Gebäudes u. a. mit Hakenkreuzen. Der Anschlag richtet sich offenbar gegen einen Pastor, der einer algerischen Familie Kirchenasyl gewährt.

29. 6.   Im Kirchenbüro der evangelischen St.-Augustinus-Gemeinde in Lübeck legen Täter Feuer und beschmieren die Wände mit Hakenkreuzen und Drohungen gegen den Pfarrer, der einer algerischen Familie Kirchenasyl gewährt. In der Folgezeit werden mehrere Lübecker Kircheneinrichtungen mit Hakenkreuzen beschmiert, der Pfarrer ist wiederholt Drohungen ausgesetzt.

28./29. 6.   Auf Usedom (Mecklenburg-Vorpommern) greifen rechtsextreme Jugendliche zwei zeltende Familien aus Berlin mit Eisenstangen und Zaunlatten an und verletzen einen jungen Mann.

11. 7.   In Rundfunksendern und Verlagen gehen Briefe mit rechtsextremistischen Morddrohungen ein. Die Briefe sind mit »Sieg Heil« unterschrieben.

9. 8.   Auf eine Unterkunft für italienische Bauarbeiter in Dresden wird von zwei rechtsextremistischen Bundeswehrsoldaten ein Brandanschlag verübt. Die Baracke brennt vollkommen aus, Personen kommen nur deshalb nicht zu Schaden, weil die Bewohner am Tag zuvor in den Urlaub gefahren waren.

18. 9.   Zehn Rechtsextreme überfallen in Pritzwalk (Brandenburg) die Mitglieder einer Punkband und verletzen acht der Musiker zum Teil schwer.

23. 9.   Ein Jugendlicher wird in Cottbus (Brandenburg) von einem Skinhead getötet, weil er diesen als »Nazisau« bezeichnet hatte. Derselbe

Skinhead tötet vier Tage später einen Bekannten wegen geringfügiger Geldschulden.

26. 9. Drei Rechtsextreme schlagen in Weimar (Thüringen) einen vietnamesischen Verkäufer zusammen, einer der Täter sticht dem Vietnamesen ein Messer in den Bauch und verletzt ihn schwer.

6. 10. In Fahrland (Brandenburg) wird ein ungarischer Arbeiter von Skinheads krankenhausreif geschlagen.

20. 10. Ein Rentner aus Bochum (Nordrhein-Westfalen) stirbt an den Verletzungen, die ihm Tage zuvor zwei Skinheads mit einem Stahlrohr zugefügt haben.

22. 10. Ausländerfeindliche junge Männer schlagen und treten in Eberswalde (Brandenburg) einen Angolaner und hetzen anschließend ihre Kampfhunde auf das Opfer, das mit Prellungen und Bissverletzungen im Krankenhaus behandelt werden muss.

8. 11. Ein Skinhead sticht in Hennigsdorf (Brandenburg) einen griechischen Gastwirt nieder, das Opfer überlebt nur knapp und trägt bleibende Schäden davon.

26. 11. Eine Besuchergruppe aus der Ukraine wird in der KZ-Gedenkstätte Sachsenhausen (Brandenburg) von Jugendlichen als »Judenpack« und »Judenschweine« beschimpft.

Ende November Ein Ghanaer, der bereits 1994 Opfer rechtsextremer Gewalt gewesen war und damals ein Bein verloren hatte, wird erneut in einem Regionalzug zwischen Belzig (Brandenburg) und Berlin von Rechtsextremisten überfallen.

11. 12. Fünf Jugendliche greifen in Eberswalde (Brandenburg) Passanten an und verletzen zwei davon schwer. Einer der Angreifer schlägt einen Türken mit einem Baseballschläger nieder.

12. 12. Auf ein Aussiedlerheim in Schönerlinde (Brandenburg) wird ein Brandanschlag verübt. In dem Heim sind Ost- und Südeuropäer sowie russisch-jüdische Emigranten untergebracht.

28. 12. In Kirchheimbolanden (Rheinland-Pfalz) überfallen 22 Skinheads ausländische Gäste eines Lokals. Dabei erleiden ein schwarzer US-Amerikaner und ein Skinhead lebensgefährliche Stichverletzungen.

1997 verzeichnete der Verfassungsschutz 109 rechtsextremistische Organisationen und Personenzusammenschlüsse. Die Zahl ihrer Mitglieder und nicht organisierter Rechtsextremisten lag bei 48400. Es wurden

11 719 Straftaten mit erwiesenem oder zu vermutendem rechtsextremistischem Hintergrund verübt, davon 1091 Gewalttaten. Laut Angaben des Bundeskriminalamtes kam es zu 825 antisemitischen Delikten. 42 Schändungen jüdischer Friedhöfe wurden gezählt.

1998

3. 1.   In Magdeburg überfallen Skinheads die Wohnung eines Angehörigen der linken Szene. Ein junger Mann erleidet schwerste Kopfverletzungen.

22. 2.   In Königs Wusterhausen (Brandenburg) greifen vier Jugendliche zwei schwerstbehinderte Männer an, schlagen mit Eisenstangen auf sie ein und bestehlen sie. Einer der Verdächtigen ist wegen der Verwendung von Kennzeichen verfassungswidriger Organisationen polizeibekannt.

26. 3.   In Saalfeld (Thüringen) wird ein 14-jähriges Mädchen von einem Jugendlichen erstochen, der soeben aus einer psychiatrischen Anstalt entlassen worden war. Er gibt als Tatmotiv Rache für die Beschimpfung als »Fascho« an. Die Staatsanwaltschaft verneint einen politischen Hintergrund. Der Junge wäre zwar gern Mitglied der rechtsextremen Szene, diese akzeptiere ihn aber nicht.

7. 4.   Rechtsextremisten überfallen eine türkische Imbissbude in Berlin-Adlershof. Sie stechen einen anwesenden Türken nieder und verletzen ihn schwer.

April   Vier Neonazis verüben einen Brandanschlag auf ein Asylbewerberheim in Ahaus bei Unna (Nordrhein-Westfalen).

22. 4.   Zwei Beamte des Bundesgrenzschutzes misshandeln in Frankfurt am Main einen Ghanaer während seiner Zwangsabschiebung.

26. 4.   Die DVU erringt bei den Landtagswahlen in Sachsen-Anhalt 12,9 % der Stimmen. Das ist das höchste Wahlergebnis einer rechtsextremen Partei in der Nachkriegsgeschichte, zugleich bedeutet es den erstmaligen Einzug einer rechtsextremen Partei in ein ostdeutsches Parlament (16 Abgeordnete).

5. 5.   In Frankfurt an der Oder werden vier Polizeibeamte aus Bernau (Brandenburg) zu Geld- und Bewährungsstrafen verurteilt, die 1993 und 1994 in elf nachgewiesenen Fällen Vietnamesen auf der Polizeiwache schwer misshandelt hatten.

15. 5. Ein nigerianischer Drogendealer wird in Frankfurt am Main unter massiver Gewaltanwendung von der Polizei festgenommen. Er fällt ins Koma und stirbt zwei Wochen später. Die Umstände seines Todes sind bislang ungeklärt.

14./15. 5. In Aichach (Bayern) verüben vier rechtsextreme Jugendliche einen Brandanschlag auf ein Asylbewerberheim. Nur durch Zufall entdecken die Bewohner rechtzeitig den Brandherd und löschen ihn, bevor größerer Schaden entstehen kann.

20. 5. An einem Badesee bei Bernau (Brandenburg) überfallen 15 Skinheads eine Gruppe von Berliner Jugendlichen, beschimpfen sie als »linke Zecken« und verletzen einige von ihnen schwer.

Frühjahr/Frühsommer Es häufen sich Angriffe rechtsextremer Jugendlicher auf Schülergruppen aus Berlin, die Ausflüge in die neuen Bundesländer unternehmen. Die Aggressionen der Angreifer richten sich dabei insbesondere auf dunkelhäutige Schüler und auf solche, die sie der linken Szene zuordnen.

Juli Ein Portugiese wird in Leipzig niedergeschlagen, er stirbt am 28. Dezember an den Folgen. Die Täter sind Fußballfans, die nach der WM-Niederlage deutscher Fußballer gegen Kroatien »Ausländer hacken« wollten.

14. 8. Unbekannte stellen vor einem Behindertenheim und einem Aussiedlerheim im bayerischen Landau ein ein Meter hohes Hakenkreuz und einen Galgen auf. Die am Galgen hängende Puppe hat ein Schild mit der Drohung um den Hals: »Die nächsten seid ihr.«

23. 8. Ein ausländerfeindlicher Deutscher schlägt in Dedelow (Brandenburg) einen italienischen Bauarbeiter so brutal zusammen, dass dieser nur durch eine Notoperation gerettet werden kann. Er trägt bleibende Schäden davon.

24. 8. In der Berliner U-Bahn schlägt ein Skinhead mit einem Spaten auf einen türkischstämmigen Bundeswehrsoldaten ein. Dieser erleidet lebensgefährliche Hirnverletzungen und ist seit der Attacke gehbehindert.

August Für das erste Halbjahr 1998 registrierte das Bundeskriminalamt insgesamt 937 fremden- und ausländerfeindliche Straftaten, bei denen 203 Personen verletzt wurden.

2. 9. Skinheads hetzen einen Mosambikaner durch Halle an der Saale (Sachsen-Anhalt), schlagen ihn brutal zusammen und verletzen ihn mit einem Messer schwer.

18. 9.   In Königs Wusterhausen (Brandenburg) verprügeln drei Skinheads einen aus Kamerun stammenden Studenten. Taxifahrer schauen der Tat zu, ohne einzugreifen.

11. 10.   Der rechtsextremen Szene zugehörige Jugendliche zetteln auf einem Fest in Rhinow (Brandenburg) eine Schlägerei an. Einer der Angreifer verletzt einen Bosnier mit einer Eisenstange so schwer, dass dieser einen Schädelbruch und Hirnblutungen erleidet. Zwei weitere Ausländer werden verletzt.

Ende Oktober   In Weißwasser (Sachsen) überfallen fünf Rechtsextremisten eine Gruppe von sechs Punks. Einer der Angreifer verletzt einen Punk mit einem Messer lebensgefährlich.

7. 11.   Eine zehn- bis zwölfköpfige Gruppe rechtsextremer Jugendlicher jagt einen türkischen Asylbewerber durch Neuruppin (Brandenburg) und verprügelt ihn.

19. 12.   In Berlin wird auf das Grab des ehemaligen Vorsitzenden des Zentralrates der Juden in Deutschland, Heinz Galinski, ein Sprengstoffanschlag verübt.

Der Verfassungsschutz registrierte 1998 114 rechtsextremistische Organisationen und Personenzusammenschlüsse und ca. 53 600 Mitglieder rechtsextremistischer Zusammenschlüsse und Rechtsextremisten ohne Gruppenbindung. Es wurden 11 049 Straftaten mit erwiesenem oder zu vermutendem rechtsextremistischem Hintergrund erfasst, darunter 1324 Gewalttaten. 34 jüdische Friedhöfe wurden geschändet.

1999

13. 2.   In Guben (Brandenburg) wird der algerische Asylbewerber Farid Guendoul alias Omar Ben Noui von Rechtsextremisten gejagt. In seiner Panik verletzt das Opfer sich an einer Glastür und verblutet. Der für den Toten aufgestellte Gedenkstein am Tatort wird mehrfach geschändet.

22. 2.   In Wittstock (Brandenburg) brennt ein Haus, in dem sich ein türkisches Lokal befindet, bis auf die Grundmauern nieder. Der türkische Imbissverkäufer und ein Feuerwehrmann werden leicht verletzt. Eine Gruppe von Jugendlichen mit »diffus ausländerfeindlicher Gesinnung« ist für die Brandstiftung verantwortlich.

9. 3.   Auf die Ausstellung »Verbrechen der Wehrmacht« wird in Saarbrücken ein Sprengstoffanschlag verübt. Die Täter werden nicht ermittelt.

17. 3.   Ein Frührentner wird in Duisburg (Nordrhein-Westfalen) von drei rechtsextremen Skinheads auf brutale Weise getötet.

27. 3.   Ein junger Mann versucht in Schwedt (Brandenburg), einen Libanesen zu erstechen. Dieser kann nur durch eine Notoperation gerettet werden.

6. 4.   In Potsdam stößt ein unter anderem wegen Körperverletzung und Volksverhetzung polizeibekannter Jugendlicher eine dunkelhäutige Ausländerin vor ein fahrendes Auto. Nur durch eine Notbremsung kann der Pkw-Fahrer eine Verletzung der Frau verhindern.

23. 4.   Drei Skinheads verletzen in Magdeburg einen 18-jährigen Punk mit einem Baseballschläger lebensgefährlich.

12. 5./13. 5.   Zwölf Skinheads überfallen einen Jugendclub in Beesenlaublingen (Sachsen-Anhalt) und verletzen fünf Jugendliche schwer. Einen Tag später misshandeln Skinheads in Bernburg (Sachsen-Anhalt) zwei Jugendliche, einer der beiden erleidet ein Schädel-Hirn-Trauma.

28. 5.   Ein sudanesischer Flüchtling erstickt auf dem Frankfurter Flughafen bei seiner gewaltsamen Abschiebung durch drei Bundesgrenzschutzbeamte.

6. 6.   Die DVU erzielt bei der Wahl zur Bremer Bürgerschaft landesweit 3 % der Stimmen (1995 = 2,5 %) und erhält wegen des Wahlerfolges in Bremerhaven (6 % der Stimmen) einen Sitz in der Bürgerschaft.

11. 6.   Rechtsextreme Schläger attackieren in einer Straßenbahn in Cottbus (Brandenburg) eine Gruppe von Ausländern und verletzen drei Schwarzafrikaner sowie eine schwangere Frau.

26. 7.   Bei einem Angriff junger Männer auf eine Gruppe von polnischen Punks, die als »Polackenpack« und »Scheißzecken« beschimpft werden, fällt ein Punk auf die Gleise des Berliner S-Bahnhofs Greifswalder Straße und wird von einer einfahrenden S-Bahn überfahren. Er verliert einen Arm und ein Bein.

29. 7.   Drei rechtsextreme Jugendliche schlagen und treten in Bernau (Brandenburg) auf einen Polizisten in Zivil ein, der sie zur Rede gestellt hatte, weil sie laut rechtsextreme Musik hörten. Das Opfer muss ins Krankenhaus eingeliefert werden.

9. 8.   Nachdem er sie aufgefordert hatte, »den Scheiß mit dem

Skinhead-Gehabe« zu lassen, wird ein Mann in Eschede (Niedersachsen) von Skinheads zu Tode getrampelt.

15.8.   Ein Mosambikaner wird in Kolbermoor (Bayern) von einem Deutschen so schwer verletzt, dass er im September stirbt.

16.8.   Zwei Rechtsextreme stechen in Halberstadt (Sachsen-Anhalt) einen jungen Mann nieder und verletzen ihn schwer.

21.8.   Auf einem Schützenfest in Luckenwalde (Brandenburg) wird ein junger Inder von drei Unbekannten mit ausländerfeindlichen Parolen beschimpft und anschließend durch Schläge und Tritte schwer verletzt.

22.8.   In Eggesin (Mecklenburg-Vorpommern) jagen Neonazis zwei Vietnamesen durch die Stadt und schlagen sie brutal zusammen. Beide Opfer erleiden lebensgefährliche Verletzungen, einer der Männer trägt bleibende Schäden davon.

5.9.   Die DVU erzielt bei der Landtagswahl in Brandenburg 5,3 % der Stimmen (1994 keine Wahlteilnahme) und zieht mit fünf Abgeordneten in den Potsdamer Landtag ein.

16.9.   Ein ehemaliger Bundeswehrsoldat der Gebirgsjägerkaserne Schneeberg (Thüringen) wird zu einer Geldstrafe verurteilt, weil er 1994 und 1995 an der Produktion von antisemitischen und gewaltverherrlichenden Videos beteiligt war, in denen unter anderem Verbrennungen von Menschen in einem Ofen nachgestellt worden waren und der Holocaust geleugnet worden war.

5.10.   In Oberlungwitz bei Hohenstein-Ernstthal (Sachsen) wird ein 17-jähriger Punk von drei Rechtsextremen aus der Hooligan-Szene erschlagen.

6.10.   Ein Sozialhilfeempfänger wird in Berlin-Lichtenberg von vier Skinheads zu Tode gequält.

1.11.   Ein 16-Jähriger läuft in Bad Reichenhall (Bayern) Amok und erschießt vier Menschen. Anschließend erschießt er sich selbst. In seinem Zimmer werden unter anderem rechtsextreme Symbole sowie Gewaltvideos gefunden.

November   Die Bundesregierung teilt auf eine Kleine Anfrage der PDS mit, dass in den ersten neun Monaten des Jahres 433 antisemitische Straftaten und 1086 rechtsextremistische Straftaten registriert worden sind.

9.11.   Ein psychisch gestörter 38-Jähriger, der in der Nachbarschaft für seinen »krankhaften Ausländerhass« bekannt ist, läuft in Nidderau (Hessen) Amok und verletzt drei Afrikaner mit einem Beil, einen davon lebensgefährlich.

14. 11. Bei einem Skinhead-Konzert mit etwa 1000 Gästen in Schorba (Thüringen) kommt es zu Ausschreitungen. Es entsteht erheblicher Sachschaden.

9. 12. Cem Özdemir, der innenpolitische Sprecher der Bündnisgrünen im Bundestag, stellt den aktuellen Bericht der »Aktion Courage – SOS Rassismus« über ausländerfeindliche Polizeiübergriffe vor. Die Dokumentation listet 71 Übergriffe auf, davon 43 in den vergangenen 18 Monaten.

1999 registrierte der Verfassungsschutz 134 rechtsextremistische Organisationen und Personenzusammenschlüsse. Die Zahl ihrer Mitglieder und der nicht organisierten Rechtsextremisten lag bei 51400. Es wurden 10 037 Straftaten mit erwiesenem oder zu vermutendem rechtsextremistischem Hintergrund gezählt, davon 1219 Gewalttaten. 36 jüdische Friedhöfe wurden geschändet.

2000

5. 2. 47 Bewohner Rathenower Asylbewerberheime fordern eine Verlegung in ein anderes Bundesland, weil sie sich in Rathenow (Brandenburg) nicht mehr sicher fühlen können. Seit Anfang 1999 haben sie bereits fünf Übergriffe auf ihre Heime erleben müssen.

10. 3. In Wriezen (Brandenburg) treibt eine Horde von 15 rechtsextremen Jugendlichen einen 14-Jährigen, den sie der linken Szene zuordnen, vor sich her, schlägt und tritt ihn und verletzt ihn lebensgefährlich.

4. 4. Ein Beamter des Bundesgrenzschutzes schießt in Berlin-Neukölln betrunken auf einen Libanesen und ruft: »Ich bringe alle Ausländer um.« Der Libanese kann nur durch schnelle Reaktion einen Kopfschuss verhindern.

10. 4. Drei Mitglieder der rechtsextremen Skinhead-Szene werfen in Ditzingen (Baden-Württemberg) einen Asylbewerber aus Sri Lanka auf die S-Bahn-Schienen. In letzter Sekunde wird das Opfer von einem Fahrgast gerettet.

20. 4. Drei jugendliche Rechtsextremisten werfen in Erfurt (Thüringen) aus »Judenhass« Molotowcocktails gegen eine Synagoge. Die Brandsätze explodieren nicht.

30. 4. Ein 15-jähriger Junge wird in Potsdam bei einer brutalen Attacke durch eine Gruppe junger Männer – der mutmaßliche Haupttäter hat das äußere Erscheinungsbild eines Skinheads – lebensgefährlich verletzt und erliegt zehn Tage später seinen Verwundungen.

April Der Oberbürgermeister von Chemnitz (Sachsen), Peter Seifert (SPD), erhält nach einem Streit mit einem Stadtrat der Republikaner anonyme Morddrohungen.

7. 5. Jugendliche verüben einen Brandanschlag auf die Wohnung einer vietnamesischen Familie in Belzig (Brandenburg). Der Brand kann von den Bewohnern des Hauses gelöscht werden.

25. 5. Ein Sozialhilfeempfänger wird in Berlin-Pankow von vier Rechtsextremisten in seiner Wohnung zusammengeschlagen und erstochen.

28. 5. Ein Vietnamese wird in Eisenhüttenstadt (Brandenburg) von deutschen Jugendlichen krankenhausreif geschlagen.

31. 5. Ein Rechtsextremist stößt in Eberswalde (Brandenburg) einen Punk vor ein Auto. Der Punk wird überfahren und stirbt. Das Opfer hatte seinen Mörder zuvor wegen dessen Hakenkreuz-Tätowierung am Kopf kritisiert.

14. 6. Der Mosambikaner Alberto Adriano wird in Dessau (Sachsen-Anhalt) von drei Skinheads erschlagen.

Im Ruhrgebiet erschießt ein Amokschütze drei Polizisten und verletzt eine Beamtin schwer. Danach begeht er Selbstmord. Es stellt sich heraus, dass er Kontakte zum rechtsextremen Milieu hatte und zeitweise Mitglied der DVU und der »Republikaner« war.

24. 6. Vier junge Leute erschlagen einen Obdachlosen in Greifswald (Mecklenburg-Vorpommern). Zwei Frauen feuern die Täter mit »Da ist der Assi, klatscht ihn tot« an.

2. 7. Auf einem Düsseldorfer Bahnhof greifen sieben junge Rechtsextremisten einen Griechen und einen Afghanen an. Der Grieche erleidet schwere Verletzungen, der Afghane wird leicht verletzt.

9. 7. In einem Abrisshaus in Wismar (Mecklenburg-Vorpommern) wird ein Obdachloser von fünf Rechtsextremisten erschlagen und ausgeraubt.

In Wuppertal (Nordrhein-Westfalen) attackieren Skinheads eine private Gedenkveranstaltung am Mahnmal für die Opfer des Nationalsozialismus. Einige der Demonstranten erleiden leichte Verletzungen.

16. 7.   Vier Jugendliche verüben einen Brandanschlag auf ein Asylbe-werberheim in Ludwigshafen (Rheinland-Pfalz). Dabei werden eine Frau aus dem Kosovo und zwei ihrer Kinder verletzt.

22. 7.   In Berlin-Kreuzberg wird eine Feier von der Polizei brutal auf-gelöst. Ein Deutscher türkischer Herkunft wird verletzt und als »Kanake« beschimpft.

23. 7.   Eine Bande Rechtsextremer prügelt in Ahlbeck (Mecklenburg-Vorpommern) einen Obdachlosen zu Tode.

25. 7.   Rechtsextreme stoßen in Potsdam einen 14-jährigen Jungen aus Kenia aus der Straßenbahn und verletzen seinen 13 Jahre alten Begleiter durch Fußtritte.

27. 7.   Unbekannte verüben einen Rohrbombenanschlag auf einen Düs-seldorfer S-Bahnhof, auf dem sich zur Tatzeit überwiegend Ausländer, darunter Juden aus Osteuropa, aufhalten. Zehn Personen werden zum Teil schwer verletzt, ein ungeborenes Kind wird im Mutterleib einer hoch-schwangeren Frau getötet. Bisher ist kein Täter gefasst, es wird ein rechtsextremer Hintergrund der Tat vermutet.

31. 7.   In Chemnitz (Sachsen) greifen deutsche Jugendliche eine iraki-sche Familie an. Sie kippen einen Kinderwagen um und verletzen den darin liegenden Säugling und ein neunjähriges Kind.

August   Das Bundeskriminalamt meldet für das zweite Quartal 2000 157 antisemitisch motivierte Straftaten, 47 Fälle mehr als im Vorjahres-zeitraum. Mit 26 antisemitischen Delikten liegt Bayern an der Spitze der Bundesländer.

9. 8.   Ein Rechtsextremer verletzt in Leipzig einen jungen Mann durch Tritte und Schläge schwer und ritzt seinem Opfer ein Hakenkreuz in den Rücken.

10. 8.   Auf eine türkische Imbissbude in Eisenach (Thüringen) wird ein Sprengstoffanschlag verübt. Es entsteht Sachschaden.

13. 9.   Zwei Skinheads erschlagen in Schleswig (Schleswig-Holstein) einen Obdachlosen.

23. 9.   Vier Rechtsextreme werfen Brandsätze in ein Ausländerwohn-heim in Wuppertal (Nordrhein-Westfalen). Zwei Kinder werden verletzt.

2. 10.   Ein Brandanschlag auf eine Düsseldorfer Synagoge, bei dem größerer Sachschaden nur durch das Eingreifen einer Anwohnerin ver-hindert werden kann, löst eine bundesweite Debatte über die Zunahme antisemitischer und fremdenfeindlicher Gewalt aus.

Anfang Dezember werden zwei arabischstämmige Männer verhaftet, die den Anschlag aus Hass auf den Staat Israel verübt haben. Bei den Tätern wird unter anderem ein Hitler-Bild sichergestellt.

5. 10. Jugendliche schlagen im Stadtpark von Freiberg (Sachsen) zwei Obdachlose brutal zusammen. Einer der Männer erleidet dabei tödliche Verletzungen.

25. 10. Rechtsextreme Jugendliche greifen in Eberswalde (Brandenburg) fünf Gehörlose an und verletzen einen von ihnen schwer.

28. 10. Eine Gruppe von 20 rechtsextremen Schlägern überfällt eine Wohngemeinschaft linker Jugendlicher in Finsterwalde (Brandenburg) und verwüstet die Einrichtung. Die Bewohner können sich in Sicherheit bringen.

8. 12. Nach der Bundesregierung und dem Bundesrat entscheidet sich auch der Bundestag als drittes Verfassungsorgan mehrheitlich dafür, beim Bundesverfassungsgericht einen Verbotsantrag für die rechtsextremistische NPD zu stellen. Sollte das Verbot erfolgen, wäre dies das dritte Parteiverbot in der Geschichte der Bundesrepublik Deutschland (1952: Verbot der SRP, 1956: Verbot der KPD).

10. 12. Aus Fremdenhass schlagen zwei junge Frauen und ein Mann in Saarbrücken einen Äthiopier zusammen.

26. 12. Rechtsextreme verletzen in Guben (Brandenburg) einen ausländisch aussehenden Deutschen durch einen Messerstich. Einer der Täter ist im »Hetzjagdprozess« von Guben bereits wegen gefährlicher Körperverletzung verurteilt worden.

2000 registrierte der Verfassungsschutz 144 rechtsextremistische Organisationen und Personenzusammenschlüsse. Die Zahl ihrer Mitglieder und der nicht organisierten Rechtsextremisten betrug 50 900. Es wurden 15 951 Straftaten mit erwiesenem oder zu vermutendem rechtsextremistischem Hintergrund gezählt, davon 998 Gewalttaten. Der Verfassungsschutzbericht listet 56 Schändungen jüdischer Friedhöfe auf.

Abkürzungen

DVU – Deutsche Volksunion
FAP – Freiheitliche Deutsche Arbeiterpartei
KPD – Kommunistische Partei Deutschlands
NPD – Nationaldemokratische Partei Deutschlands
PDS – Partei des demokratischen Sozialismus
SRP – Sozialistische Reichspartei

Anmerkungen

1 Adolf Diamant, Geschändete jüdische Friedhöfe in Deutschland 1945–1999, Potsdam 2000.
2 Der Tagesspiegel, 14. 9. 2000; Frankfurter Rundschau, 14. 9. 2000.
3 In: Wolfgang Benz (Hrsg.), Rechtsextremismus in Deutschland, Frankfurt a. M. 1994.

Ausgewählte Literatur

Brigitte Bailer-Galanda/Wolfgang Benz, Wolfgang Neugebauer (Hrsg.), Die Auschwitz-Leugner. »Revisionistische« Geschichtslüge und historische Wahrheit, Berlin 1996

Wolfgang Benz (Hrsg.), Legenden. Lügen, Vorurteile. Ein Lexikon zur Zeitgeschichte, München 1990

Stefan Danner/Nina Dulabaum/Peter Rieker/Christian von Wolffersdorf (Hrsg.), Rechtsextreme Jugend: eine Erschütterung der Gesellschaft?, Leipzig 2001

Frieder Dünkel/Bernd Geng (Hrsg.), Rechtsextremismus und Fremdenfeindlichkeit. Bestandsaufnahme Interventionsstrategien, Mönchengladbach 1999

Jürgen W. Falter/Hans-Gerd Jaschke/Jürgen R. Winkler (Hrsg.), Rechtsextremismus. Ergebnisse und Perspektiven der Forschung, Opladen 1996

Klaus Farin (Hrsg.), Die Skins. Mythos und Realität, Berlin 1997

Rainer Fromm/Barbara Kernbach, Rechtsextremismus im Internet. Die neue Gefahr, München 2001

Andrea Grimm (Hrsg.), Rechtsextremismus. Bestandsaufnahme, gesellschaftliche und politische Folgerungen, Loccum 2000

Klaus Kinner/Rolf Richter (Hrsg.), Rechtsextremismus und Antifaschismus. Historische und aktuelle Dimension, Berlin 2000

Annette Linke, Der Multimillionär Frey und die DVU. Daten, Fakten, Hintergründe, Essen 1994

Deborah E. Lipstadt, Betrifft: Leugnen des Holocaust, Darmstadt 1994

Jens Mecklenburg (Hrsg.), Handbuch Deutscher Rechtsextremismus, Berlin 1996

Ders. (Hrsg.), Braune Gefahr. DVU, NPD, REP. Geschichte und Zukunft, Berlin 1999

Eva Menasse, Der Holocaust vor Gericht. Der Prozeß um David Irving, Berlin 2000

Britta Obszerninks/Matthias Schmidt, DVU im Aufwärtstrend – Gefahr für die Demokratie? Fakten, Analysen, Gegenstrategien, Münster 1998

Burkhard Schröder, Nazis sind Pop, Berlin 2000

Wilfried Schubarth/Richard Stöss (Hrsg.), Rechtsextremismus in der Bundesrepublik Deutschland. Eine Bilanz, Bonn 2000

Stiftung Dokumentationsarchiv des österreichischen Widerstandes (Hrsg.), Das Netz des Hasses. Rassistische, rechtsextreme und neonazistische Propaganda im Internet

Richard Stöss, Rechtsextremismus im vereinten Deutschland, Bonn 1999

Christiane Tramitz, Unter Glatzen. Meine Begegnungen mit Skinheads, München 2001

Bernd Wagner, Rechtsextremismus und kulturelle Subversion in den neuen Ländern, Berlin 1998

Peter Widmann/Rainer Erb, Wolfgang Benz (Hrsg.), Wege aus der Gewalt. Strategien gegen Rechtsextremismus und Jugendgewalt in Berlin und Brandenburg, Berlin 1999

Die Autorinnen und Autoren

Ute Benz, geboren 1942, Psychotherapeutin, Dr. phil.; studierte Kunst und Politische Wissenschaft und unterrichtete als Lehrerin an Gymnasien. Seit 1980 arbeitet sie als analytische Kinder- und Jugendlichen-Psychotherapeutin in freier Praxis zuerst in München und seit 1991 in Berlin. Lehrbeauftragte der Technischen Universität Berlin und Vorsitzende des Berliner Arbeitskreises für Beziehungsanalyse.
Veröffentlichungen u. a.: Sozialisation und Traumatisierung. Kinder in der Zeit des Nationalsozialismus (1992 als Hrsg. zusammen mit Wolfgang Benz); Frauen im Nationalsozialismus. Dokumente und Zeugnisse (1993 als Hrsg.); Warum sehen Kinder Gewaltfilme? (1998).

Wolfgang Benz, geboren 1941, Historiker, Dr. phil.; 1969–1990 Mitarbeiter des Instituts für Zeitgeschichte in München, Mitgründer der Zeitschrift »Dachauer Hefte«, Herausgeber mehrerer Buchreihen. Seit 1990 Professor an der Technischen Universität Berlin und Leiter des Zentrums für Antisemitismusforschung, Vorsitzender der Gesellschaft für Exilforschung und Mitherausgeber der Zeitschrift für Geschichtswissenschaft.
Zahlreiche Veröffentlichungen zur deutschen Geschichte im 20. Jahrhundert.

Werner Bergmann, geboren 1950, Soziologe, Dr. phil.; studierte Kunsterziehung, Soziologie, Philosophie und Sozialkunde in Hamburg, Professor am Zentrum für Antisemitismusforschung, Technische Universität Berlin.
Veröffentlichungen u. a.: Antisemitism in Germany. The Post Nazi Epoch Since 1945 (1997 zusammen mit Rainer Erb); Antisemitismus in öffentlichen Konflikten. Kollektives Lernen in der politischen Kultur der Bundesrepublik 1949–1989 (1997); Vom Vorurteil zum Völkermord. Entwicklungslinien des Antisemitismus (1997 zusammen mit Wolfgang Benz); »Antisemitismus in beiden Teilen Deutschlands von 1945 bis heute«, in: W. Schubarth und R. Stöss (Hrsg.), Rechtsextremismus in der Bundesrepublik Deutschland (2001).

Claudia Curio, geboren 1971, Historikerin; studierte Geschichte und Soziologie in Wien, Berlin und an der University of Essex. Seit 2000 Doktorandin am Zentrum für Antisemitismusforschung der TU Berlin.

Angelika Königseder, geboren 1966, Historikerin, Dr. phil.; wissenschaftliche Mitarbeiterin des Zentrums für Antisemitismusforschung.
Veröffentlichungen u. a.: »Zur Chronologie des Rechtsextremismus. Daten und Zahlen 1946–1993«, in: Wolfgang Benz (Hrsg.), Rechtsextremismus in Deutschland. Voraussetzungen, Zusammenhänge, Wirkungen (1994); Flucht nach Berlin. Jüdische Displaced Persons 1945–1948 (1998).

Michael Kohlstruck, geboren 1957, Politikwissenschaftler, Dr. phil.; Mitarbeiter an der »Arbeitsstelle Jugendgewalt und Rechtsextremismus« am Zentrum für Antisemitismusforschung der TU Berlin.
Veröffentlichungen u. a.: zusammen mit Claudia Fröhlich (Hrsg.): Engagierte Demokraten. Vergangenheitspolitik in kritischer Absicht (1999); Exil Shanghai. Jüdisches Leben in der Emigration (2000 als Hrsg. zusammen mit Georg Armbrüster und Sonja Mühlberger).

Marion Neiss, geboren 1953, Historikerin, Dr. phil.; studierte Neuere Geschichte und Judaistik an der FU und TU Berlin, Studienaufenthalt in Tel Aviv. Magisterarbeit über Schändungen jüdischer Friedhöfe im Deutschland des 18. und 19. Jahrhunderts. Dissertation über Jiddische Periodika in Berlin von 1919 bis 1925. Forschungsprojekt über Schändung von jüdischen Friedhöfen in Deutschland im 20. Jahrhundert.

Bernd Wagner, geboren 1955, Diplom-Kriminalist; bis 1990 Leiter Abt. Staatsschutz im Zentralen Kriminalamt der DDR (ZKA), 1990/1991 Leiter Staatsschutz im Gemeinsamen Landeskriminalamt der neuen Bundesländer (GLKA), 1992–1994 wissenschaftlicher Mitarbeiter des Instituts für Sozialarbeit und Sozialpädagogik (ISS) Frankfurt a. M. im Bundesmodellprogramm gegen Aggression und Gewalt Jugendlicher in den neuen Ländern (AgAG), 1994–1998 wissenschaftlicher Mitarbeiter Mobiles Beratungsteam Brandenburg (MBT) in den Regionalen Arbeitsstellen für Ausländerfragen, Jugendarbeit und Schule Brandenburg (RAA), seit 1997 Leiter Zentrum Demokratische Kultur – Rechtsextremismus, Jugendgewalt, Neue Medien (ZDK) der Regionalen Arbeitsstelle für Ausländerfragen, Jugendarbeit und Schule der neuen Länder (RAA).
Zahlreiche Veröffentlichungen zum Thema Rechtsextremismus und Jugendgewalt.

Juliane Wetzel, geboren 1957, Historikerin, Dr. phil.; studierte Geschichte und Kunstgeschichte in München. 1987–1991 Mitarbeiterin im Institut für Zeitgeschichte, München, seit 1991 wissenschaftliche Mitarbeiterin am Zentrum für Antisemitismusforschung, Berlin.
Zahlreiche Veröffentlichungen zur Verfolgungs- und Nachkriegsgeschichte der Juden in Deutschland sowie zum Rechtsextremismus.

Peter Widmann, geboren 1968, Politikwissenschaftler, Dr. phil.; wissenschaftlicher Mitarbeiter am Zentrum für Antisemitismusforschung der Technischen Universität Berlin. Studierte nach einer Ausbildung zum Radioredakteur Politikwissenschaft in Berlin.
Veröffentlichungen: Gewalt ohne Ausweg? Strategien gegen Rechtsextremismus und Jugendgewalt in Berlin und Brandenburg (1999 als Hrsg. zusammen mit Wolfgang Benz und Rainer Erb); An den Rändern der Städte. Sinti und Jenische in der deutschen Kommunalpolitik (2001).

Jürgen Zarusky, geboren 1958, Historiker, Dr. phil.; wissenschaftlicher Mitarbeiter des Instituts für Zeitgeschichte.
Veröffentlichungen u. a.: Die deutschen Sozialdemokraten und das sowjetische Modell. Ideologische Auseinandersetzung und außenpolitische Konzeptionen 1917–1933 (1992); Widerstand als »Hochverrat« 1933–1945. Die Verfahren gegen deutsche Reichsangehörige vor dem Reichsgericht, dem Volksgerichtshof und dem Reichskriegsgericht (Mikrofiche-Edition, 1994–1998 gemeinsam mit Hartmut Mehringer); Aufsätze zu Verfolgung und Widerstand im Dritten Reich und zur deutsch-russischen Geschichte.

Personenregister

Sachregister